학현 변형윤 교수 근영

냉철한 머리, 뜨거운 가슴을 앓다

변 형 윤(邊衡尹)
1927년 황해도 황주 출생.
서울상대 및 대학원 졸업, 서울대 경제학 박사.
현재 서울대 명예교수, 대한민국 학술원 회원, 서울사회경제연구소 이사장, 한
　　국경제발전학회 이사장.

대담 윤진호(尹辰浩)
1953년 부산 출생.
서울상대 경제학과 및 대학원 졸업, 서울대 경제학 박사.
현재 인하대학교 경제학부 교수, 서울사회경제연구소 운영위원장.

학현 변형윤 교수 대화록
냉철한 머리, 뜨거운 가슴을 앓다
____

초판 1쇄 인쇄　2012. 8. 10.
초판 1쇄 발행　2012. 8. 15.

말한이　변 형 윤
　　　　윤 진 호
펴낸이　김 경 희
펴낸곳　㈜지식산업사
　　　　본사 • 경기도 파주시 교하읍 문발리 520-12
　　　　　전화 (031)955-4226~7 팩스 (031)955-4228
　　　　서울사무소 • 서울시 종로구 통의동 35-18
　　　　　전화 (02)734-1978　팩스 (02)720-7900
　　　　한글문패　지식산업사
　　　　영문문패　www.jisik.co.kr
　　　　전자우편　jsp@jisik.co.kr
　　　　등록번호　1-363
　　　　등록날짜　1969. 5. 8.
책값은 뒤표지에 있습니다.
ⓒ 변형윤, 2012
ISBN　978-89-423-3093-5 (03320)
____

이 책을 읽고 지은이에게 문의하고자 하는 이는
지식산업사 전자우편으로 연락 바랍니다.

학현 변형윤 교수 대화록

냉철한 머리, 뜨거운 가슴을 앓다

대담 윤 진 호

지식산업사

차 례

제1장

일제강점기 황주 땅에서 보낸 어린 시절

유교 가문의 장손으로 태어나다

윤진호 어린 시절의 가족과 고향, 그리고 시대적 배경은 한 사람의 일생을 이해하는 데 있어 가장 중요한 요소의 하나라고 생각합니다. 선생님께서는 특히 일제강점기로부터 해방, 남북 분단, 6·25 전쟁으로 이어지는 우리 현대사의 격동기에 지금은 북한 지역인 해서海西 지방에서 어린 시절을 보내셨고, 남북분 단으로 말미암아 고향 땅과 가족을 영영 다시 볼 수 없는 처지 가 되었기에 더욱더 고향과 가족에 대한 생각이 간절할 것 같 습니다. 먼저 선생님의 어린 시절에 대해 말씀해 주십시오.

변형윤 나는 1927년 1월 6일 황해도 황주에서 전통적인 유 교 가문의 장손이자 7남매의 셋째로 태어났습니다. 위로 누이

둘이 있고 아래로는 남동생 둘과 여동생 둘이 있으니 대가족이었습니다. 나는 어린 시절을 양친의 엄격한 유교적 훈도 아래보냈습니다. 우리 집안은 전형적인 선비 집안이었습니다. 고조부(변덕연邊德淵)와 증조부(변택용邊宅鏞) 두 분 모두 진사를 지냈는데 특히 증조부는 한말의 유명한 의병장이었던 유인석柳麟錫(1842~1915) 선생과 동문수학하고 과거도 함께 합격한 친구 사이였습니다. 학맥상으로는 율곡 이이李珥를 따르는 기호학파畿湖學派에 속했습니다. 퇴계 이황李滉을 따르는 영남학파嶺南學派가주로 영남 지방에 근거를 두고 있었던 데 견주어 기호학파는주로 경기와 호서 지방, 해서 지방 등에 근거를 두고 있었기 때문에 자연히 우리 집안도 기호학파에 속하게 되었던 것이지요. 증조부는 동문수학한 인연으로 아들, 그러니까 조부(변완邊玩)를친구인 유인석의 문하생으로 맡기게 되었고 후일 유 선생이 의병장으로 출전하게 되자 조부도 그를 따라 의병활동에 나서게됩니다.

우리 집안의 원래 고향은 황주가 아니라 이웃한 황해도 봉산군鳳山郡 문정면文井面이었습니다. 부친(변철희邊喆熙)은 20대중반까지 봉산에서 살았고 작은 누이까지 여기서 낳았습니다. 그러다가 조부가 의병으로 출전하면서 대대로 내려오던 논밭을팔아 그 군자금을 대느라고 차츰 가산이 기울기 시작했습니다. 그렇게 되자 모친이 부친을 설득하여 친정이 있는 황주로 이사했고 그 1년 뒤에 내가 태어난 것이지요. 따라서 내 본적지는황해도 황주군 황주읍黃州邑 예동리禮洞里로 되었습니다. 모친(이

정사李貞姒)의 친정인 외갓집 역시 유교 집안으로서 외조부(이동
옥李東沃)도 진사를 지냈습니다. 그러나 모친은 어린 시절 나에
게 "너희 외가는 친가보다 격이 낮다"고 말씀하신 적이 있는데
그 이유는 변씨 집안이 2대에 걸친 진사 집안인데 비해 이씨 집
안은 당대 진사였기 때문입니다.

　　그러나 경제력 면에서는 친가보다 외가 쪽이 훨씬 부유했
습니다. 형편이 기울어진 친가는 한 150석 정도의 농사를 지었
습니다. 원래 봉산에서 3천 석 정도의 대지주였기 때문에 말하
자면 대지주로부터 소지주로 영락한 셈이지요. 그래도 나는 어
린 시절을 아무런 어려움 없이 보낼 수 있었습니다. 집안에는
머슴도 있고 부엌일을 하는 아낙들도 있는가 하면 모친은 몸종
까지 데리고 있었습니다. 그러나 엄격한 유교적 전통에 젖어 있
는 부친 입장에서는 말하자면 친가가 아니라 처가 동네에 와서
사는 형국이 되었기 때문에 좀 곤란한 처지였을 것으로 짐작합
니다. 모친의 친가 동네니까 무슨 일이 있으면 많은 동네사람들
이 와서 도와주곤 했습니다. 집에는 늘 사람들이 북적댔습니다.

　　윤진호 선생님에게는 결국 황주가 고향이 된 셈인데 그곳은
어떠한 지역적 특색을 가진 곳입니까?

　　변형윤 황주는 황해도 황주군의 중심지로서 예로부터 한양
에서 개성을 거쳐 평양으로 가는 길목에 위치한 교통의 요충지
입니다. 뿐만 아니라 대동강이 황주 북쪽을 흐르고 있어 그 입

구인 남포를 거쳐 중국 대륙과도 해상교통이 활발했던 무역의 기지이기도 했습니다. 이러한 지리상의 이점으로 말미암아 선진문물을 그 어느 곳보다 빨리 받아들일 수 있었지만, 다른 한편으로는 외적의 침입을 자주 받은 곳으로서 삼국시대 이후 국가가 전란에 휩싸일 때마다 군대의 말발굽에 짓밟히는 아픔을 수없이 겪기도 했습니다. 그러니 백성들의 고통이 얼마나 심했겠습니까?

황주는 연백평야의 끝자락에 위치하고 있기 때문에 북부 지역에선 드물게 논농사가 가능한 곳이고 따라서 비교적 살림살이 형편이 나았던 곳이기도 합니다. 황해도라는 이름 자체가 황주, 해주의 첫 글자를 딴 데서도 알 수 있듯이 해주와 더불어 황해도의 2대 도시였습니다. 특히 일제강점기에 경의선 철도가 부설되면서 황주는 서울로부터 평양을 거쳐 중국 대륙으로 연결되는 길목이기 때문에 더욱더 번성할 수 있었습니다. 게다가 대동강에 접한 황주군 겸이포兼二浦에 대규모 제철소가 들어서면서 이 지역은 항만, 공업의 중심지로 번창하게 되었습니다.

내가 태어난 1920년대 말의 인구 통계를 보면, 황주군 전체는 10만 명 정도였고 황주읍만 보면, 약 2,200가구에 1만 명 정도의 인구가 살고 있었습니다. 비교적 소읍이긴 하지만 북부 지역에서는 이 정도라도 꽤 큰 규모의 읍에 속했습니다. 대동강을 건너면 바로 평양인지라, 황주는 황해도이지만 평양의 영향권에 놓여 있었고, 말씨도 황해도보다는 평안도와 비슷합니다.

　　윤진호 흥선대원군 이하응李昰應이 8도 사람들의 성격에 대해 묘사하면서 황해도 사람들에 대해 "석전경우石田耕牛"(거친 돌밭을 가는 소와 같이 참을성이 많고 투지력이 강한 성격을 지녔다)라고 묘사했다는 것은 잘 알려져 있습니다. 이와 비슷하게 이중환李重煥 역시 《택리지擇里志》에서 황해도 사람들의 성격에 대해 "천부용무天府用武하여 유유裕와 궁마弓馬를 즐기고 학문을 높이고……"라고 표현했습니다. 이러한 묘사는 곧 황해도 사람들이 인내심이 많고 투지력이 강하며 외세와 부당한 중앙권력에 대해 저항적이라는 의미를 포함하고 있다고 생각합니다.

　　변형윤 사실 황해도는 예로부터 외적의 침입을 무수하게 받아온 곳이자 여러 나라의 각축장이 되어 왔던 곳이기 때문에 백성들이 많은 시달림을 받아 왔습니다. 그러나 다른 한편으로는 선진문화를 받아들이고 교역을 하는 고장으로서 그 어느 곳보다 학문과 문화가 일찍 발달한 곳이기도 했습니다. 실제로 개화기에 기독교를 비교적 빨리 받아들였고 기독교계 학교가 180여 곳에 세워질 정도로 교육열이 높고 서양문물 수입에 적극적이었던 곳이 황해도였습니다. 그런 까닭에 황해도에서는 구한말과 일제강점기에 많은 애국지사와 민족지도자들이 배출되기도 했는데, 예를 들어 이승만 초대 대통령이 황해도 평산 출신이고, 상해임시정부 주석 김구 선생이 황해도 해주 출신이며, 안중근 의사 역시 황해도 해주 출신입니다. 또 독립운동가 백암 박은식 선생은 내가 태어난 황주 출신입니다. 그 밖에도 수많은 황해도 출신 애국지사들이 독립운동을 벌이다가 혹은 투옥을 당하기도 하고 혹은 망명을 떠나기도 했습니다.

윤진호 이러한 황해도 사람들의 인내심, 학문을 숭상하는 풍토, 외세와 부당한 권력에 대해 저항하는 정신 등은 선생님의 어린 시절의 성격 형성에도 일정하게 영향을 미친 것이 아닌가 하고 생각합니다. 선생님께서는 어린 시절을 말하자면 시골에서 보낸 셈인데 이것이 어린 시절의 성장에 어떤 영향을 미쳤다고 생각하십니까?

변형윤 나는 어린 시절을 시골에서 보낼 수 있었던 데 대해 매우 다행스럽게 생각하고 있습니다. 지금도 보통학교 때까지 시골생활을 회상해 보면서 세파에 찌든 마음의 결을 가다듬고 농촌의 목가적 향수에 잠길 수 있다는 것은 큰 다행입니다. 이를 통해 생활의 윤택함을 잃지 않으려 노력하고 있습니다. 그래서 나는 적어도 보통학교까지는 시골에서 자란 사람들이 많아지면 세상도 지금과는 조금 다른 모습이 되지 않을까 하는 생각을 종종 해 봅니다.

윤진호 소설가 이호철 선생이 선생님을 평한 글 가운데 "한자와의 인연보다는 숫자와의 인연이 생득적으로 더 짙어 보이고, 한국인 토종 냄새보다는 서양 쪽의 합리성 냄새가 풍긴다"고 쓴 대목이 있는데 얼핏 생각하면 엄격한 유교 집안에서 자란 선생님의 배경과는 어울리지 않는다는 생각도 듭니다. 어린 시절의 생활은 어떠했나요?

변형윤 나는 딸 둘이 태어난 뒤 처음으로 얻은 맏아들이었기 때문에 어린 시절부터 양친과 온 집안의 관심과 기대가 대단히 컸습니다. 집안은 비교적 풍족해서 별다른 어려움 없이 어린 시절을 보낼 수 있었던 것을 지금도 양친께 감사드리고 싶습니다.

보통학교에 들어가기 전까지는 집안에서 부친으로부터 직접 한학漢學을 배웠습니다. 그런데 천자문을 외우는 것이 나는 몹시 답답하고 싫었습니다. 부친은 늘 공부시간이 시작되면 어제 배운 한자를 외우고 있는지 검사를 했는데 그럴 때마다 대답을 제대로 하지 못해 혼이 나곤 했습니다. 하루는 부친으로부터 호되게 맞은 적도 있습니다. 한자 시험에 제대로 대답을 하지 못하자 부친은 대문을 걸어 잠그고 무릎을 꿇린 뒤에 회초리로 종아리를 때리기 시작했습니다. 모친이 참다못해 부친에게 사정사정하자 겨우 매를 멈추었습니다. 장손에 대한 기대가 남달리 컸던 부친은 나에게 크게 실망하셨고 "싹수가 노랗다"고 혼자 한탄하시곤 했습니다. 그러다가 내가 보통학교에 입학하면서 우수한 성적을 받아오게 되고 2학년 때부터 급장을 맡게 되자 비로소 나에 대한 부친의 불신도 사라지게 되었습니다.

부친은 평소 과묵한 편이지만 없는 사람들에 대한 배려가 깊고 주위 사람들에게 자상한 면도 있었습니다. 부친은 내가 보통학교 3학년이 될 때까지 상투를 틀고 갓을 쓰고 다녔을 정도로 전통에 철저했던 분입니다. 당시 시골은 몰라도 황주 읍내에서 상투를 틀고 갓을 쓴 사람은 비교적 드물었습니다. 그런데 내가 보통학교 3학년일 때 외조모 진갑연進甲宴을 하게 되었는데 부친의 8촌 처남 둘이 이 기회에 부친의 상투를 자르자고 공모를 한 모양입니다. 부친이 외조모에게 절을 하고 나오는데 두 사람이 달려들어 가위로 상투를 잘라버렸습니다. 그 뒤 부친은 거의 1주일 동안 두문불출했던 것이 기억납니다.

　　모친은 당시 여성으로서는 드물게 교육을 제대로 받았던 분입니다. 학교를 다니지는 못했지만 집에서 교육을 받았습니다. 성격이 시원시원하고 과단성이 있어서 이웃 사람들은 내외가 성격이 바뀌었다고 말할 정도였습니다. 부친은 딸들(나의 누이들)에게 신식교육을 시키는 것을 반대했지만, 모친의 주장으로 누이들이 신식교육을 받을 수 있었습니다. 모든 살림살이는 모친이 관장하였고 부친은 그저 글을 읽고 자식들 교육시키고 하는 것으로 소일했습니다. 사실 모친은 변씨 가문에 시집온 뒤 무려 10년 동안이나 아들을 낳지 못해서 조부로부터 구박을 많이 받았다고 합니다. 조부가 외아들이어서 아들, 손자에 대한 욕심이 컸다고 합니다. 조부는 심지어 작은집(소실)을 얻어서 아들을 낳으라고 부친에게 엄명을 내렸답니다. 이렇게 되니 부친은 처지가 몹시 곤란해졌겠죠. 그러다가 결혼 후 10년 만에 아들을 낳게 되니 모친에게는 내가 구세주 같은 존재였던 것이지요. 모친은 정말 늦게 낳은 아들을 애지중지하며 키웠습니다.

위험한 데 가서 다칠까 해서 밖에 놀러 나가지도 못하게 했고, 물에 빠질까 해서 물가에도 가지 못하게 했고, 자전거도 타지 못하게 했고, 복어도 먹지 못하게 했습니다. 누룽지를 먹으면 머리가 나빠진다는 속설 때문에 누룽지도 못 먹게 했습니다.

그런데 내가 태어난 뒤 다시 아들 둘이 잇달아 태어났고 그 뒤에 딸 둘이 태어나 우리는 모두 7남매가 되었습니다. 지금의 젊은이들은 형제자매 수가 많은 데 대해 놀라겠지만 그 당시로서는 가족계획이란 말 자체가 없었고 이 정도는 일반적이었습니다. 당시에는 자라면서 형제자매 가운데 몇이 죽는 경우가 많았지만 다행히도 우리 집은 모두 큰 탈 없이 장성했는데, 양친이 평소에 덕을 많이 쌓은 탓이 아닌가 하고 가끔 생각할 때가 있습니다. 다만 나중에 7남매 가운데 아들 셋과 작은 누이만 남쪽으로 오고, 양친, 큰 누이와 두 누이동생은 북에 남아 영영 생이별을 한 것은 가슴 아픈 일입니다.

내 성격은 양친을 반반씩 닮은 것이 아닌가 생각하고 있습니다. 즉 평소 과묵한 것은 부친을 닮았지만 어떤 결정적인 순간에는 과감하게 결단을 내리는데 이것은 모친의 성격을 닮았다고 느낍니다. 나는 어릴 때 양친의 말씀을 잘 따르는 온순한 아이였습니다. 집의 가훈도 "순후중정醇厚中正"(마음이 따뜻하고 태도가 공정함)일 정도로 양친은 나에게 의연하고 당당한 몸가짐을 가르쳤습니다. 내 이름에 균형을 취하라는 뜻의 '형衡' 자가 들어간 것도 이와 연관된 것으로 생각합니다. 유교 집안답게 식사를 할 때도 장손인 나는 늘 부친하고만 겸상을 했고 다른 식구들은 따로 상을 차려 식사를 했습니다.

조부는 집에 어쩌다 한번 들르는 정도였기 때문에 조부에 대한 기억은 거의 없습니다. 그런데 모친은 조부께서 의병활동을 했다는 사실을 나에게 숨겼습니다. 그러면서 조부께서 강원도 철원 농장에 투자를 했다가 돈을 잃어 가산이 기울어졌다고 말씀했기 때문에, 나는 그대로 믿었습니다.

보통학교 3학년 때 모친이 병환으로 자리에 눕게 되었습니다. 병을 고치기 위해 서울의 경성제대 병원까지 가 보았고, 읍내에 있는 공의公醫가 2~3일마다 한 번씩 우리 집에 왕진을 와서 치료를 했지만 쉽사리 병이 낫지 않은 채 2~3년은 자리에 누워 계셨던 것 같습니다. 모친은 병석에 계시면서도 내가 학교에 갈 때면 내 손을 잡고 잘 다녀오라고 신신당부를 하곤 했습니다. 그러다가 결국 약효를 보아서 다행히 회복이 되셨습니다.

암울한 시대 속의 학교생활

윤진호 선생님께서 보통학교에 다니던 1930년대 일제강점기 아래 식민지 조선의 시대상황은 매우 암울하였습니다. 일제는 만주사변(1931)과 중일전쟁(1937)을 일으켜 대륙 침략의 야욕을 노골화하는 한편, 조선을 대륙 침략을 위한 병참 기지로 삼으려 함에 따라 식민지 조선에 대한 경제적 수탈 역시 가중되었습니다. 또 이러한 수탈과 탄압에 대한 조선의 지식인과 민중의 저항을 막기 위해 1928년에 공표된 치안유지법에 따라 조선인들에 대한 사상 탄압을 강화시켰습니다. 1938년에는 중등학교 교과목에서 '조선어' 과목을 폐지함으로써 사상 탄압의 수위를 더욱 높였습니다. 이러한 시대 분위기에서 보통학교를 다니셨던 선생님의 학교생활은 어떠했습니까?

변형윤 나는 보통학교 3학년이 될 때까지만 해도 시대 상황에 대해 전혀 알지 못했습니다. 물론 만주사변이 터지고 중일전쟁이 터지면서 우리 집에서 약 1km도 안 떨어진 곳을 지나는 경의선 철도 위로 일본 군인들을 실은 열차가 북쪽으로 끊임없이 지나가는 광경도 보았고, 겸이포 제철소가 철을 생산하기 위해 불철주야로 가동되고 있어 어수선한 분위기란 것도 알았지만, 어린 나에게는 직접적인 관심사는 되지 못했고 어른들도 이에 관해 입 밖에 내놓기를 꺼렸습니다.

당시 내 관심사는 온통 새로 입학한 학교 공부에 쏠려 있었습니다. 나는 사실 보통학교에 입학하기 전부터 학교 공부에 매우 관심을 가지고 있었습니다. 우리 두 누이가 모두 공부를 잘했습니다. 공부를 잘하는 누이들 덕분에 나는 내 또래보다 1년 먼저 보통학교에 입학하게 되었습니다. 내가 만 여섯 살이 되던 1933년 4월 중순쯤 작은 누이가 학교에 갔다 오더니 갑자기 담임선생이 동생을 데려오라고 했다면서 누이를 따라 학교에 갔습니다. 그 길로 바로 보통학교에 입학을 하고 등교를 하게 되었습니다. 아마 자리가 하나 비었는데 작은 누이가 공부를 잘하니까 담임선생이 동생을 데리고 오라고 했던 모양입니다.

내가 다녔던 보통학교는 원래 황주공립보통학교였다가 1933년에 황주명덕明德국민학교로 개명하였는데, 황해도 전체에서 역사가 네다섯 번째로 긴 학교로서 나는 제29회 졸업생입니다. 학년별로 남학생 2교반, 여학생 1교반 등 모두 3교반이 있었는데 학급당 학생 수는 60명씩이었습니다. 졸업생 가운데 도지사상을 받은 학생이 있을 정도로 꽤 괜찮은 보통학교였습니다. 나는 보통학교에 입학해서 배운 과목 가운데 산수를 가장 좋아해서 열심히 공부해 우수한 성적을 내었고 그 덕분인지 2학년 때부터는 급장을 맡게 되었습니다. 나는 이후 졸업할 때까지 쭉 급장을 계속하였고 졸업할 때는 도지사상도 받았습니다. 한마디로 말해서 양친과 선생 말씀을 잘 따르는 온순한 아이였고 맏아들로서 책임감도 많이 느껴 의젓하게 행동하려고 했던 것 같습니다. 물론 부친과 모친은 이러한 나에 대해 기대를 많이 했지만 말로 표현을 하지는 않았습니다.

학교에서는 모두 일본말로 교육을 했고 일상생활에서도 일본말을 썼는데 만약 조선말을 쓰면 벌을 받았습니다. 교사들은 대부분 일본 사람들이었고 담임선생도 일본 사람이었습니다. 공부 내용은 물론 전형적인 일본 식민지 교육으로서 일본의 말과 역사, 문화를 배우는 것이 주였습니다. 나에게는 특히 일본 역대 천황 122명의 이름을 외우는 것이 가장 고통스러웠는데 이를 외우지 못하면 다 외울 때까지 집에 갈 수 없었습니다.

면에 있는 4년제 보통학교를 졸업하고 우리 학교에 와서 다시 2년 동안 다닌 학생들도 있는데, 이들 가운데는 나이가 많아서 애아버지가 된 사람도 있었습니다. 나는 친구들과 잘 어울려 노는 아이는 아니었습니다. 오로지 공부만 했고 친구들과 놀이는 별로 안 했습니다. 모친은 비가 올 때 연못가에도 가지 못하게 했습니다. 그래도 비온 뒤 조그만 웅덩이에 고인 물을 퍼내고 물고기 잡이를 한 기억은 납니다. 사실 당시만 해도 신분제의 잔재가 남아 있어서 아무하고나 놀 수 없었습니다. 나는 진사 집안 아이이기 때문에 소작인집의 아이들과 자유스럽게 어울릴 수가 없었던 것입니다. 몸종이나 하인 등 아랫사람에게는 나이가 많아도 반말을 쓰라고 집에서는 가르쳤지만 나는 절대 그렇게 하지 않고 늘 존댓말을 썼습니다.

보통학교 때 황주읍 부근 황주강(혹은 적벽강이라고도 불리었다)에 있는 절경인 월파루月波樓를 구경하고자 점심을 먹은 뒤 친구들하고 갔던 일, 3학년 때인지 4학년 때인지 30리 떨어진 정방산 성불사成佛寺에 소풍을 갔던 일 등은 추억으로 남아 있습니다. 월파루는 〈연행가燕行歌〉를 비롯한 조선시대의 여러 시가에 나올 정도로 경치가 뛰어난 황주의 명소입니다. 성불사는 전국의 33개 본사本寺 가운데 하나인데 당시만 해도 이 절이 이은상 작사 홍난파 작곡의 "성불사 깊은 밤에……"라는 노래에 나올 정도로 유명한 절인 줄은 몰랐습니다. 그리고 5학년 때는 겸이포 제철소에 견학을 갔었고 평양도 처음으로 가보았습니다. 평양에서는 대동강, 을밀대, 보통문, 종로 등을 두루두루 구경했습니다.

5학년 때인 1937년 중일전쟁이 발발하면서 나는 차츰 암울한 시대상황에 대해 눈을 뜨기 시작했습니다. 2학기 때부터 자주 황주역에 나가 중국, 만주 등으로 떠나는 군인들을 환송하는 데 동원되기 시작했습니다. 어떤 일본 군인은 "내가 중국에 가서 장개석 목을 잘라 올 것"이라고 소리를 치면서 호기를 부리기도 했지요. 군인들뿐만 아니라 영남, 호남 지방의 농민들이 가혹한 수탈에 견디다 못해 더 이상 고향에서 살 수가 없어서 열차를 타고 만주 땅으로 가는 모습도 자주 보았습니다.

그러나 적어도 황주 읍내에서는 식량 사정이 나빠졌다는 것을 느끼지 못했습니다. 졸업반 때 농업실습 시간이 있었는데 학교 밭이 학급별로 배정되었습니다. 그곳에서 고구마를 캐어 리어카에 싣고 읍내에 가서 팔면서 농업의 중요성을 느꼈던 기억도 납니다.

1학년에서 6학년까지의 담임선생 가운데 한 분만 조선인이었는데, 이분이 제일 기억에 남습니다. 3학년 때 담임선생이었는데 하루는 나를 부르시더니 "다음 학기부터 학교에 못 나올 것 같다"면서 만주 봉천의 학교로 갈 것 같다고 말했습니다. 과연 다음 학기부터 그 선생의 모습은 학교에서 보이지 않았는데 학생들 사이에는 그 선생이 만주의 학교로 간 것이 아니라 독립운동을 하러 갔다는 소문이 퍼졌습니다. 이 선생은 유난히 나를 아꼈기 때문에 지금도 기억에 남는데 그 후 과연 어떻게 되었는지 궁금합니다.

6학년 졸업반 때는 국내 수학여행을 하게 되어 있는데, 주로 경성(서울)으로 갔습니다. 그해는 개성을 거쳐 경성과 인천을 둘러보는 3박 4일의 여정이었습니다. 기차를 타고 먼저 개성에 들러 선죽교, 남대문, 고려 왕궁 터, 만월대 등을 구경했습니다. 그런데 선죽교를 둘러보는 동안 일본인 선생과 조선인 선생 사이에 작은 말다툼이 있었습니다. 즉 조선인 선생은 선죽교에 남아 있는 정몽주의 핏자국이 진짜라고 주장하고 일본인 선생은 600년 전의 핏자국이 그대로 남아 있을 리 있느냐 가짜라고 주장하여 말다툼이 된 것이지요. 여담이지만 나는 그 뒤 70년 가까운 세월이 흐른 2005년 개성공단을 방문하면서 선죽교에 다시 가 보았는데, 어릴 때 보았던 흐릿한 기억 속의 선죽교에 견주어 실제 선죽교가 너무나 작은 데 크게 놀랐습니다.

개성에 들른 뒤 경성에 와서는 종각 옆의 관철동에 있는 관철여관에 머물면서 경성 시내를 구경했습니다. 시골에서 왔다고 놋대야에 밥을 가득 담아 주던 것이 기억납니다. 당시 경성에서 가장 화려한 건물이었던 종로 화신백화점 옥상에서 회전목마를 탔던 것도 기억나고, 창경원 구경을 하면서 진귀한 동물들의 모습에 감탄했던 것도 기억이 납니다. 다시 인천으로 가서 월미도를 구경했는데 월미도와 서해바다가 어우러진 아름다운 경치를 구경할 수 있었습니다. 그 뒤 인천에서 경인선 기차를 타고 경성역으로 와서 다시 경의선 열차로 갈아타고 집으로 향했습니다.

제2장

넓은 세상을 찾아서 경성으로 오다

경기중학교로 진학

윤진호 선생님께서는 보통학교 고학년이 되면서 진로에 대해 부모님이나 선생님과 여러 가지로 상의하셨을 텐데, 결국 전국 최고의 명문중학인 경기중학교로 진학하게 됩니다. 경기중학교로 진학한다는 결정은 누가 했습니까?

변형윤 그 결정은 거의 전적으로 양친, 특히 모친의 권유로 이루어진 것이지요. 모친은 당신 아들이 천하 제일가는 수재라고 생각하고 있었기 때문에 당연히 전국 최고가는 학교인 경기중학교에 가야 한다고 생각하신 것이지요. 그런데 이때 양친과 담임선생 및 교장선생 사이에 약간의 갈등이 있었습니다. 학교 입장에서는 도지사상을 받게 되어 있는 졸업생이 만약에 경기중학교에 가서 낙방을 하게 되면 1년 농사를 망치게 되는 셈이니까 좀 더 안전한 합격이 보장되는 경복중학교에 응시를 하라고 권유를 하였습니다. 그러나 양친은 경기중학교에 아들을 보내고 싶어 했습니다. 선생들은 확신이 서지 않았던 것 같습니다. 당시 경기중학교는 전국 13도의 수재들이 모이는 학교이다 보니까 과연 합격을 할 수 있을지 불안했던 것이지요. 나중에 말을 들어보니, 황주에서는 약 5년에 1명 정도밖에 경기중학교 합격생이 나오지 않았다고 합니다.

그런데 모친이 경기중학교에 보내자고 강력하게 주장한 데는 어느 정도 확신이 있었기 때문이었습니다. 즉 나보다 8년쯤 나이가 위인 외8촌 형(이세훈)이 황주보통학교를 졸업하고 경기중학교에 입학한 사실을 모친이 알고 있었던 것입니다. 당시 황주는 평양의 영향권 안에 있었기에 황주의 우수한 학생들은 대부분 평양공립중학교 등 평양 쪽으로 진학하게 마련인데, 이 외8촌 형은 특이하게 경기중학교로 진학했던 것이지요. 그런데 모친이 보시기에 당신 아들이 이 형에 견주어 뒤떨어질 것이 없다고 생각했기 때문에 경기중학교 합격을 자신했던 것 같습니다.

윤진호 선생님께서는 경기중학교 입학시험을 위해 따로 입시준비를 하셨나요? 입시과정은 어떠했습니까?

변형윤 당시만 해도 별다른 입시준비는 하지 않았고 그저 학교에서 평소와 다름없이 공부를 했습니다. 앞에서 말한 대로 6학년 때 9월에 수학여행을 마치고 10월이 되니까 담임선생이 상급학교 진학자 20여 명에게 도시락을 두 개 싸오라고 말했습니다. 그때부터 학교수업이 끝나고 저녁 8시 반까지 남아서 보충학습을 했습니다. 이것이 입시준비의 전부였습니다. 겨울에 추우니까 차디찬 도시락을 난로에 덥혀서 저녁을 먹던 기억이 아직도 남아 있습니다.

경기중학교 입시에 앞서 학교 측의 권유로 먼저 경성사범학교에서 입시를 치렀습니다. 당시 보통학교 졸업 때 도지사상을 받으면 경성사범, 평양사범, 대구사범 가운데서 어느 하나를 택해서 지원시키고 있었기 때문입니다. 물론 나로서는 형식적으로 시험만 치른 것이지요.

그러다가 3월 초에 다시 부친과 함께 경성으로 올라가서 경기중학교에서 시험을 치렀습니다. 당시 경기중학교에 들어오기 위해 황해도의 부잣집 자제들은 미리 5학년 때쯤 경기중학교 인근의 가회동, 재동 등에 집을 사서 주변의 재동보통학교, 수송보통학교, 경성사범부속보통학교 등에 전학을 시켰는데 합격자 가운데 이런 학생들이 약 15명 있었고 황해도에서 직접 올라와서 시험을 친 사람은 5명밖에 되지 않았습니다.

시험과목은 일본어, 산수 등이었는데 아무튼 나는 경기중학교에 합격했습니다. 합격하고 고향에 돌아가니 교장선생과 선생들은 물론이고 황주군수도 축하를 해주었습니다. 황주군에서는 큰 경사가 났던 셈이지요.

윤진호 경기중학교에 진학하지 않고 당시 대부분의 동급생들처럼 평양 쪽으로 진학하셨다면 선생님의 운명은 나중에 어떻게 바뀌었을지 모른다는 생각이 듭니다. 당시 평양 쪽으로 진학했던 동급생들도 많았죠?

변형윤 물론 많이 있었고 그 뒤에 북쪽에서 출세한 사람도 있지만 대부분 전쟁 통에 죽은 사람이 많지요. 나도 평양 쪽의 학교에 진학했더라면 나중에 어떻게 되었을지 모르지만 아무튼 양친, 특히 모친의 권유로 경기중학교에 진학한 것이 그 뒤의 나의 인생을 결정하는 데 큰 전기가 된 것은 사실입니다.

일제 말기의 경기중학교

윤진호 선생님이 1939년 4월 입학할 당시 경기중학교는 전국 13도의 수재가 몰려드는 명실상부한 명문학교였는데, 당시의 학교 상황에 대해 말씀해 주십시오.

변형윤 경기중학교는 원래 1900년 고종황제의 칙령에 따라 설립된 우리나라 최초의 관립 중등교육기관인 관립중학교를 그 시작으로 하고 있습니다만 그 후 여러 차례 학교 이름이 바뀌는 변화를 겪었습니다. 즉 관립중학교 시대(1900~1906), 관립 한성고등학교 시대(1906~1910), 경성고등보통학교 시대(1910~1921), 경성제1고등보통학교 시대(1921~1938)를 거쳐 내가 입학하기

한 해 전인 1938년에 경기공립중학교로 개편됩니다. 일제 당국
은 1938년 8월 이른바 제3차 조선교육령을 공포하였는데 이에
따라 당시 한국인 학생들이 다니던 고등보통학교는 일본인 학
생들이 다니던 학교의 명칭인 중학교로 바뀌었습니다. 이는 겉
으로는 명칭상의 차이를 없앤다는 것이었지만 실은 한국인을
더 철저하게 일본인으로 만들려는 저의가 숨어 있었던 것이지
요. 이 조선교육령에 따라 경성제1고보도 경기중학교로 개편된
것이지요.

그런데 이 학교명칭 개편 과정이 순조롭게 진행되었던 것
은 아닙니다. 당시의 경성제1고보 교장이었던 일본인 와다和田
교장의 자서전에 따르면, 교명 변경을 둘러싸고 한국인 측에서
는 일본인 학교건, 한국인 학교건 간에 설립순서에 따라 지명에
1중, 2중, 3중의 칭호를 붙이는 것이 마땅하다는 여론이 우세하
였고 따라서 일본인이 다니던 경성중학교(해방 후 서울중·고등학
교)보다 역사가 더 오래된 경성제1고보가 당연히 '경성제1중학
교'로 개명되어야 한다는 의견이 지배적이었다고 합니다. 이와
달리 당시 경성부京城府를 관할하고 있던 경기도지사 칸쇼甘庶義
邦는 일본인이 다니는 경성중학교가 있는 마당에 다시 한국인
이 다니는 경성제1중학교가 생길 경우 일본인의 우월감을 해친
다는 이유로 이에 반대하였습니다. 결국 와다 교장과 칸쇼 지사
사이에 격렬한 논쟁이 벌어진 끝에 와다 교장이 끝내 승복하지
않자 경기도지사는 마침내 직권으로 교명을 '경기중학교'로 바
꾸어 공포해 버렸다는 것입니다. 이렇게 되자 일본인들이 다니

는 경성중은 그대로 경성중이 되고, 제2고보는 경복궁과 가까이 있다고 해서 경복중景福中으로 개칭되었습니다. 어쨌든 이 일로 와다 교장 역시 6개월 뒤 권고사직을 당하고 말았습니다.

조선교육령에 따라 또 하나 크게 달라진 것은 학교에서 조선어 교육이 폐지되고 '국어 전용', 즉 일본어만을 사용하게 된 것입니다. 물론 겉으로는 조선어 교육을 폐지한다는 말은 못하고 정규과목에서 '수의과목隨意科目'으로 변경한다고 했지만, 이는 말뿐이고 실제로는 모든 조선어 과목을 없애고 이를 수학이나 실업 등의 과목으로 대체하도록 전국에 시달했습니다. 이에 따라 학생들은 수업시간은 물론이고 개인적 대화에서도 조선어를 일절 사용할 수 없었고 만약 조선어를 사용하다가 적발되면 엄한 처벌을 받았습니다.

윤진호 선생님이 경기중학교에 입학했을 당시 학교의 선생들 가운데 기억나는 분은 누구인가요?

변형윤 우선 와다 교장이 퇴임한 뒤 1938년 10월 이와무라 토시오岩村俊雄 교장이 새로 부임해 옵니다. 이와무라 교장은 동경고등사범학교 출신인데 숙부가 당시 일본 내각 법무대신이었던 이와무라 호소였다고 합니다. 그만큼 일본 제국주의 정신에 투철하고 엘리트 의식이 강한 사람이었습니다. 그는 1914년 부산중학교 교유教諭(일제시대 중등학교 교원)로 조선의 교육계에 발을 들여놓은 뒤 충청남도 학무과장, 조선총독부 시학관視學官

등의 요직을 거치면서 조선인을 일본인으로 만드는 데 앞장섰던 인물입니다. 1923년 9월 관동대지진關東大地震으로 많은 한국인들이 학살당했을 때 이와무라는 학생들 앞에서 "조선인들이 우물에다가 독약을 풀어 넣고" 운운하다가 그 학교 교장의 제지를 받은 적도 있으며 6·10 만세사건 후에는 강경한 학생처벌을 주장하였다고 합니다.

그는 당시 조선에서 세 사람밖에 없는 천황이 직접 임명하는 교장, 즉 칙임관勅任官으로 경기중학교 교장에 취임한 것을 매우 영광스럽게 생각하였고 부임하자마자 학생지도나 학교운영에 대단한 열의를 가지고 임하면서 조선 최고의 엘리트 학생들을 '황국신민화皇國臣民化' 하기 위한 교육에 열을 올렸습니다.

한편 총 40여 명의 교사 대부분은 일본인들이었고 한국인 교사로서는 이관섭李寬燮(수학), 채관석蔡官錫(영어), 김주경金周經(도화), 정형용鄭亨容(한문) 선생 등 겨우 6~7명 정도밖에 없었습니다. 그 뒤 전쟁에 출정한 일본인 교사들의 자리를 메우기 위해 김봉후金鳳珝(실업·공업), 박만규朴萬奎(박물), 박경찬朴敬贊(수학), 김교신金敎臣(지리), 최희남崔熙南(음악) 선생 등 몇몇 조선인 교사들이 새로 부임하였습니다.

이 가운데 특히 이관섭 선생의 명성은 대단했습니다. 경기중 선배(14회)로서 '경기혼京畿魂'을 불어넣는다며 우리들한테 자주 기합을 주곤 했습니다. 그런데 학생들의 관심을 가장 많이 끌었던 사람은 단연 지리를 담당하던 김교신 선생이었습니다. 그분은 무교회주의無敎會主義 운동의 선구자인 동시에 민족지사이기도 했습니다. 김교신 선생은 1901년 함흥에서 태어나 함흥 공립농업학교를 졸업한 뒤 1919년 일본으로 건너가 동경고등사범학교를 졸업하였습니다. 일본 유학시절에 우치무라 간조内村鑑三(일본의 성서학자)가 주재하던 무교회주의 운동에 참여한 뒤 귀국하여 함흥 영생여자고보와 양정고보 등에서 재직하였습니다. 선생은 한편으로는 무교회주의 운동을 전개하면서 다른 한편으로는 성서의 연구와 보급을 통해 민족정신을 고취시킨 민족지사로 높은 평가를 받는 분입니다. 김 선생은 내가 2학년 때인 1940년 9월 경기중학교로 부임하였습니다. 선생은 양정고보 재직 중에 손기정 학생을 지도하여 세계적인 마라톤 선수로 만든 것으로 잘 알려져 있어 서울 시내 중학생들 사이에서 이미 유명한 분이었습니다.

선생은 우선 외모부터 박박 깎은 머리로 사람들의 이목을 끄는 데다가 민족의 혼을 불러일으키는 독특한 수업방식과 근면 성실한 생활태도 등으로 학생들에게 깊은 인상을 남겼습니다. 과목은 지리를 맡았는데 김 선생 시간에 배운 "경제적 도미난텐"은 지금도 생생하게 기억이 납니다. 학생들 사이에는 김교신 선생이 주말이 되면 북한산에 올라가 식민지 조선의 서러운 현실을 개탄하며 목 놓아 통곡한다는 소문이 돌았습니다. 몇몇 학생들은 선생을 따라 등산을 다니면서 직접 감화를 받기도 했지만 나 자신은 기독교인도 아니고 해서 사적인 자리에서 선생을 뵐 기회는 없었습니다.

선생은 그 후 불령선인不逞鮮人으로 낙인 찍혀서 총독부의 감시를 받다가 결국 경기중학교에 부임한 지 1년 만에 사직하게 됩니다. 그 뒤 선생은 《성서조선》 필화사건으로 서대문 형무소에서 1년간 옥고를 치렀고, 출옥한 후 전국을 순회하며 신앙동지들을 격려하는 일에 나섰습니다. 선생은 태평양전쟁이 막바지에 달했던 1944년 7월, 현지 징용 형식으로 홍남질소비료공장에 끌려가 강제노역을 하다가 1945년 4월 발진티푸스에 걸려 세상을 떠났습니다. 4개월만 더 사셨더라면 선생이 그토록 바라던 조국의 해방을 볼 수 있었을 것이라는 생각을 하면 안타깝습니다.

윤진호 일제는 만주사변(1931)과 중일전쟁(1937)을 도발하면서 준전시체제로 들어가게 되고, 이에 따라 조선인에 대한 민족말살정책과 일본인으로의 동화정책同化政策을 더욱 강화하게 됩니다. 더욱이 선생님이 경기중학교에 입학한 뒤인 1941년 태평양전쟁이 발발하면서 완전히 전시체제로 들어가게 되고 이에 따라 학교교육도 급격하게 군사체제로 편입됩니다만, 이러한 시대적 분위기 아래에서 경기중학교의 교육 분위기는 어떠하였습니까?

변형윤 조선인을 완전히 '황국신민화'하는 동시에 학생들을 침략전쟁에 총동원하기 위한 내용으로 학교교육이 급격하게 바뀌게 됩니다. 매일 아침 일본 천황이 있는 동경 쪽을 향해 이른바 요배遙拜를 하고 황국신민서사皇國臣民誓詞를 외우게 했고 수

업도 조선인의 일본인화를 위한 내용이 많았습니다. 2학년 때
는 우리 학급 학생들이 조선인의 일본인화를 위한 선전영화에
출연하기도 했지요. 즉 조선의 학생들이 황국신민으로서 교육
을 잘 받고 있다는 것을 선전하기 위해 제작한 영화였는데, 당
시 유명한 배우였던 황철과 문예봉이 출연하기도 했습니다. 이
영화를 찍으면서 한강에 가서 '토치카'를 공격하는 장면을 촬영
하기도 했습니다.

내가 3학년이던 1941년 12월 8일 일본의 미국에 대한 개전
으로 태평양전쟁이 일어나자 일본의 한국 통치는 더욱 가혹해
졌습니다. 학생들에 대해서도 사상통제나 교련훈련, 근로동원
등 전시체제 아래의 여러 가지 압박이 가해져 학생들의 어려움
이 컸습니다.

먼저 사상통제를 위해 교육과정에서 황국신민화 교육을 부
단히 강요하는 것은 물론이고 일본 신사神社에 수시로 참배하도
록 했는데 3학년 때는 부여에 있는 부여신궁 건립지까지 가서
리어카로 흙을 날랐던 적도 있습니다. 이때 처음으로 백마강이
나 고란사皐蘭寺 등을 구경하기도 했습니다. 또 매주 교련시간이
되면 군사훈련을 했는데 때로는 야외훈련이라고 해서 38식 소
총을 어깨에 메고 모래를 집어넣은 배낭을 등에 진 채 밤새도
록 행군해서 경기도 광주에 있는 군사훈련장까지 갔던 적도 있
습니다.

또 당시 용산에 있던 조선군사령부 연병장에 가서 열병식
을 한 적도 있는데 여기서도 철두철미한 학교서열주의에 따라

경성사범, 경성중, 용산중, 경기중 등의 순서로 열병식을 했습니다. 즉 일본인 학생들이 다니던 학교가 앞에 섰던 것이지요. 근로보국대라고 해서 학생들을 근로봉사에 동원하였는데 나의 경우에는 당시 여의도에 있던 비행장에 가서 모래를 나르기도 했고 경기중학교의 기숙사와 수영장 공사 때도 학생들이 동원되어 삽질을 했던 기억이 납니다.

일제는 1943년 3월 조선교육령을 다시 개정하였는데 그 주요 내용은 각급 학교에 군사교육, 노무동원을 대폭 도입하고 수업연한을 단축하여 학생들을 전시동원할 수 있게 만든 것이었습니다. 이에 따라 중학생들도 수시로 각종 군사시설의 보수나 군사훈련 등에 동원되었기 때문에 사실상 전쟁 말기가 되면 중학생이라는 것은 이름뿐이요 반은 군인, 반은 노동자와 같은 처지가 되어버렸던 것이지요.

중학교 시절의 추억들

윤진호 경기중학교에서 선생님과 친하게 지냈던 동창이나 선후배 가운데 기억나는 분은 어떤 사람이 있습니까?

변형윤 당시 경기중학교에 함께 입학한 동급생은 모두 200명이었는데 50명씩 4교반으로 편성되었습니다. 일본 학생은 없었고 모두 조선 학생들이었지요. 나는 3교반으로 들어갔습니다. 경기중학교에 들어간 뒤에도 나는 학교 공부에 충실한 평범한 학생이었습니다. 그저 조용히 공부만 하는 학생이었지요. 여러 과목 가운데서도 특히 수학을 좋아해서 열심히 했고 수학담당인 박경찬 선생의 특별한 관심대상도 되었습니다. 성적은 비교적 상위권이었습니다. 그러나 열세 살의 나이에 처음으로 양친과 떨어져 혼자 생활을 하려니 어려움과 외로움도 많이 느꼈습니다. 처음에는 경복궁 부근 안국동, 사간동 등에서 하숙생활을 하다가 나중에는 재동, 성북동, 삼선교 등으로 하숙을 옮기기도 했습니다.

동급생들 가운데 절반 이상은 경성의 유명한 보통학교 출신들로서 자기 동창들끼리 몰려다녔기 때문에 황해도 시골에서 유학 온 나는 친구들을 사귀기도 힘들었습니다. 또 동창생 가운데 많은 사람들이 그 뒤 월북, 납치되거나 사망하여 우정을 이어갈 기회가 별로 없었던 것도 아쉬운 일입니다. 이는 나뿐만 아니라 해방과 남북분단, 6·25로 이어지는 격동기를 살았던 우리 세대의 공통된 경험이기도 하지요. 그런 가운데도 몇몇 기억나는 친구를 들자면 서울대에서 교수로 같이 있었던 김동원(공대), 김영균(의대), 박태원(공대) 등을 들 수 있습니다.

특히 나와 친했던 친구 가운데 이대기라는 학생이 있었는데 내가 하숙하던 삼선교 근처에 이 친구의 집도 있어 자주 함께 통학을 하면서 여러 가지 이야기를 나누었습니다. 그런데 이 친구에게는 경성제대 예과(문과 을류)에 다니는 형이 있었는데 마르크스주의 계통의 책도 읽고 당시의 내외정세 등에도 밝았기 때문에, 형으로부터 들은 이야기를 나에게 전해주곤 했습니다. 그 가운데는 정세가 일본에게 불리하게 전개되고 있다든가, 상해 임시정부 이야기, 여운형 선생의 동정 등에 관한 것도 있었습니다. 나는 이 친구를 통해 당시의 내외정세의 전개를 어렴풋이나마 짐작할 수 있었습니다. 우리는 주로 지금의 중앙고와 성균관대 뒷산을 통해 혜화동 쪽으로 통학하면서 많은 이야기를 나누었습니다. 당시 이대기는 불온한 학생으로 찍혀 선생들의 감시를 받고 있었는데 이러한 친구와 어울려 다니니까 나에 대해서도 담임선생이 유심히 관찰하고 있는 것이 아닌가 하는 느낌을 받았습니다.

그런데 이 친구에 대해서는 후일담이 있습니다. 해방 후 1946년 무렵 어느 비 오던 날에 이 친구가 내 하숙집으로 불쑥 찾아왔습니다. 이런저런 이야기를 나누다가 그는 갑자기 "급히 돈이 필요한 일이 있으니 빌려 달라"고 하여 약간의 돈을 빌려 주었습니다. 그 뒤 소식이 두절되었는데 아마도 그 후 월북한 것 같습니다. 이 친구의 형도 해방 후 여운형 선생 아래에서 건국준비위원회 군사책임자로 활동을 하다가 월북한 것으로 알려지고 있습니다.

윤진호 누구나 중고등학교를 다니던 시절 친구들과 어울려 다니면서 경험했던 에피소드 하나쯤은 추억으로 간직하고 있기 마련인데 선생님은 경기중학교 재학 시절 학교생활 외의 개인 생활 면에서 어떤 추억을 간직하고 있는지 궁금합니다.

변형윤 사실 중학교 시절의 생활을 되돌아보면 나는 중학교 5년을 매우 평범하게 지낸 학생이었고 특기할 만한 에피소드도 거의 없었습니다. 전쟁 시기였지만 양친이 보내주시는 학비로 경제적으로는 큰 불편이 없었고 꿈이라면 그저 좋은 상급학교에 진학하는 것이었지요. 당시에는 보충수업이나 과외, 학원이라는 것은 없었기 때문에 오후 4시쯤 학교를 마치면 친구들을 만나서 이야기를 잠시 나누고는 하숙집으로 돌아와 공부를 계속하는 판에 박힌 생활이었습니다. 삼선교 근처에서 살 때는 학교에서 걸어서 50분 정도 걸렸지만 멀어도 거의 걸어 다녔습니다. 당시 경성의 인구는 약 30만 명 정도였는데, 유일한 대중교통 수단인 전차가 도심에서 용산, 영등포, 청량리까지 운행하였지만 대부분 걸어 다니는 경우가 많았습니다.

휴일이면 가끔 명동의 영화관으로 최신 영화를 보러 간다든지 세검정, 정릉, 우이동, 뚝섬 등에 놀러간 일도 있습니다. 가장 멀리 간다는 것이 한강을 나룻배로 건너서 봉원사까지 소풍을 가는 정도였습니다. 현재의 경기고가 봉원사 부근으로 옮긴 것을 생각하면 이것도 인연은 인연인 셈이지요.

한번은 부민관(현재 서울시의회 별관)에서 열린 학도지원병 지원촉구 연설회에 구경을 간 적이 있는데, 연사로는 이광수, 유진오 씨 등이 나와서 학도병으로 지원하라고 연설을 하였습니다. 그러나 특히 이광수 씨는 청중들로부터 형편없이 야유를 받았습니다. 또 소프라노 김천애 씨의 독창회에 갔는데 대부분 일본 노래를 불렀지만 마지막에 금지곡이었던 홍난파의 〈봉선화)를 불러서 감동했던 기억도 납니다.

요즘은 중고등학생만 되면 남자친구, 여자친구를 사귄다는 이야기를 듣고 있습니다만 당시만 해도 그러한 풍조는 거의 없었습니다. 특히 나의 경우에는 양친이 엄격했고 게다가 모친은 "아들딸 배필은 내가 정한다"고 평소에도 말씀을 많이 하셨기 때문에 이성교제는 꿈도 꿀 수 없는 상황이었습니다. 양친이 생각하는 이상적인 며느릿감은 "충청도 출신으로 여학교를 나와서 교사를 하는 여성"이라는 전통적인 입장이었습니다. 나중에 부산 피난시절에 결혼한 집사람이 우연히도 이러한 조건에 꼭 들어맞아서 신기해한 적이 있는데, 이는 양친뿐 아니라 당시에 좀 있다는 집안에서 가장 이상적으로 생각하는 며느리상이었을 것입니다. 아무튼 내가 중학교에 다니던 시절만 해도 연애를 하는 학생은 좀 '덜떨어진 놈'으로 여기는 풍조가 있었고 주로 사립학교 출신들이 연애를 잘 한다는 소문이 돌았습니다.

윤진호 방학 때는 어떻게 지내셨나요? 고향에 갔습니까?

변형윤 물론입니다. 양친이 목을 빼고 기다리고 계시니까 늘 방학을 하자마자 고향으로 가곤 했습니다. 고향에 가면 모친은 오랜만에 귀한 아들이 왔다고 온갖 좋은 음식을 차려주셔서 배불리 먹곤 했습니다. 이렇게 잘 먹고 도로 경성으로 올라오면 적어도 1주일은 배가 부른 듯했습니다. 그러니까 방학만 되면 첫 번째 밤차를 타고 고향에 내려갔다가 올라올 때는 늘 마지막 날 기차로 올라오곤 했지요. 이때 나와 함께 다닌 사람이 바로 2년 선배인 장예준 형이었는데 이 선배는 사리원 출신이었습니다. 나중에 서울상대(서울대학교 상과대학)에서도 선후배 간으로 친하게 지냈지요.

윤진호 중학교에 다닐 당시 경제학에 대한 관심을 가지고 따로 공부한 적은 있었습니까?

변형윤 5학년에 올라가서 진학지원에 따라 반 편성을 할 때 비교적 우수한 학생들이 편성되는 고등학교 진학반에 편성되었으니 성적은 그런대로 괜찮은 편이었다고 할 수 있겠죠. 당시는 그저 좋은 대학에 간다는 목표만 세웠을 뿐 경제학에 대해 특별히 알지 못했고 따라서 관심도 없었습니다. 상급학교 진학을 위한 별도의 입시공부란 것은 없었고 그저 학교공부를 충실히 따라가는 것이 입시준비의 전부였습니다.

대학 진학에서 맛본 인생 최초의 좌절

윤진호 선생님이 중학교를 졸업한 해는 1944년 3월인데 서울대학교 상과대학(이하 서울상대)의 전신인 경성경제전문학교에 입학한 것은 1945년 4월입니다. 그 사이에 1년간의 공백이 있었는데 어떤 사정이 있었던 것인지요? 중학교를 마치고 상급학교로 진학하기까지의 사정을 말씀해 주십시오.

변형윤 당시 중학교는 5년제였기 때문에 5학년에 올라가면서 본격적으로 진로에 대해 고민하기 시작했습니다. 내가 5학년이 되던 1943년에는 이미 '육군특별지원병임시채용규칙'이라는 것이 공포되어 조선인 학생들을 징병으로 끌고 가서 침략전쟁의 총알받이로 삼기 시작하던 때입니다. 따라서 양친도 그랬고 나 자신도 그랬지만 당시의 최대목표는 어떻게 하면 좋은 대학에 갈 것인가보다도 먼저 일본군에 끌려가지 말아야 한다는 것이었습니다.

나는 이미 경기중학교 4학년 말인 1943년 2월에 양친의 권유로 경성제대 법학부에 가고자 예과(문과 갑류)에 지원했지만 낙방의 고배를 마셨습니다. 이어서 1943년 4월에 5학년으로 올라가면서 상급학교 진학을 지원하는 곳이 어딘가에 따라 반 편성이 이루어졌는데, 전체 200명의 학생을 4개 반으로 나누어 제1반은 경성제대 예과, 제2반은 고등학교, 제3반은 기타 학교 이과, 제4반은 문과 지원 학생들로 편성되었습니다. 그런데 전체 학생의 약 4분의 3이 이과 계통 상급학교를 지원하였습니다. 그 가장 큰 이유는 군 징병입대 문제 때문이었습니다. 당시 이과 계통 학생들에 대해서는 졸업 때까지 징병 연기 혜택이 주어졌기 때문에 많은 학생들이 이과 계통으로 몰렸던 것이지요.

나 역시 제2반인 고등학교 진학반에 편성되어 이과를 지원하였습니다. 당시 일본에서 고등학교란 것은 제국대학帝國大學에 진학하기 위한 예비학교의 성격을 띤 것으로 일본 전국에 모두 30여 개가 있었습니다. 오늘날 고등학교가 중등교육 과정에 해당한다면 당시의 고등학교는 대학 예과와 함께 고등교육의 일부로 간주되던 곳이지요. 고등학교 3년을 졸업하면 형식적으로 선발고사를 치르긴 하지만 대부분 제국대학에 입학할 수 있는 특혜가 주어졌기 때문에 여기에 입학하려는 경쟁이 치열했습니다. 고등학교 가운데서도 특히 메이지明治 시대에 세워진 제1고등학교(1고)부터 제8고등학교(8고)까지의 8개 명문 고등학교는 일찍부터 정·재계에 졸업생을 배출하여 후발 고등학교들보다 우위에 서 있었기 때문에 이를 "넘버 스쿨"이라 불렀습니다. 이는 엘리트 가운데서도 엘리트를 양성하는 기관이었기 때문에 학생들의 자부심도 대단하였습니다. 일단 고등학교에 입학만 하면 사회적으로 엘리트로 간주될 정도로 입시경쟁이 치열했습니다. 교육내용은 문과와 이과로 나뉘는데 이수하는 제1외국어에 따라 다시 갑류(영어), 을류(독일어), 병류(프랑스어) 등으로 나뉘었습니다.

내가 일본에 있는 고등학교에 진학하기를 바란 것은 바로 고등학교를 졸업하면 제국대학에 입학할 수 있고, 특히 이과계에 입학하면 징집연령이 되어도 졸업 때까지 징병이 연기될 수 있었기 때문이었지요. 그런데 내가 경기중학교를 졸업하던 1943년 말~1944년 초는 전쟁 말기였기 때문에 미군 잠수함이 현해탄을 건너는 일본 배들을 어뢰로 쏘아 침몰시키는 경우가 많아 이미 일본으로 도항渡航하는 것 자체가 위험해진 상태였습니다. 따라서 5학년 말에 양친 및 담임선생과 상의한 결과 일본의 고등학교 진학을 포기하고 경성제대 예과 이과(갑류)에 지망하였지만 1차에서 낙방했습니다. 그동안 문과 쪽의 공부를 계속해 오다가 갑자기 이과 쪽으로 방향을 바꾸는 바람에 아무래도 수학, 과학 쪽의 공부가 취약했기 때문이었습니다.

윤진호 늘 성적이 좋은 편이었던 선생님으로서는 경성제대 예과 시험에서 낙방한 것은 인생에서 최초의 큰 좌절이었기 때문에 충격이 컸을 것으로 짐작됩니다. 자료를 보면 당시 경기중학교 졸업생 가운데 경성제대 예과에 진학하는 학생 수가 매년 10여 명에 지나지 않을 정도로 입학이 어려웠던 것 같습니다. 더욱이 당시 법문학부와 의학부 진학반밖에 없었던 경성제대 예과에 이공학부 진학을 위한 학급이 설치된 것은 1940년이고, 이공학부가 정식으로 설치된 것은 1943년이므로 신설학부인 이공학부의 입학경쟁이 더욱 치열했던 것으로 짐작합니다. 그러면 입시에 실패한 뒤 어떻게 생활을 보내셨는지요?

변형윤 나는 1944년 3월에 경기중학교를 졸업하고 1년 동안 입시준비를 하면서 재수생활을 하였습니다. 고향에 내려가지 않고 서울의 하숙집에 머물렀는데 당시에는 입시학원이란 것도 없었기 때문에 혼자서 책을 보면서 씨름하는 생활이었지요. 그러다가 거의 1년이 지나 입학시험 날짜가 가까워진 1945년 1월에 입시상담을 위해 담임선생을 만나러 경기중학교에 갔다가 뜻밖의 사실을 알게 되었습니다. 즉 일본의 고등학교 입시를 위해 일본에 직접 가서 시험을 치를 필요가 없고 입시관계 서류

44

와 신체검사 결과를 일본에 보내어 서류전형을 받으면 합격 여부를 우편으로 통지해 준다는 것이었습니다.

1년 전에 일본에 있는 고등학교 지원을 포기했던 이유가 일본으로 가는 배 사정이 나쁘고 침몰 위험이 있었기 때문인데, 이제 일본에 가지 않아도 되고 서류전형만으로 뽑는다는 것을 알게 되자 다시 일본 고등학교 진학 쪽으로 방향을 바꾸어 오카야마岡山에 있는 제6고등학교 이과 갑류를 지원하게 되었습니다. 오카야마의 제6고는 1900년에 설립된 유서 깊은 학교로서 역시 넘버 스쿨의 하나인 명문 고등학교였습니다.

여러 고등학교 가운데 굳이 제6고를 지원한 이유는 외8촌 형(이세훈) 때문이었습니다. 이 형은 경기중학교를 졸업하고 제6고에 진학하여 졸업한 뒤 동경제대에 입학하였습니다. 내 고향인 황주에서는 누구나 그 이름을 아는 수재였지요. 이 형은 동경제대를 졸업하고 경성방직 계열의 삼양사에서 근무하다가 해방 뒤 이북으로 가서 김일성대학 교수가 된 것으로 알고 있습니다. 우리 모친도 물론 이 형을 잘 알고 있었는데 당신 아들이 조카인 이 형보다 못할 것이 없다고 생각하셨기에 나에게 제6고 진학을 권하셨던 것이지요. 그대로 제6고로 진학했더라면 나는 아마도 지금쯤 기계공학 전공자가 되어 있을 것입니다. 그런데 신체검사 결과에서 강한 색약色弱으로 밝혀져 낙방했습니다. 색맹色盲·색약자는 이과계의 학과나 학교에 진학할 수 없었습니다. 나에게는 큰 충격이었고 또 한 번의 좌절이었습니다.

제3장

8 · 15 해방과 좌우대립의 혼란

경성경제전문학교 입학

윤진호 선생님께서는 경기중학교 4학년 때 경성제대 법학부에 가기 위해서 예과 문과 갑류를 지원한 적이 있었기 때문에, 1945년에도 같은 학교를 지원하는 것이 상식일 터인데 갑자기 경성경제전문학교 진학으로 방향을 바꾼 것은 어떠한 연유에서였습니까?

변형윤 1차 지원을 제6고 이과 갑류로 해서 실패했기 때문입니다. 고등학교나 대학 예과는 거의 시험기간이 같기 때문에 이과 계통 입시에 실패했다고 해서 곧바로 고등학교나 대학 예과의 문과 계통으로 갈 수 없었습니다. 어쩔 수 없이 2차 지원은 전문학교로 할 수밖에 없었습니다. 게다가 이과 계통의 경우에는 색약 여부가 문제가 되지만, 문과 계통의 경우에는 그렇지 않았습니다. 따라서 문과계의 전문학교를 지원하되 어느 계통 으로 하느냐가 문제가 될 수밖에 없었습니다. 양친은 판사나 검 사가 되는 길인 법학 계통을 원하시는 것 같았으나 나는 왠지 법학 계통이 썩 내키지 않은 데다가 법학 공부를 위해서는 강 한 암기 능력이 필요할 것 같은 생각도 들었습니다. 결국 그쪽 은 지원하지 않기로 하고 담임선생과 상의하여 경성경제전문학 교를 지원했습니다. 이리하여 1945년 2월 입학시험을 치러 합 격했으며 4월부터 신학기가 시작되었습니다.

윤진호 경성경제전문학교는 어떠한 학교였습니까?

변형윤 이 학교의 전신은 경성고등상업학교(이하 경성고상) 인데 1944년 경성경제전문학교로 개편되었습니다. 그해에 일제 식민지 교육 당국은 당시 가까스로 남아 있던 민족적 색채를 띤 학교들, 즉 보성, 연희, 혜화, 명륜 등 전문학교를 없애고 민 족교육을 말살시키고자 이들 학교에 대해 생도 모집을 정지시 키고 학교 이름도 바꾸어 보성전문은 경성척식경제전문학교로, 연희전문은 경성공업경제전문학교로 강제 개편했습니다. 그 밖 에 숙명여자전문학교와 이화여자전문학교는 여자청년연성소로 개편하였고 혜화전문학교와 명륜전문학교는 폐교시켰습니다. 이러한 가운데 경성고상 역시 전시총동원체제의 일환으로 교육 예산이 급감함에 따라 경영난을 극복하기 위해 경성법학전문학교와 통폐합시켜 경성경제전문학교로 개편하였던 것이지요. 이러한 전문학교의 개편 목적은 민족교육 말살과 더불어 모든 학교교육을 전쟁 수행을 위한 군수 생산 및 식량 증산과 직결시키기 위해서였습니다.

개편 전의 경성고상은 1922년 3월 설립된 전문학교인데 그 전신은 1899년 설립된 대한제국의 상공학교商工學校로부터 시작됩니다. 상공학교는 1904년 농상공학교農商工學校로 개편되었다가 식민지로 된 뒤인 1915년 일본의 동양협회가 설립한 동양협회전문학교(척식대학의 전신) 경성분교로 다시 개편됩니다. 동양협회전문학교 경성분교는 1920년 사립 경성상업학교로 개칭되었다가 경영난에 빠지게 되자 1922년 관립으로 이관되어 경성고상이 되었던 것입니다.

당시 일제가 식민지 경영을 하기 위해 필요한 관료 가운데 고위관료들은 주로 제국대학 출신들로 채운 반면, 고등상업학교는 식민지 경영을 위한 실무관료를 양성하는 데 그 목적이 있었습니다. 이 학교는 식민지 경영을 위한 관료를 양성하는 학교이기 때문에, 처음에는 조선 내의 일본인만 입학할 수 있었으나, 이에 대한 비판여론이 높아짐에 따라 차츰 조선인 학생들의 입학도 허락하였지만 그 수가 매우 적었고 학교 안에서 차별도 심하였다고 합니다. 실제로 입학정원에서 조선인을 20%만 선발하도록 하는 내규가 있었고 교직원 구성도 조선어 강사를 제외하면 거의 전원이 일본인일 정도로 민족차별이 심했습니다.

당시 경성제대에는 상학이나 경영학을 가르치는 학부가 없었기 때문에 일제강점기 동안 경성고상은 보성전문학교, 연희전문학교와 더불어 조선 내 상업교육의 최고학부로 기능하였고 여기를 졸업하면 은행, 대기업, 관공서로 쉽게 취업할 수 있었기 때문에 인기가 매우 높았습니다. 그만큼 조선인 학생들에게는 입학의 문이 좁기도 했고요. 교사校舍는 원래 명륜동에 있다가 1939년 종암동에 교사를 신축하여 이전하였습니다. 학생 수는 한 학년당 100~120명 정도였고 3년제였습니다. 당시의 전문학교에는 전공과가 따로 없어서 부기, 회계 등 상업실무에 관한 과목과 경제원론 등 경제학 과목을 함께 배웠습니다.

윤진호 선생님께서 입학할 당시는 일본이 패망하기 직전이었는데 학교 분위기는 전반적으로 어떠했습니까?

변형윤 전쟁 말기이고 일본의 패망 기색이 완연해지면서 전반적으로 어수선한 분위기였다고 할 수 있습니다. 나는 이런 학교 분위기에다 건강마저 악화되는 바람에 4월 하순 들어 일단 고향으로 내려갔습니다. 나에게는 1차 지원학교 진학이 좌절된 것이 큰 충격이었고, 양친의 법학 계통 진학 바람을 따르지 않은 것도 고통이었는데, 이 때문에서인지 소화불량, 식욕부진, 수면장애 등을 심하게 겪으면서 심신이 몹시 피로했습니다.
그래서 더 이상 견디지 못하고 집으로 내려갔습니다. 고향으로 가자마자 공의의 진단을 받은 결과 적어도 2~3개월을 집에서 쉬면서 요양하는 것이 좋겠다는 의견이어서 그에 따랐습니다. 그런데 내가 집에 머문 기간은 예상보다 길어지게 되었습니다. 학교가 정상적으로 기능하지 못하고 있다는 소식을 듣고 있어서 서둘러 서울로 올라갈 필요가 없었기 때문입니다. 나중에 자세히 들은 바에 따르면 교수들 가운데도 일본군으로 징집된 사람이 많았고 학생들도 매일 근로동원이니 공장지원이니 해서 끌려 다니느라 정상적으로 강의가 진행되지 못했다고 합니다. 또 지방소개地方疏開라고 해서 공습을 피해서 시골로 내려가기를 강요하기도 했습니다. 우리 집의 경우에도 맏아들인 내가 서울에서 학교에 다니고 있고 앞으로도 서울에서 생활할 가능성이 높다고 생각해서 양친은 시골집을 정리하고 서울로 올라오려고 했습니다. 그러나 지방소개를 하는 판에 서울로 올라오는 것은 주저가 되어서 결국 이사를 하지 않기로 했습니다. 지금 와서 생각해보면 당시 서울로 양친이 이사를 왔더라면 훗날 남북분단에 따른 이산가족은 안 되었을 것이라는 후회도 듭니다.

8·15 해방의 기쁨

윤진호 일본은 태평양전쟁을 일으킨 뒤 한때 싱가포르, 필리핀, 남태평양 제도 등을 점령하는 등 승승장구하였습니다. 그러나 미국 등 연합국의 반격으로 태평양 일대에서 후퇴를 거듭한 끝에 1945년 8월 6일과 9일에 히로시마와 나가사키에 떨어진 원자폭탄으로 수많은 인명을 잃고 결국 1945년 8월 15일 포츠담 선언을 수락, 무조건 항복을 함으로써 패전을 맞게 됩니다. 그러나 일제강점기 말에 일제는 수백만 명의 조선인을 강제 징용하여 일본 내의 공장, 건설현장, 탄광, 농장 등에서 강제노동을 시켰고 징병제도를 실시하여 수많은 조선의 젊은이들을 전장의 총알받이로 내몰았습니다. 또 10만에서 20만에 달하는 조선의 젊은 여성들을 정신대挺身隊라는 이름으로 강제 동원하여 군수공장 등에서 혹사시켰으며 그 일부는 중국과 남양 지방의 최전선까지 끌고 가 일본군 위안부로 만드는 만행을 저지릅니다. 따라서 8·15는 일본에게는 패전의 날일지 모르지만 우리 민족에게는 36년간의 식민지 상태에서 벗어난 해방의 날이었고 희망의 날이기도 했습니다. 이 해방의 날을 직접 경험한 선생님에게도 이 날은 기억이 생생하실 텐데 8·15 해방을 어디에서 어떻게 맞으셨습니까?

변형윤 나는 고향에서 해방을 맞았습니다. 8월 14일에 라디오 방송으로, "내일 12시에 천황의 특별방송이 있으니 모두 방송을 청취하라"는 보도가 있었습니다. 8월 15일 정오에 천황이 어눌한 목소리로 무조건 항복 선언을 하는 것을 라디오로 들을 수 있었습니다. 나로서는 일본 신문을 꾸준히 보고 있었기 때문에 어느 정도 일본의 패망을 예상하고는 있었지만, 그래도 그 방송을 듣고 몹시 기뻤습니다. 드디어 일본의 지배로부터 벗어나게 되었다는 기쁨과 이제 군대에 끌려가지 않아도 된다는 안도감이 겹쳐지게 되었습니다.

　　윤진호 고향에서 해방을 맞이하셨군요. 그런데 해방의 기쁨도 잠시이고 우리 민족의 자주독립에 대한 열망과는 상관없이 미국과 소련이 38선을 경계로 하여 한반도를 나누어 점령하면서 우리 민족은 다시 분단의 아픔을 겪게 됩니다. 북한 땅인 황주에는 소련군이 진주하게 되는데 해방 뒤의 황주의 상황은 어떠하였습니까?

　　변형윤 황주 읍내에서는 해방 다음 날인 8월 16일에 공회당에 사람들이 모여 만세를 부르는 등 해방을 축하하는 자발적인 움직임이 있었습니다. 또 일부 젊은이들은 면사무소에서 강제징병이나 강제징집을 맡아 많은 사람들을 일본 군대나 탄광으로 보내는 책임자였던 노무계 책임자를 붙잡으러 돌아다녔고 면장 집에 몰려가서 집을 부수기도 했습니다. 그러나 그 이상의 큰 소동은 황주 읍내에서는 일어나지 않았습니다. 경찰과 군대를 여전히 일본이 장악하고 있었기 때문에 이들의 눈치를 볼 수밖에 없었습니다.

　　그러다가 8월 22일 소련군이 진주하여 행정기관들을 장악하고 인민위원회를 만들었습니다. 나 자신이 직접 목격한 것은 아니지만, 소련군이 일반 주민들로부터 시계를 빼앗아 여러 개를 팔에 차고 다닌다든지, 식빵을 가지고 다니면서 잠을 잘 때는 이것을 베개로 사용하다가 다시 식사 때는 그 빵을 먹는다든지, 여성들에게 성폭행을 가했다든지 하는 소문이 돌았습니다. 또 그동안 어디서 무얼 했는지 듣도 보도 못하던 사람들이 인민위원회 완장을 차고 설치고 돌아다니기도 했습니다. 우리 집은 부친이 지역 유지이기도 하고 내가 서울에 있는 대학에 다니고 있었기 때문에 자칫 잘못하면 이들의 눈총을 받을 처지에 있었습니다. 따라서 나는 세상 돌아가는 것과는 상관없이 바깥출입을 하지 않으면서 조용히 요양에만 힘썼습니다. 나로서는 하루빨리 학교로 돌아가기만 바랐지만 학교가 제대로 문을 열지 않으니 서울로 올 수도 없었습니다. 그러다가 10월 하순쯤 한국인이 교장으로 임명되고 교수진도 구성되어 학교가 곧 정상화될 것이라는 소식을 들었습니다. 이에 따라 11월에 38선을 넘어 서울로 다시 오게 됩니다.

윤진호 당시 38선 출입은 자유로웠나요?

변형윤 그렇지 않았습니다. 해방 초기에만 해도 38선은 좀 어수룩했습니다만 시일이 흐름에 따라 점차로 통제가 강화되어 출입이 부자유스러워졌습니다. 따라서 38선을 넘기 위해서는 안내인에게 돈을 주고 몰래 넘어와야 했습니다. 38선이 남천과 개성 사이를 지나기 때문에 황주로부터 황해도 남천으로 일단 갔습니다. 그런 다음 38선 남쪽에 있는 여현으로 넘어가는 길을 찾아서 38선 근처의 마을에 접근했습니다. 수소문 끝에 안내인을 찾아서 요구하는 돈을 그에게 주고 안내를 받아 밤 9시쯤 경계가 허술한 틈을 타서 38선을 넘어 여현에 도착했습니다. 일행이 꽤 여러 명 있었습니다. 안내인은 미리 소련 군인들을 매수

해 둔 것 같았고 그래서 경계가 허술했던 것 같습니다. 당시에는 곧 소련군과 미군이 물러나면 38선 통행이 다시 자유로워질 것으로 생각했는데 나중에 와서 보니 매우 순진한 생각이었습니다.

북한으로부터 극적 탈출

윤진호 학교로 돌아와 보니 사정이 어떠하였습니까?

변형윤 서울로 온 다음 학교에 가 보니 일본인 교수들은 모두 일본으로 돌아가 버렸고 이를 대신할 한국인 교수 수는 부족한 형편이었으므로 교수진이 제대로 구성이 되지 않고 있었습니다. 따라서 강의도 제대로 진행되지 못하였습니다. 할 수 없이 하숙집에서 혼자 공부를 하면서 기다리다가 1946년 1월경부터 본격적으로 강의가 시작되어 3월 중순까지 1학기 수업을 듣고, 잠시 쉬었다가 4월에서 6월까지 2학기 수업을 받았습니다. 결국 정상적인 상황보다 반년이 늦게 된 셈입니다. 당시 교장은 이인기 교수로서 경제학이 아니라 교육학을 전공한 분이었고 교수진은 대부분 마르크스 경제학을 전공한 사람 일색이었습니다. 경제원론은 김한주 교수와 이기수 교수가 가르쳤는데, 교과서나 제대로 된 교재도 없이 프리노트 식으로 강의를 했습니다. 1학년 때 수업 내용은 경제원론 외에 부기 및 회계, 국어, 국사 등의 일반 교양과목들이 많았습니다. 그런데 일본인 교수들이 물러나고 새로 교수가 된 한국인 교수들 가운데 제대로 공부한 사람은 드물고 대부분 다른 일을 하던 이들이어서 학문적으로 부족한 점이 많았기 때문에 나 자신은 학교 수업에 큰 관심을 가지기 힘들었습니다.

윤진호 선생님께서는 그 후 여름방학을 맞아 고향으로 돌아가셨습니까?

변형윤 나는 1946년 6월 여름방학을 맞아 고향으로 돌아갔다가 북한의 심상치 않은 정세변화로 말미암아 신변에 위험을 느끼고 그해 8월 해주를 거쳐 배를 타고 북한 땅을 탈출했습니다. 당시만 해도 내가 양친과 생이별을 하고 다시는 만나지 못하게 될 줄은 꿈에도 생각하지 못했던 것이지요.

윤진호 당시 북한의 형세는 어떠했습니까?

변형윤 1946년 6월이면 이미 북한 땅에서는 김일성을 중심으로 한 북한 정권의 수립이 착착 진행되고 있던 때입니다. 1945년 8월 해방이 되자 곧바로 조만식 선생을 위원장으로 하는 '평안남도 건국준비위원회'가 발족되지만, 곧이어 소련군 사령부의 요구로 '평안남도 인민정치위원회'로 개편됩니다. 이때까지만 해도 사회주의 계열 인사들과 비사회주의 계열 인사들이 모두 참여한 형태였습니다. 그러다가 9월 19일 소련군과 함께 군함을 타고 원산항에 도착한 김일성이 소련군의 후원 아래 '조선공산당 북조선 분국'을 만들게 됩니다. 이어 10월 8일에는 조선민주당의 조만식 선생을 위원장으로 한 '북조선 5도 임시 인민위원회'가 만들어지면서 북한 내의 권력 장악을 둘러싸고 김일성을 중심으로 한 공산주의 계열과 조만식 선생을 중심으로 한 비공산주의 계열 사이에 치열한 다툼이 벌어집니다.

이 과정에서 소련군 당국과 김일성 등은 지주와 부농이 주요 지지층이던 조선민주당의 기반을 와해하고 인민의 절대다수인 소작농들의 지지를 얻는 동시에, 아직 토지개혁을 단행하지 않은 남한에 대해 우위에 서고자 1946년 3월 5일 '무상몰수 무상분배' 방식의 토지개혁을 단행합니다. 이 토지개혁 이후 조선공산당 북조선 분국의 세력기반이 급속하게 확장되는 반면, 조선민주당 계열 인사들은 대거 월남의 길에 나서게 됩니다. 이후 1946년 11월 열린 제1차 인민위원회 선거를 거쳐 김일성을 위원장으로 하는 북조선인민위원회가 발족함으로써 김일성은 북한의 정치권력을 확고하게 장악하게 되며 1948년 9월 9일 '조선민주주의인민공화국'의 수립을 선포하게 됩니다.

윤진호 선생님이 고향에 계시던 1946년 6월부터 8월까지는, 이미 그해 3월에 공포된 토지개혁령에 따라 토지개혁이 진행되고 있던 시점이었기 때문에, 비록 소지주이긴 하지만 선생님 댁도 여기에 영향을 받을 수밖에 없었을 텐데요.

변형윤 그렇습니다. 고향에 있는 동안 아마 7월 말쯤 우리 황주에서도 토지개혁을 실시한다고 그 설명회를 읍 공회당에서 하니까 참석하라는 통지가 와서 부친 대신 내가 참석했습니다. 들어보니 그 내용은 일제의 소유 토지와 친일파 등 민족반역자들의 소유지 및 5정보(1만 5천 평) 이상 소유한 지주들의 토지, 계속 소작을 주고 있던 토지는 모두 몰수하여 토지가 없거나 적은 농민들에게 분배한다는 것이었습니다. 우리 집안은 의병운동에 참가했던 집안이니 친일파 소유 토지는 아니지만 5정보 이상에 해당되어 모두 몰수될 판이었습니다. 나는 이 자리에서 "토지개혁은 좋지만 최소한의 생계수단이 될 정도의 토지는 남겨 놓아야 할 것이 아니냐. 나는 서울에서 학교를 다니고 있으니까 나중에 졸업하면 고향에 돌아와 양친을 봉양해야 하는데 무엇으로 봉양하라는 말이냐. 이런 경우에는 사정을 좀 참작해 주어야 할 것이 아니냐"고 질문했습니다. 그러나 공개석상에서 이러한 발언을 한 것 자체가 '반동행위'에 해당하는 것이어서 그로부터 나에 대한 감시가 심해졌습니다.

그러다가 8·15 광복절을 막 지난 어느 날 밤에 긴급한 연락이 왔습니다. 내가 보통학교 6학년 때 다른 반의 한국인 담임선생이었던 분이 해방 후 승진해서 명덕보통학교 교장으로 재직하고 있었는데 황주 읍내 기관장회의에 참석했더니 나를 체포하자는 안건이 올라 왔던 모양입니다. 깜짝 놀란 선생이 급히 사람을 시켜 쪽지를 보내왔는데 "신변에 위협이 있으니 오늘밤 안으로 서울로 서둘러 떠나라"는 전갈이었습니다.

부랴부랴 짐도 채 꾸리지 못한 채 양친에게 작별인사를 고했습니다. 작별인사를 드리자 양친은 한 치의 흐트러짐도 없는 자세에 가라앉은 음성으로 잘 가라고 하시면서 "언제나 건강에 유의해야 한다. 늘 이른 대로 의젓하고 또 떳떳해야 한다"는 당부의 말씀을 잊지 않으셨습니다. 지금도 그 말씀은 내 귓전에 생생하게 맴돌고 있습니다. 황망한 가운데 양친 곁을 떠날 수밖에 없었던 그때 일을 생각하면 가슴이 미어지지만 그때의 그 말씀은 내가 지금까지 살아오는 동안 가장 귀중한 행동지침이 되어 왔고 앞으로도 분명히 그러할 것입니다.

윤진호 1946년 8월이 되면 벌써 38선 통행이 상당히 부자유스러워졌을 텐데 어떠한 경로로 남쪽으로 내려오셨습니까?

변형윤 반년 전까지만 해도 육로로 어느 정도 통행이 가능했지만 이제는 육로로 38선을 넘는다는 것은 생각하기도 어려울 지경이 되었습니다. 할 수 없이 해로를 통해 남쪽으로 가기로 하고 해주 쪽으로 방향을 잡았습니다. 해주까지는 약 300리(약 120km) 길인데 깜깜한 밤이니 대중교통이 있을 리 없어서 지나가는 트럭을 간신히 얻어 타는 등 천신만고 끝에 다음 날 오전 중에 해주에 도착했습니다. 여기서 다시 수소문 끝에 남북을 오가는 안내자를 만날 수 있었습니다. 이리하여 한 3, 40명쯤 인원이 모이자 밤 8시 무렵 조그만 배에 모두 올라탔습니다.

해주 항구를 벗어나서 연평도 쪽으로 가는데 이미 연안 바다에서는 북한 측 순찰선들이 서치라이트를 비추면서 수색하고 있는 것이 아니겠습니까? 여기서 잡히면 형무소에 가거나 최악의 경우 아오지 탄광 혹은 시베리아로 끌려가서 다시는 돌아오지 못한다는 소문이 나돌던 때였습니다. 모두들 숨을 죽이고 있는데 갑자기 어린아이의 울음소리가 들리기 시작했습니다. 어떤 아기 엄마가 혼자서 어린아이를 데리고 배에 탔던 모양입니다. 주위에 있던 사람들이 이 아기 엄마를 험상궂은 눈초리로 쳐다보면서 아기를 달래서 울음을 그치게 하라고 다그쳤습니다. 그러나 어린아이는 좀처럼 울음을 그치지 않았습니다. 그러다가 어느 순간 아기 엄마는 어린아이를 물속에 첨벙하고 던져버리는 것이 아니겠습니까? 민족의 분단이 가져온 참으로 애처로운 일이 아닐 수 없었습니다. 모두들 묵묵히 숨을 죽이고 있을 수밖에 없었습니다. 다음 날 아침 인천에 도착해서 배에서 내려서야 비로소 '내가 살았구나' 하고 안도의 한숨을 쉴 수 있었습니다.

국대안 파동과 서울상대로 개편

윤진호 선생님이 서울로 돌아올 때를 전후해서 이른바 '국립대학안 파동'으로 서울대가 한바탕 소용돌이에 휩싸이게 됩니다. 즉 1946년 7월 13일에 미국 군정청 당국이 경성대학과 여러 전문학교를 통합하여 국립서울대학교를 만든다는 '국대안國大案'을 발표하자 이에 대해 교수와 학생들의 반발이 거세지면

서 이른바 '국대안 파동'을 겪게 되는데, 선생님께서 경험한 국
대안 파동은 어떠하였습니까?

변형윤 내가 고향으로 내려가기 전부터 이미 국대안에 대한
소문이 떠돌기 시작했습니다. 내가 알기로는 경성대학 의학부
는 좌익계열 교수가 많은 반면, 경성의학전문학교에는 우익계
열 교수가 많아서 이들 사이에 통합을 둘러싼 갈등이 심했던
것으로 알고 있습니다. 그 밖에도 군정청의 국대안이 대다수 교
수들이나 학생들의 의견수렴 절차 없이 독단적으로 진행된 점,
국대안 추진의 목적이 정치적 반대파 교수들을 축출하기 위한
데 있는 것이 아닌가 하는 정치적 의구심 등이 작용했던 것으
로 봅니다. 무엇보다도 국립서울대학교를 만들면서 그 초대총
장으로 일개 미군 대위(해리 앤스테드Harry B. Ansted)가 취임하기
로 결정된 점이 교수들과 학생들의 자존심을 크게 손상시켰습
니다.

1946년 8월에 북한을 탈출해서 서울에 와보니 국대안에 반
대하는 학생들이 등록거부운동을 벌이고 있었습니다. 나도 적
극적인 것은 아니지만 국대안 반대에 심정적으로 동조하고 있
었기 때문에 등록을 거부하다가 결국 10월 말에 가서 더 이상
등록을 미루면 제적시키겠다는 최후통첩을 받고 마지막으로 등
록하였습니다. 나는 신탁통치반대운동 때도 중립을 지킬 정도
로 그 당시 사회 문제에 대해 비교적 소극적이거나 중립적인
입장을 지켰는데 국대안에 대해서는 반대 입장에 섰습니다.

윤진호 어쨌든 우여곡절을 거친 끝에 1946년 8월 22일 법령 제102호 〈국립서울대학교 설치에 관한 법령〉이 공포됨으로써 국대안이 현실화되고 이에 따라 경성경제전문학교 등 10개 전문학교가 국립서울대학교로 흡수되는 등 큰 변화가 일어났는데 이에 따라 선생님이 재학하고 있던 경성경제전문학교에도 큰 변화가 있었지요?

변형윤 우선 경성경제전문학교가 서울대학교 상과대학으로 개편되고 그 안에 학부와 전문부가 생겼는데 경성경제전문학교에 다니던 학생들은 모두 서울상대 전문부 소속으로 변경되었습니다. 이와 함께 국대안에 반대하던 좌익계 교수들이 스스로 교수직을 사직하고 그 대신 우익계 교수들이 대거 취임하면서 학교 수업 내용이나 분위기가 완전히 바뀌게 됩니다. 당시 서울상대 초대학장으로 부임했던 박용하 씨 같은 경우는 교수 출신이 아니라 본정(현재의 충무로)에서 모자점을 운영하던 기업인 출신인데 한민당 계열이기 때문에 정치적 연줄로 해서 서울상대 학장이 될 정도로 인사가 엉망이었습니다. 과목내용도 모두 바뀌어 마르크스 경제학 과목들은 모두 사라지고 우익 쪽 교수들의 과목으로 대체됩니다. 그러나 신임교수들 가운데는 학계와 멀었던 사람들도 많았고 대부분 일제시대에 공부한 사람들이기 때문에 뚜렷한 학문적 경향은 찾아보기 힘들었습니다. 나는 당시의 서울상대의 학문적 상황을 〈한국경제학의 모색을 위한 지적 편력〉이란 글에서 다음과 같이 적었는데 이를 인용해

보겠습니다.

나는 경제학을 서울상대에서 6·25 전까지 수학했다. 나의 경제학 수학시대는 경제학계의 공백기, 독일의 역사학파 경제학과 전체주의 경제학의 색채가 농후했던 시기, 마르크스 경제학이 풍미하던 일이 있던 시기, 프리노트 식에 주로 일본 서적을, 그리고 간혹, 영英·독獨·불佛 서적을 참고문헌으로 삼는, 그것도 매우 부실한 강의가 행해지고 있던 시기, 일반수학(이것은 고등수학이 아니다)에 약하거나 그것에 대한 기피증에 걸린 사람들이 경제학을 하는 것으로 여겨지고 있던 시기, J. M. 케인스의 《화폐론》(1930)은 알려져 있었지만 그의 《일반이론》(1936)은 거의 알려지지 않고 있던 시기 등으로 특징지을 수 있을 것 같다.

대학 시절의 지적知的 편력遍歷

윤진호 당시 서울상대에서는 어떠한 과목을 수강하셨나요?

변형윤 2학년에 올라와서는 경제사, 화폐론, 수리경제학 등 본격적으로 전공과목을 배웠습니다만 앞에서 말한 대로 그 내용은 1학년 때와는 판이하게 달랐습니다. 이 무렵부터 나는 앞으로 공부를 계속해서 대학교수가 되어야겠다는 결심을 하게 되어 본격적으로 공부를 시작하였습니다. 그러나 교수들의 강의 자체에는 큰 흥미를 느낄 수 없었기 때문에, 나 스스로 다양한 분야의 책을 읽으면서 지식을 쌓아갔습니다. 학교수업에는 그다지 잘 나가지 않고 동숭동에 있던 서울대 중앙도서관이나 지금의 롯데백화점 자리에 있던 국립중앙도서관 등에 가서 혼자서 책을 읽으면서 공부하는 데 열중했습니다. 당시에는 지금처럼 취업준비를 해야 한다는 절박감이 없었기 때문에 고전을 비롯해서 다양한 분야의 책을 여유 있게 읽을 수 있었습니다. 1학년 때는 처음으로 접하는 마르크스 이론들이 신기하기도 하고 해서 《자본론》을 비롯한 마르크스 관련 책들을 열심히 읽기도 했지만 1년쯤 지나서 더 이상 마르크스 관련 책들을 읽는 것을 중단하게 됩니다.

윤진호 그 이유는 무엇 때문이었습니까? 해방 후의 좌우대립을 경험하면서 마르크스 경제학에 대한 환멸이 생겼던 것은 아닙니까?

변형윤 내가 마르크스 경제학 공부를 중단한 것은 무슨 대단한 이념적 이유 때문은 아니고 더 현실적인 이유에서였습니다. 앞에서도 말한 대로 2학년에 올라와서는 학교 강의에서 마르크스 관련 과목들이 모두 사라졌기 때문에 혼자서 공부할 수밖에 없었는데 변변한 책도 없었고 유물론 철학과 유물사관 이론 등이 너무 어려워서 혼자서는 이해하기 힘들어 자연히 멀어지게 되었습니다. 또 1년 가까이 집중적으로 마르크스 이론을 공부했기 때문에 너무 한쪽에 치우친 공부에서 벗어나고 싶기도 했습니다. 따라서 마르크스 이론 일변도의 공부보다는 다양한 분야의 이론을 공부해 보고 싶었습니다.

여기에는 현실적인 이유도 일부 작용했습니다. 즉 당시 나는 38선이 곧 풀릴 것이라고 생각했고 그렇게 되면 양친과 동생들이 서울로 올라올 것이므로 맏아들인 내가 하루빨리 취직을 해서 가족의 생계를 책임져야 한다는 생각을 하고 있었습니다. 그런데 마르크스 경제학을 전공해서는 취직도 힘들고 앞으로 살아가기도 힘들겠다는 현실적 판단을 했던 것이지요.

윤진호 선생님께서는 〈나의 지적知的 편력遍歷〉이란 글에서 학창 시절 읽었던 책을 자세히 소개한 적도 있는데 당시 도서관에서 혼자 공부하시면서 주로 어떠한 책들을 읽으셨습니까?

변형윤 매우 다양한 분야의 책을 읽었는데, 대개 일본 서적이거나 일어로 번역된 영국, 독일, 프랑스 학자들의 책이었습니다. 당시 경제학과 관련해서 읽었던 주요한 책들을 〈나의 지적 편력〉에 썼던 글을 토대로 해서 말해보겠습니다.

우선 경제사에 관한 개설서들을 여러 권 읽었습니다. 그 가운데 특히 흥미를 느꼈던 책은 애슐리의 《영국경제사 및 학설》(1888~1893), 토인비의 《18세기 영국산업혁명론》(1884), 그리고 아시아적 생산양식에 관한 서적들, 비트포겔의 《수력水力문명의 이론》(1956) 등입니다.

둘째로 화폐론 분야의 책들을 많이 읽었습니다. 나는 마르

크스 경제학 공부를 그만둔 후 한때 화폐론 분야를 전공하려고
했던 시절이 있었습니다. 따라서 화폐론 분야의 개설서는 말할
것도 없고 이것저것 닥치는 대로 읽었습니다. 케인스의 《화폐
론》(1930)을 부분적으로나마 읽은 것을 비롯해서 일본인 학자
소오다左右田喜一郎의 《화폐》도 읽었는데, 이 책은 독일 철학을
원용해서 쓴 것으로 기억됩니다. 그리고 지금으로 보면 좀 유치
한 것이지만 〈화폐주의와 은행주의〉라는 제목의 글을 써서 당
시 서울상대 교지인 《문화탐구》에 실은 적도 있습니다.

셋째로 경제정책·경제철학·농업정책 분야의 책들도 비교
적 많이 읽었습니다. 경제정책에서는 과학으로서의 경제학에서
'가치판단 가능론'을 주장하는 구스타프 슈몰러와 '가치판단 불
가능론' 내지 '배격론'을 내세우는 막스 베버 사이의 이른바 '가
치판단 논쟁'에 특히 흥미를 느꼈고, 경제정책에 관한 개설서로
서는 가치판단 논쟁을 잘 다루고 있는 일본학자 아카마쓰赤松
要의 《경제정책》(1950)이 아직도 기억에 남습니다. 막스 베버의
글은 잘 이해하지 못하면서도 부분적으로 읽었습니다. 그리고
우리나라는 농업국인 데다가 내가 자란 곳이 농촌이라서 자연
히 농업 문제에 관심을 가지지 않을 수 없었던 까닭에 농업정
책에도 흥미를 느꼈습니다. 이른바 '소농小農 논쟁'에 관심을 가
지게 되었고, 또 폰 튀넨의 《고립국》(1826), 리아시첸코의 《농
업경제학》(1933) 등을 일본어 역서로나마 읽은 것도 물론 이 때
문입니다.

넷째로 경제학사 분야의 책들도 다수 읽었습니다. 이에 관

한 개설서도 꽤 읽은 편이지만 주로 리스트, 케네, 애덤 스미스, 리카도, 밀, 멩거, 마셜, 베블렌 등의 저서를 원서로, 혹은 일본어 역서로 전부 읽기도 하고 부분적으로 읽기도 했습니다.

다섯째로 경기변동론 분야의 책을 들 수 있습니다. 바르가의 《세계경제공황사》(1937), 하이에크의 《가격과 생산》(1931), 슘페터의 《경제발전론》(1926)과 《경기변동론》(1939) 등을 일본어 역서나 원서로 부분적으로 읽었습니다.

여섯째로 수리경제학·고등수학·통계학 분야의 책들을 들 수 있습니다. 그 당시에는 앞에서 말한 바와 같이, 일반수학에 약하거나 수학 기피증에 걸린 사람들이 경제학을 하는 것으로 여겨지고 있던 시기였으니, 경제학을 공부하는 사람이 고등수학을 공부하는 것을 이상하게 보는 것도 당연한 일이었으며 그러기에 일반수학이나 고등수학을 전제로 하는 수리경제학이라든지 통계학은 경제학에서는 필요 없다는 무용론無用論을 내세우거나 혹은 이를 이단시하는 경향이 농후했던 것은 말할 나위도 없었습니다.

그러나 나는 일반수학은 말할 것도 없고, 고등수학에 대해서도 많은 관심을 가지고 있었습니다. 이 분야에서 읽은 책은 많지만 대표적인 것으로는 히비노日比野勇夫의 《경제에의 수학해석》(1943), 나카야마中山伊知郎의 《수리경제학연구》(1941), 모리다森田優三의 《통계학범론》(1941)과 《물가지수의 이론과 실제》(1935), 피셔의 《지수작성법》(1923), 보울리의 《통계요론》(1920) 등이 있습니다.

　　윤진호 선생님께서 대학 재학 시절 읽었던 책의 목록을 보고 저는 깜짝 놀랐습니다. 사실 요즘 경제학을 공부하는 학생들은 물론이고 경제학 전공학자들조차도 이렇게 다양한 분야의 책들, 그것도 내용이 어려운 고전을 공부하는 경우는 드물지 않을까 하고 생각합니다. 책의 내용은 경제원론, 경제사, 경제학설사, 화폐론, 경제정책론, 경제철학, 농업정책론, 경기변동론, 수리경제학, 통계학 등 경제학의 거의 모든 분야에 걸쳐 있고, 학설사적으로도 마르크스 경제학, 고전학파 경제학, 오스트리아학파 경제학, 케임브리지를 중심으로 한 신고전학파 경제학, 독일 역사학파 경제학에 이르기까지 매우 다양한 학파들을 섭렵하셨는데, 선생님께서 이처럼 고전 위주의 폭넓은 공부를 했던 것은 어떠한 이유에서였습니까?

　　변형윤 오늘날의 관점에서 보면 낡은 책들을 읽었다고 할지 모르겠지만, 그 당시 나로서는 고전은 말할 것도 없고 읽을 만한 책은 비교적 여유를 가지고 폭넓게 읽으려고 노력했습니다. 이것은 다음과 같은 점에 기인한다고 생각합니다. 하나는 나의 경제학 수학시대에는 학교 강의 자체가 부실하였기 때문에 자연히 스스로 책을 찾아서 읽을 수밖에 없었는데 책을 선정하는 기준이 서 있지 않아서 그저 흥미가 있는 책은 손에 닿는 대로 읽다 보니 다양한 분야의 책을 읽게 되었습니다. 그리고 당시에는 학생 시절에 고전을 될 수 있는 대로 많이 읽어야 한다는 것이 하나의 풍조로 되어 있던 시기이기도 했습니다. 마침 앞에서든 도서관들에는 일어로 번역된 경제학 고전들이 즐비하게 비치되어 있었고 내가 일본어 서적을 자유로이 읽을 수 있었다는 점도 하나의 중요한 요인이었지요.

다른 하나는 당시 대학 졸업생이 그리 많지 않은 편이라 취업기회가 많았으므로 별로 취직을 의식하고 공부를 할 필요가 없었던 시기이기도 했습니다. 나 자신은 장차 대학교수가 될 것을 생각하고 있었으므로 다양한 분야의 경제학 고전을 읽는 것 자체가 나에게는 취업공부나 마찬가지였던 셈이지요.

그러나 내 능력부족 탓으로 어떤 책은 어렵고 이해할 수가 없어서, 또 어떤 책은 읽다가 싫증이 나서 도중에 읽기를 중단한 경우도 많았습니다. 더욱이 고전이라고 불리는 독일, 프랑스 서적들의 경우에는 직접 원어로 읽은 것은 매우 적었으며, 대부분 일본어 역서로 읽었습니다. 따라서 나로서는 당시 나의 독서에 대해 아쉬움이 많이 남는다는 것이 솔직한 고백입니다.

냉철한 머리, 따뜻한 가슴

윤진호 선생님께서는 평생 영국 케임브리지대 경제학교수이자 신고전파 경제학의 완성자이고 동시에 케인스의 스승이기도 한 앨프리드 마셜A. Marshall(1842~1924)의 경제학을 지표로 삼아오신 것으로 잘 알려져 있는데 이것도 학생 시절의 공부과정에서 결심하셨던 것입니까?

변형윤 그렇습니다. 경제학 수학시대에 나의 관심을 가장 많이 끌었고 현재까지도 커다란 영향을 주고 있는 경제학자와 경제서적을 들라고 하면, 여러 사람과 여러 책을 들 수 있겠지만, 그러나 그 가운데에서 단 한 사람과 단 한 권의 책만을 택하라면 역시 마셜과 그의 주저인 《경제학원리》(1890)를 들지 않을 수 없습니다. 당시만 해도 케인스의 경제학은 아직 국내에 본격적으로 소개되기 전이었고 새뮤얼슨P. A. Samuelson의 경제학 교과서인 《경제학》(1948) 역시 전혀 소개되어 있지 않았습니다.

그런데 마셜의 케임브리지대 경제학 교수 취임강연의 맨 끝 구절에 나오는 저 유명한 말 "냉철한 머리와 따뜻한 가슴"(cool heads but warm hearts)이라는 구절이 나의 마음을 사로잡았습니다. 그는 이 강연에서 "경제학을 배우려거든 먼저 런던의 이스트엔드에 있는 빈민가에 가보라"고 학생들에게 말했습니다. 마셜은 당시 경제학의 메카인 케임브리지대의 경제학 교수로서 주류경제학자의 대표적인 존재였음에도 다른 한편으로는 항상 분배 문제를 중시하고 빈민을 비롯한 사회적 약자들에 대한 관심을 가졌던 것이 나의 마음을 사로잡았던 것이지요. 그 밖에도 "자연은 비약하지 않는다"(natura non facit saltum)는 그의 모토, 그리고 굉장한 수학자이면서도 경제학에서 수학 이용의 한계를 강조한 그의 슬기로운 태도 등도 존경할 만합니다.

고전학파의 이론과 한계효용학파의 이론을 절충한 그의 이론은, 그 뒤 수제자인 케인스로 이어지면서 근대경제학과 현대 주류경제학에 큰 영향을 끼치고 있습니다. 다만 이후 새뮤얼슨으로 대표되는 신고전파종합 학자들이 마셜의 이론체계를 반쪽만 받아들인 것은 큰 잘못으로 생각됩니다. 마셜은 "경제학은 부의 축적에 관한 연구인 동시에 인간 연구의 일부"라고 갈파했습니다. 그러나 새뮤얼슨 등의 현대 주류경제학은 그 가운데 후자를 빼버리고 경제학을 오로지 부의 축적과 효율성의 추구에 관한 학문으로만 만들어버렸습니다. 만약 그렇게 되지 않고, 마셜의 정신이 그대로 계승되었다면, 현대경제학은 지금과 많이 달라져 있을 것이라는 아쉬움이 남습니다.

윤진호 선생님께서는 이와 같이 다양한 분야의 공부를 하는 과정에서 차츰 수리경제학·통계학·계량경제학 쪽을 전공하기로 방향을 잡으셨는데, 이것은 어떠한 이유에서인가요?

변형윤 내가 장차 대학교수가 되리라는 희망을 품고 전공을 결정하는 과정에서 여러 가지 혼란과 방황이 있었습니다. 처음에는 경제사를 전공하려고 결심하고 경제사 분야의 책을 많이 읽었습니다. 그러나 경제사를 공부하면서 이 분야를 본격적으로 전공하기 위해서는 우선 사관史觀, 즉 마르크스 경제학의 유물사관인가, 아니면 비非유물사관인가가 정립되어야 한다는 것을 깨달았습니다. 당시 나로서는 아직 뚜렷한 철학이나 가치관이 정립되어 있지 않았기 때문에 이를 정립하기까지는 상당한 기간이 걸리고 매우 어려운 과정을 거쳐야 할 것이 아닌가 하는 생각이 들어, 일단 경제사 전공을 유보했습니다. 그렇다고 해서 완전히 이를 포기한 것은 아니고, 일단 내가 확고한 사관을 정립할 때까지 결정을 미룬 것이지요.

다음으로 앞에서도 말했듯이 화폐론에 흥미를 가지고 이 분야를 공부하기도 했는데 역시 중간에 포기하게 됩니다. 고전학파의 '화폐 베일veil관觀'을 공부하면서 역시 화폐는 실물의 반영에 불과한 것이며 화폐론은 "공중에 떠 있는 이론"이라는 생각을 지울 수가 없었기 때문입니다. 그러다가 로잔Lausanne 학파의 이론이나 마셜의 책을 공부하면서 수학에 관심을 가지게 되었습니다. 나는 한때 이과를 지원하여 수학을 열심히 공부한 적이 있었기 때문에 수학에 자신도 있었습니다. 결국 확고한 사관이 정립되기 전까지는 경제학 방법론의 하나로서 수학·통계학을 공부하는 데 매진하기로 결심하였던 것이지요. 이것이 대학 3학년 때쯤이니까 어떤 의미에서는 일찌감치 전공을 결정했다고 할 수 있습니다. 사실 그 당시 대부분의 친구들은 수학을 싫어하고 잘하지도 못했습니다. 이것이 내가 수학 분야에 비교우위를 지니고 있다고 자신을 가지게 된 이유입니다.

서울상대 시절의 추억

윤진호 지금까지 서울상대 재학 시절 선생님의 학문적 편력에 관해 말씀해 주셨는데, 화제를 조금 바꾸어서 대학 시절 선생님의 개인적 생활, 예컨대 교우관계라든가 취미활동 등은 어떠했나요?

변형윤 사실 나의 대학 재학 시절은 개인적 생활이라고 내세울 만한 이야기가 거의 없을 정도로 삭막했습니다. 물론 학교 수업을 끝내고 친구나 선후배들과 어울린 적도 많지만 그 뒤 많은 친구들이 월북하거나 사망하였기 때문에 지금 거명할 수 있는 사람은 거의 없습니다. 그러나 경기중학교 선배들인 장예준(전 상공부장관), 조한영(회사 회장), 홍성철(전 청와대 정무수석 비서관, 전 국토통일원장관) 씨 등과는 이따금 만나 어울렸습니다. 물론 단순한 만남일 뿐 이념적인 이야기나 시국에 관한 이야기는 일절 하지 않았습니다. 나는 해방 후 좌우대립 과정에서 여러 정치인들 가운데 백범 김구 선생의 남북협상 노선을 지지했지만 어디까지나 심정적 지지였을 뿐 어떤 구체적 활동을 하지는 않았습니다. 다만 1949년 백범 선생이 안두희가 쏜 총탄에 암살당했을 때에는 다른 친구들과 더불어 경교장京橋莊까지 가서 조문을 했던 기억은 납니다.

그리고 서울상대생으로서 첫 등록 시에는 심각한 고민거리였던 숙식 문제도 운 좋게 잘 해결되고 있었습니다. 1946년 10월 하순경에 서울에 사시는 재당숙으로부터 인편으로 연락이 왔습니다. 재당숙은 당시 휘문중학교에서 교사로 봉직 중이어서 학교로 찾아갔더니 대뜸 가정교사 자리를 제의하는 것이 아니겠습니까? 재당숙이 담임으로 있는 학급의 학생 가운데 경성고무회사 사장의 외아들이 있는데 이 학생의 입주 가정교사를 맡는 게 어떻겠냐는 제의였습니다. 부잣집 외아들로서 공부에 소홀해서 낙제할 처지에 있으니 낙제만 면하도록 하면 된다는

것이었습니다. 나는 두말없이 받아들였습니다. 그리하여 서대
문구 충정로에 있는 큰 적산가옥에서 2년 동안 기거하면서 휘
문중학교 4학년에 다니던 이 학생의 가정교사를 하게 됩니다.

이 집에서 2년간 잘 지내다가 그 후 대학입시 준비생들을
위한 영수학관英數學館이 숭례문 근처에 생기면서, 이 학관으로
옮겨서 영어와 수학을 가르쳤습니다. 당시 서울상대생이면서
영어는 물론이요 수학을 잘 가르치는 경우가 드물었기 때문에,
나는 학생들에게 매우 인기가 있었습니다. 나는 앞에서 이야기
한 대로 낮에는 학교 수업에 참가하거나 도서관에서 책을 읽다
가 밤에는 학관에 가서 가르치는 생활을 하였습니다. 그 뒤 서
울상대 교수 몇 분이 힘을 모아 입시전문학원을 남산 근처에
차렸는데, 여기서도 나를 수학선생으로 초청하였습니다. 교수
들의 권유도 있고 보수도 괜찮고 해서 이곳으로 옮겨 다시 가
르치기를 계속했습니다. 이리하여 경제적 문제가 해결됨에 따
라 이제 나는 부모님에 대한 걱정 외에는 한시름 놓고 계속 공
부에 정진할 수 있었습니다. 이제 와서 돌이켜 생각해보면, 이
때부터 나의 60여 년에 걸친 교육자로서의 생활이 시작되었다
고 할 수 있겠습니다.

윤진호 그러는 가운데 1947년 서울상대 전문부 3학년으로
진학하게 되는데, 이때 선생님께서는 다시 어떠한 진로를 잡을
것인가에 대해 고민하셨는지요?

변형윤 당시 전문부는 3년 과정이었기 때문에 1948년 7월에 졸업하게 되어 있었습니다. 나는 1947년 초에 그대로 전문부에 남았다가 졸업하느냐 아니면 4년제 학부로 가느냐를 고민하게 되었습니다. 당시에는 38선이 굳어지리라고 생각하지 못했기 때문에, 언제 고향으로부터 부모님과 동생들이 올라올지 모르는 상황이었습니다. 따라서 맏아들인 나로서는 거기에 대비해야 한다는 생각이 강했습니다. 그래서 일단 전문부에 남아서 졸업장이라도 따는 것이 좋겠다고 결심했습니다. 졸업장이 있으면 교사자격증을 따거나 직장을 얻는 데 유리하기 때문입니다.

이리하여 나는 1948년 7월에 일단 서울상대 전문부를 졸업하고 졸업장을 받게 됩니다만, 취직을 할 생각은 없었고 학문을 계속하여 대학교수가 될 것을 희망하고 있었기 때문에, 학부 2학년으로 진학하여 다시 학업을 계속하게 되었습니다. 당시 전문부에서 학부로의 이동은 자유로웠고, 다만 전문부를 졸업하고 학부 2학년으로 가느냐, 아니면 전문부를 졸업하지 않고 2학년을 수료하고 바로 학부 1학년으로 가느냐의 차이밖에 없었습니다. 따라서 나는 1948년 7월 전문부 3년 과정을 졸업하고 다시 같은 해 9월에 학부 2학년으로 진학했습니다.

윤진호 전문부와 학부의 차이가 잘 이해되지 않는데 어떤 차이가 있었습니까?

변형윤 전문부와 학부는 동일한 강의실에서, 동일한 교수진으로 강의를 했으므로 큰 차이는 없었습니다. 다만 과목 면에서 다소 차이가 있었는데 전문부는 3년제로서 졸업 후 취업을 지향하므로 실무과목들이 많았습니다. 예컨대 무역실무, 상법, 민법 등의 과목을 배웠습니다. 이와 달리, 학부는 4년제로서 기초학문이 많아서 더 학구적인 분위기를 풍겼습니다. 또 하나 다른 것은 전문부에는 학과라는 것이 없었던 반면, 학부에는 경제학과와 상학과의 두 과가 있었는데, 정원은 각각 150명으로 전체 300명이었습니다. 나는 당연히 경제학과를 선택하였습니다.

윤진호 학부로 진학한 뒤의 수업분위기는 어떠했습니까? 특별히 기억나는 강의 내용은 없습니까?

변형윤 학부라고 하더라도 교수진은 어차피 같으니까 전문부와 크게 다를 것이 없었습니다. 한마디로 부실했다고 할 수 있습니다. 그 가운데서도 단 한 과목, 권세원權世元 교수의 경제철학이 기억납니다. 권 교수는 경북 영양의 대부호 집안 출신으로 경성제대 철학과 1회 졸업생이며 졸업 후에 능력을 인정받아 경성제대 조수(현재의 조교)를 지냈습니다. 선생이 철학개론과 경제철학 담당 교수로 서울상대에 오신 것은 내가 학부 2학년 때인 것으로 생각합니다. 선생은 그 후 1961년까지 14년간을 서울대 교수로 재직하였고 퇴임 후에는 성균관대로 옮겨 문과대학장을 역임하는 등 교수생활을 지속하다가 1988년에 작고하셨습니다.

나는 학부 2학년 때 선생의 경제철학 강의를 수강하였습니다. 이 과목은 선택과목으로서 대부분 3, 4학년 고학년생들이 수강하고 있었고 2학년생으로서는 나 혼자 이 과목을 수강하였습니다. 전체 수강생 수는 10명 내외였기 때문에 권 교수는 모든 학생들을 잘 알고 있었고 특히 2학년으로서 혼자 이 과목을 수강하고 있던 나에게는 많은 관심을 가지고 있었습니다. 선생은 늘 눌변이면서도 매우 진지한 자세로 강의에 임하였고 그 풍부한 철학지식을 바탕으로 난해한 내용을 열심히 이해시키면서 알찬 강의를 하였습니다. 이 과목을 수강하면서 나는 베버의 '방법론 논쟁'이라든지 짐멜G. Simmel의 경제철학, 특히 독일어로 된 《화폐철학》(1900) 등을 권 교수로부터 배웠습니다. 그러다 보니 자연히 선생을 종종 찾아뵙고 학교생활에 관한 것에서부터 내 개인적인 문제에 관한 것, 심지어는 교수의 자세와 연구생활에 관한 것까지 가르침을 받게 되었습니다. 권 교수와의 이러한 인연은 나중에 내가 학교에 취직하게 되는 데 결정적 구실을 하게 됩니다.

윤진호 대학을 졸업한 후의 진로에 대해서는 어떠한 생각을 하고 있었습니까?

변형윤 당연히 대학교수로서 학생을 가르치고 연구하는 길을 걷기를 원했습니다. 당시에는 학부만 졸업하고 대학원에 진학하지 않아도 대학 강단에 설 수 있었습니다. 왜냐하면 워낙

대학 졸업자 수가 적었기 때문입니다. 따라서 나는 대학을 졸업
하고 대학교수가 될 것을 목표로 하여 열심히 공부하고 있었습
니다. 권세원 교수의 친구가 모 지방사립대학 학장으로 있었고
다른 몇몇 대학에도 아는 교수가 있었기 때문에 졸업하면 권
교수에게 부탁해서 취업을 해야겠다고 생각하고 있었습니다.

윤진호 선생님께서는 1948년 9월에 학부 2학년으로 되었으
므로 1951년 8월에 졸업 예정이셨죠?

변형윤 아닙니다. 원래는 1950년 9월에 4학년으로 진학하여
1951년 8월에 졸업하도록 되어 있었지만, 그 사이에 학기제 변
화가 생겨서 9월에 시작되는 학년도가 4월에 시작되는 것으로
변경됩니다. 이에 따라 나는 1950년 4월에 4학년으로 진급하였
습니다. 원래는 1951년 3월 말에 졸업할 예정이었습니다만 6·25
전쟁으로 말미암아 한 학기가 늦어져 공식적으로는 1951년 9월
에 서울상대 경제학과를 졸업하게 됩니다.

제4장

전쟁의 참화 속에서

방공호 속에서 보낸 3개월

윤진호 6·25 전쟁은 우리 민족이 서로 총부리를 겨눈 동족상잔의 일대 참화였습니다만 전쟁 발발 이전까지 선생님께서는 전쟁이 일어나리라는 어떤 예감을 갖고 계셨던가요?

변형윤 나로서는 그러한 동족상잔의 비극이 일어나리라고는 전혀 생각하지 못했습니다. 물론 남북 군대 사이에 38선에서 가끔 소규모 무력충돌이 있었다는 것은 신문보도를 통해 알고 있었습니다만 이것이 전면전으로 번질 것이라고는 생각지도 못했습니다. 그러나 당시 남한 사회가 매우 어지러워 무슨 일인가 터지지나 않을까 하는 생각은 하고 있었습니다. 물가가 앙등하여 서민들의 생활은 점점 힘들어져 갔고 정치적으로도 1949년 백범 김구 선생이 암살당한 것을 비롯하여 그에 앞서 송진우, 장덕수, 여운형 선생 등 정치인들이 잇달아 암살당하는 등 몹시 흉흉한 시절이었습니다. 개인적으로도 38선이 막히면서 고향 소식이 두절되어 몹시 안타까워하고 있었습니다.

윤진호 선생님께서는 6·25 전쟁이 발발하였을 당시 어디에서 어떻게 전쟁을 맞았습니까?

변형윤 6·25 전쟁 발발 당시 나는 서울에 사는 작은 누이네 집에서 기거하고 있었습니다. 작은 누이의 남편은 현 서울대 의과대학 명예교수인 홍창의 박사인데 홍 박사의 조부께서 작은 누이와 혼인시켰다고 들었습니다. 작은 누이네는 당시 용두동에서 살림을 하고 있었고 내가 그 집에 신세지고 있었던 것이지요. 1950년 6월 25일은 일요일로서 마침 서울상대 1년 선배이자 내가 가르치고 있던 학관의 사무담당자이던 사람의 결혼식이 있었습니다. 결혼식장은 당시 조선호텔 건너편에 있던 대한상공회의소 강당이었습니다. 나는 오전 11시부터 거행되는 결혼식에 참석한 뒤 밖으로 나왔는데, 길 건너편에 있는 경향신문사 게시판에 호외가 붙어 있고 사람들이 모여서 웅성웅성하고 있는 광경을 목격했습니다. 무슨 일인가, 하고 가 보았더니, "오늘 새벽 5시에 38선 전역에 걸쳐 전면 남침이 있었다"는 호외가 아니겠습니까? 벌써 이때쯤이면 미아리 쪽에서는 피난민들이 보따리를 싸서 남쪽으로 내려오기 시작했는데, 나로서는 전혀 몰랐던 것입니다. 그 전에도 38선에서 크고 작은 충돌이 있었기 때문에 나는 그다지 크게 놀라지 않았지만, 집으로 돌아와 라디오를 들어보고서, 사태가 여간 심각하지 않음을 알게 되었습니다.

윤진호 그래서 즉시 피난을 가기로 결정하였습니까?

변형윤 일단 다음 날인 6월 26일이 월요일이어서 학교에 등교하였습니다만 학생들이 모여 웅성거리고 있고 수업도 제대로 진행이 안 되기에 집으로 돌아왔습니다. 라디오 뉴스를 통해 상황이 점점 악화되고 있는 것을 알게 되었고, 거리에 피난민도 점차 증가하고 있었기 때문에 마침내 다음 날인 27일에 피난하기로 결정을 하였지요.

6월 27일 저녁을 먹은 다음, 밤 8시경에 작은 누이네와 함께 용두동을 출발하였습니다. 일단 수원까지 피난하기로 하고 밤길을 걸어서 뚝섬에 도착하였습니다. 뚝섬 방향으로 간 이유는 마침 내가 가르치고 있던 학관 학생 가운데 두 명이 뚝섬 쪽에 산다는 것이 기억이 났기 때문에 그쪽으로 가면 배를 탈 수 있지 않을까 하는 생각에서였습니다. 당시 한강에는 한강대교와 한강철교, 그리고 광장교밖에는 다리가 없었기에 강을 건너려면 나룻배를 타야 했습니다.

그런데 한밤중에 뚝섬에 도착하고 보니, 벌써 모든 배들은 강을 건너 남쪽으로 간 뒤였고 피난민들만 모여 있는 것이 아니겠습니까? 할 수 없이 학생이 적어주었던 집 주소로 찾아갔더니 이미 그 학생의 가족들도 피난을 가버렸고 그 친척 한 사람만 남아서 집을 지키고 있었습니다. 그 사람에게 내가 그 학생을 가르치고 있는 사람이라고 밝히고 사정을 이야기했더니, 방 두 칸을 내어주어서 그날 밤은 그곳에서 잠을 잤습니다.

그런데 다음 날인 6월 28일 새벽 1시 무렵 갑자기 "꽝" 하는 큰 폭음이 들려 잠을 깼습니다. 나중에서야 이것이 바로 이승만 대통령의 지시로 한강 인도교를 폭파시킨 것임을 알게 되었습니다. 라디오를 틀어보니 그때까지도 이승만 대통령은 국민들에게 국군이 북한 인민군을 물리치고 있으니 아무 염려 말고 피난할 필요도 없다고 방송하고 있었습니다. 그러나 이때 이미 이승만 대통령을 비롯한 지도층은 남쪽으로 피난 간 뒤였습니다. 지도층이 국민들을 버리고 먼저 도망간 것도 문제인데 더 나아가 국민들에게 사실을 속이고는 한강 다리까지 폭파해 버림으로써 피난길을 막았던 것입니다. 당시의 이승만 정권이 얼마나 무책임하고 비겁한 집단이었던가를 단적으로 말해주는 일화라 하겠습니다.

윤진호 북쪽에서는 피난민들이 몰려들고 배는 끊겨서 남쪽으로 갈 수 없는 진퇴양난의 상황이었는데 어떻게 하셨나요?

변형윤 같은 날 아침 8시 무렵 무작정 강둑으로 가보니 이미 많은 피난민들이 모여 있었고 국군 부상병들도 눈에 띄었습

니다. 그러나 모든 배들은 강 건너편에 매어 있었고 강을 건너
갈 수 있는 배는 아무리 찾아도 없었습니다. 그러던 차에 저 멀
리서 보트 하나가 강을 건너오는 것이 아니겠습니까? 나는 그
배가 나에게로 오리라고는 꿈에도 생각하지 못하고 '어떤 운 좋
은 사람이 저 배를 탈까?' 하고 지켜보고 있었는데, 갑자기 그
배가 내가 있는 쪽으로 오더니, 배 위에 있는 청년이 "선생님!"
하고 부르는 것이었습니다. 자세히 보니 바로 내가 학관에서 가
르치고 있던 바로 그 학생이었습니다. 이 학생은 혹시라도 피난
민 가운데 아는 사람이 있을까 하고 무작정 배를 몰고 왔던 것
인데, 우연히도 나를 발견하고 불렀던 것입니다. 그야말로 천우
신조라고 할 수 있었습니다.

그래서 누이네와 함께 그 보트를 타고 강을 건널 수 있었
습니다. 배가 도착한 곳은 광주군 언주면인데 현재의 강남구청
부근으로 생각됩니다. 역시 이곳도 많은 주민들이 피난을 가고
없었기 때문에 남아 있던 주민에게 부탁을 해서 빈집을 빌려
하룻밤을 보냈습니다. 다음 날 그 집에 계속 있을 수가 없어서
동네에 빈 방이 있는지를 알아봐 달라고 부탁했습니다. 그리하
여 일단 빈 집을 빌려서 지내면서 당분간 사태를 지켜보기로
하였습니다.

윤진호 애초 수원까지 피난을 가기로 했다가 그 동네에 머
물게 된 이유는 무엇입니까?

변형윤 애초에는 수원까지 피난 갈 생각이었습니다만 국군의 후퇴 속도가 너무 빨랐기 때문에 이를 쫓아가지 못하고 국군과 인민군 사이에 갇히게 된 셈이지요. 한동안 노량진 쪽에서 콩 볶는 듯한 총소리가 들리더니 조용해졌습니다. 국군이 후퇴한 것이지요. 그러다가 갑자기 동네 부근을 인민군 대열이 지나가는 것이 보였습니다. 다행히 인민군은 동네 안으로는 들어오지 않았습니다만 그대로 머물렀다간 언제 어떤 화를 당할지 몰라 다시 피난을 가기로 결정하였습니다. 그런데 다시 피난길을 재촉하여 막 동네를 벗어난 곳까지 왔을 때 그만 내가 부상을 당하게 됩니다. 숲속 길에서 웅덩이가 있는 줄도 모르고 뛰어내리다가 발을 다친 것이지요. 발목이 부어오르고 아프기 시작해서 걸을 수가 없었기 때문에 피난을 포기하고 동네로 다시 돌아왔습니다. 수소문을 해서 동네 침쟁이를 찾아 침을 맞고 붕대를 감고 하루 이틀 더 머물렀습니다. 그러나 발목 상태로 볼 때 더 이상 걷는 것이 불가능하다고 판단하여 도로 서울로 돌아가기로 결심하였습니다. 서울로 돌아오는 길에 혹시 인민군을 만나 무슨 화를 당하지는 않을까 하고 몹시 걱정했습니다만 다행히 절룩거리면서 걷는 나에게 인민군들은 검문을 하지 않았습니다. 그리해서 용두동 집으로 돌아오게 되었습니다.

윤진호 정말 긴박한 상황이었군요. 그럼 서울에서 9·28 수복 때까지 지내셨습니까?

변형윤 그렇습니다. 집으로 돌아온 지 며칠 안 되어서 동사무소에서 의용군 소집통지서가 왔습니다. 당시에는 동회마다 남쪽 장정들을 이른바 '의용군'이란 이름으로 소집해서 최전선에 총알받이로 내보내던 때였습니다. 일단 의용군으로 소집되어 전장에 끌려가면 생사를 장담할 수 없는 상황이었습니다. 나는 동사무소로 가서 담당자에게 내 다리를 보여주면서 "의용군으로 가라고 명령하면 가겠지만 발을 다쳐서 지금은 가고 싶어도 못 간다. 발이 나으면 가겠다"고 말했습니다. 담당자도 내 발을 보더니 부상 정도가 심각한 것을 알고 집에서 치료를 받고 나서 다시 나오도록 허락해 주었습니다. 그리하여 간신히 의용군에 소집될 위기를 피할 수 있었습니다. 뜻하지 않게 다리를 다친 것이 오히려 전화위복이 된 셈이지요. 늘 생각하지만 내 인생에는 이렇게 뜻하지 않은 행운으로 고비를 넘긴 경우가 몇 차례 있었습니다.

윤진호 그 후 숨어 살게 되었습니까?

변형윤 그렇습니다. 7월 초에 아는 사람이 우리 집에 와서 "오늘 저녁이 강제로 의용군으로 끌려가는 고비다. 몸을 피하는 것이 좋겠다"고 알려주어서 삼선교 쪽에 있는 아는 사람 집에 가서 다락방에서 하룻밤을 지내고 도로 집으로 왔습니다. 그러다가 아무래도 서울이 수복되기까지는 상당한 시간이 걸릴 것 같아서 그동안 숨어 살 곳을 마련했습니다. 용두동은 그 당시만 해도 거의 시골 분위기였고 우리가 살던 집 뒤에도 호박밭이 있었습니다. 그런데 이 호박밭에는 일제시대에 파 놓은 방공호가 있었습니다. 나는 이곳에서 9·28 수복 때까지 숨어 지냈습니다. 서울대 병원이 남쪽으로 피난을 갔기 때문에 자형(홍창의 박사)은 나중에 남쪽으로 가서 서울대 병원에 복귀하였으므로 누이와 나 둘이서 지내게 되었습니다. 식량 사정이 어려워서 쌀밥은 구경도 못했습니다만 다행히 밀가루를 어느 정도 준비해 두었기 때문에 매일 수제비나 멀건 밀가루죽으로 연명할 수 있었습니다.

윤진호 9·28 서울수복 전야의 서울 풍경은 어떠했습니까?

변형윤 나는 방공호에서 숨어 지낼 뿐 전혀 바깥출입을 하지 않았기 때문에 거리에서 어떤 일이 벌어지는지 알지 못했습니다. 그런데 9월 15일 무렵 밤에 방공호에서 나와 보니 인천 쪽에서 불빛이 훤하게 비치는 것이 보였습니다. 바로 인천상륙작전이 이루어졌던 것이지요. 이와 더불어 용두동 집에서 가까운 인민군 집결지인 신설동 경마장 일대에 대한 폭격이 심해졌습니다. 이러한 정황을 보면서 곧 국군과 유엔군에 의해 서울이 수복되리라는 것을 예감하였습니다. 물론 폭격이 잘못되어 우리 집에 떨어지면 죽을 수밖에 없다는 불안감에 떨기도 했습니다. 그런데 9월 15일 인천상륙작전이 이루어진 뒤 곧 국군이 들어올 것으로 기대했지만 10여 일이 지나도 아무런 소식도 없었습니다. 정말 "일각이 여삼추如三秋"라는 말이 실감이 났습니다. 그러다가 서울 수복 이틀 전인가 미군 정찰차가 출현하였습니다. 미군들은 주민들에게 3~4일 후에 국군과 유엔군이 진격하면 전투가 벌어질 테니 몸을 피하라고 알려준 뒤 돌아갔습니다. 9월 28일에 드디어 국군이 들어옴으로써 3개월 남짓에 걸친 인민군의 서울 점령이 끝났고 나도 방공호 속에서 숨어 살던 생활을 마치게 되었습니다.

연락장교로서 군에 입대하다

윤진호 9·28 수복 후 바로 군에 입대하셨습니까?

변형윤 아닙니다. 한동안 학교에 나갔지요. 9·28 수복 후 지상으로 나온 뒤 처음으로 한 일은 3개월 동안 자란 머리를 깎기 위해 이발소에 간 것이었습니다. 머리칼과 수염이 덥수룩한 상태로 내가 나타나니까 우리 동네 통장, 반장이 깜짝 놀랐습니다. 이들은 의용군 소집통지서를 전달할 책임을 지고 있었기 때문에 우리 집에도 들렀는데 내가 없으니까 이미 의용군에 끌려간 것으로 알았던 것이지요.

윤진호 학교에 가보니 어떤 상태였습니까?

변형윤 학교에 가보니 건물 자체에는 아무런 피해가 없었지만 교수나 학생들은 거의 없었습니다. 그러다가 국군의 북진이 계속되고 사태가 어느 정도 안정되면서 차츰 사람들이 모여들기 시작했습니다. 나는 당시 《타임》지와 《뉴스위크》지를 정기 구독하고 있었는데, 이를 통해 10월 말 중공군이 한국전쟁에 개입하고 유엔군과 국군의 후퇴가 시작된 것을 알게 되었습니다. 나는 다시 피난을 해야 할 가능성이 있다고 생각했고, 또 피난을 갈 바에야 군에 입대하는 것이 더 낫겠다는 생각을 하였습니다.

그러던 차에 갑자기 고향에 있던 두 동생이 용두동 집에 나타난 것이 아니겠습니까? 놀랐습니다. 어리둥절했습니다. 매우 반가웠습니다. 동생들에 따르면 중공군의 개입으로 국군과 유엔군이 밀리기 시작하자 양친은 피난할 것을 결심하고, 동생들을 내가 있는 서울로 먼저 떠나보냈다고 합니다. 양친은 가산도구를 정리하고 하루 늦게 누이동생들과 함께 떠날 테니 먼저 가라고 하셨던 것이죠. 그동안 양친은 내가 1946년 8월 집을 떠난 뒤 서울에 있는 나 때문에 마음고생을 하신 것 외에는 별 탈 없이 지내셨으나 건강 상태는 좋은 편이 아니라고 하더군요. 그리고 동생들은 젊으니까 미군 트럭 뒤에 매달리는 등 고생고생하면서 서울로 올 수 있었지만, 누이동생들과 양친은 마땅한 교통수단이 없기에 걸어서 올 수밖에 없어 늦을 수도 있고, 혹시 개성 방향이 막히면서 사리원에서 해주 쪽으로 밀려가면 배를 타는 것밖에는 남쪽으로 오는 방법이 없기 때문에 도착이 꽤 늦을 수 있거나 못 오실 수도 있다며 걱정을 했습니다. 12월 15

일 내가 서울을 떠날 때까지 기다렸지만, 끝내 양친을 못 만나 뵈었고, 그 후 영영 소식이 두절되어 버렸습니다. 약 5년 전 대한적십자사를 통해 양친과 나머지 가족의 소식을 알아보았습니다만 북측의 대답은 "행방불명"이라는 것이었습니다. 언제 어떻게 행방불명이 되었는지는 알 수 없었습니다.

나로서는 9·28 수복 당시 어떻게 하든 고향으로 가서 동생들과 양친을 모시고 왔더라면 하는 회한이 남습니다만, 당시 전쟁 중의 상황에서 일개 학생의 신분으로 고향으로 가는 것 자체가 거의 불가능하였기에 아쉬움만 남습니다. 국군의 북진이 계속되었기에 곧 전쟁이 끝날 것으로 생각했던 것이지요. 이렇게 해서 우리 가족은 영영 남북으로 이산되고 말았습니다.

윤진호 그 후 어떤 경로로 군에 입대하게 됩니까?

변형윤 1950년 겨울 중공군의 개입으로 국군과 유엔군이 후퇴하면서 나는 작은 누이네와 동생들과 더불어 다시 남쪽으로 피난 가야겠다고 생각하던 차에 마침 11월 하순경 '유엔군 연락장교단' 모집 안내를 보게 되었습니다. 그래서 당시 을지로(현재의 외환은행 본점 자리)에 있던 육군본부로 가서 연락장교 시험을 보았습니다. 연락장교라는 것은 한마디로 말해서 미군과 한국군 사이의 통역을 하는 장교를 말하는데 소속은 한국 육군 소속이었지요. 따라서 시험이란 것도 영어능력을 검증하는 것이었습니다. 당시 대학을 다니던 많은 사람들이 연락장교로 군에 입대하게 됩니다. 시험을 마치고 며칠 뒤 합격통지를 받고 육군 중위로 임관이 되기도 전에 나는 육군본부 공병감실로 배치되었습니다. 아마 12월 초였을 것입니다만 당시 상황이 그만큼 급박했던 것이지요. 내가 연락장교를 택했던 이유는 본인이 원하기만 하면 언제든지 제대를 할 수 있었기 때문입니다.

윤진호 학생 신분에서 훈련도 받지 않고 하루아침에 육군중위 신분으로 바뀐 셈이군요. 연락장교 생활은 어떠하였나요?

변형윤 연락장교라고는 하지만 실제 전투부대가 아니라 육군본부 공병감실에서 근무했기 때문에, 대부분 사무실 행정업무였고 실제 미군과의 통역을 맡는 경우는 드물었습니다. 그러다가 12월 14일에 "내일 아침, 이동 준비를 갖추고 출근하라"는 명령이 떨어졌습니다. 나는 무슨 일이 벌어질지 몰랐지만, 한동안 가족들과 헤어지게 될 것이라는 사실은 알았습니다. 그래서 나는 공병감실 행정과에 부탁해서 군인가족 증명서를 발급받아 그날 저녁 동생들에게 전달하면서 남쪽으로 피난 가서 다시 만날 것을 기약했습니다. 당시 한국군과 유엔군은 중공군의 인해전술 공세로 말미암아 북한 지역에서 후퇴를 거듭하고 있었습니다. 유엔군은 12월 4일에 평양 철수를 하고, 이어 12월 9일부터는 원산에서 철수하였으며, 12월 14일부터 24일 사이에 동부전선의 한국군 12만 명과 피난민 10만 명이 흥남 부두에서 함선을 타고 철수했고, 1월 4일에는 서울을 다시 내주었습니다.

바로 이처럼 전황이 불리하게 돌아감에 따라 육군본부가 서울로부터 철수하게 되었던 것입니다.

12월 15일 출근을 해보니 퇴근을 하지 말고 대기하라는 지시가 있었는데, 밤 11시 반에 드디어 이동명령이 내려졌습니다. 밖에 대기하고 있던 차량에 승차했는데, 장교들은 운전석 옆자리에 앉았습니다만 병사들은 그 추운 날씨에 트럭 뒤에 타고 이동할 수밖에 없었습니다. 이리하여 긴 차량행렬이 캄캄한 어둠을 뚫고 남쪽으로 남쪽으로 달리기 시작했습니다. 최종 목적지가 어딘지도 알 수 없었지요. 다음 날 새벽 4시경 추풍령에 도착해서 일단 휴식을 취했습니다. 장교, 병사 할 것 없이 살을 에는 추위에 덜덜 떨면서 모닥불을 피우고 불을 쬐었습니다.

새벽 6시경 목적지에 도착하고 보니 바로 대구였습니다. 대구 삼덕동 경북여고 자리를 육군본부가 접수하여 사용하기로 하였는데 필요한 시설의 설치를 위해 공병대가 먼저 내려온 것이고 그 후 후속부대가 속속 도착할 예정이었습니다.

나중에 알게 된 사실이지만 이때까지만 해도 군 고위층에서는 대구에 잠시만 머물 것으로 생각했고 전황이 극도로 악화되면 제주도나 일본 오키나와까지 후퇴할 것도 예상하였다고 합니다. 따라서 제주도나 오키나와 이동에 대비하여 가장 중요한 짐은 따로 싸두도록 했다고 합니다.

육군병기학교 생활

윤진호 대구에서는 얼마나 오래 머물게 됩니까?

변형윤 차츰 전쟁이 길어질 것 같은 조짐이 보이기 시작했고, 휴전협상이 시작되면서 육군본부도 장기전에 대비하여 인력자원에 대한 훈련을 시작하게 됩니다. 이에 따라 육군사관학교, 육군병기학교 등 특수학교를 신설하여 1951년 3월 1일부터 장교 양성을 시작하게 됩니다. 한편 그에 앞서 주로 육군본부 소속 연락장교들에게 단기간 군사훈련을 실시했습니다. 당시 100여 명이 부산 거제동에 있는 육군훈련소에서 약 3주간의 훈련을 받은 것으로 기억합니다. 나는 훈련이 끝나면 공병감실로 복귀할 줄 알았는데, 연락장교를 관리하는 부서인 육군본부 고급부관실에서 진해에 있는 육사로 가는 것이 어떻겠는가 하고 나에게 제의를 했습니다. 그러나 나는 이 제의를 거절했습니다. 가장 큰 이유는 동생들 때문이었습니다.

내가 부산 거제동에서 훈련을 받고 있는 동안, 동생들이 많은 고생을 하면서 물어물어 부산으로 나를 찾아왔습니다. 그런데 당시 장교의 월급이라고 해봐야 쥐꼬리만 한 박봉인 데다가 쌀이나 장작의 배급도 없었기 때문에 동생들을 먹여 살릴 방도가 없었습니다. 그런데 육사는 후생복지 혜택이 전혀 없다는 소문을 들었습니다. 그와 달리 육군병기학교는 차량이 많아서 장교들의 후생복지가 그나마 좋을 것이라는 이야기를 들었습니

다. 결국 육군병기학교를 희망하여 거기로 배치받았습니다. 육
군병기학교는 경남 울산군 농서면 호계리의 호계국민학교를 접
수하여 사용하고 있었습니다. 나는 육군병기학교 근처에 방을
얻어서 동생들과 함께 영외거주를 하면서 학교에 출퇴근하였습
니다. 영외거주 장교들에게는 학교에서 장작이나 쌀 등을 배급
해 주었기 때문에 큰 문제 없이 지낼 수 있었습니다. 그러다가
동생들도 입대 연령이 되었기 때문에 큰 동생은 신원증명서를
발급받아 간부후보생으로 입대하게 되었고 작은 동생은 당시
제주도에 있던 누이네 쪽으로 가게 됩니다. 서울대 병원이 제주
도 한림읍으로 대피하여 있었기 때문에 누이도 자형을 따라 그
곳에 가 있었던 것입니다.

　　윤진호 비록 후방이라고는 해도 전쟁 중의 군 생활은 몹시
어려웠을 것으로 짐작되는데, 당시 육군병기학교 생활은 어떠
했습니까?

　　변형윤 육군병기학교가 있는 울산은 후방이어서 직접 전투
에 참가하거나 전쟁의 참상을 목격하지는 못했습니다. 그러나
울산 근처에는 신불산(1,208m)이라는 험준한 산이 있고 여기에
는 빨치산 부대가 있었기 때문에 늘 쿵쿵거리는 대포 소리를
들을 수 있었습니다. 하루라도 사격소리가 안 들리는 날이 없을
정도여서 늘 전쟁 중임을 실감하고 있었습니다. 울산에서 부산
으로 갈 때나 대구로 갈 때는 신불산 부근을 지나게 되는데 빨

치산이 자주 출몰하고 있어서 늘 습격을 당할 각오를 하고 가야 했습니다. 저녁 무렵부터는 결코 이 근처를 지나면 안 되었습니다.

윤진호 당시 군에 복무했던 분들의 회고담을 보면 군대 안에 부패가 심했다고 하는데 혹시 선생님께서 직접 보고 들은 바는 없습니까?

변형윤 전쟁 중의 군대는 선진국, 후진국 할 것 없이 모두 문제가 많은 것이 사실입니다. 휘발유 등 군수물자를 빼내어 주유소와 짜고 팔아먹는 장교들도 있었고, 그 돈으로 술 마시고 여자와 살림을 차린 사람까지 있었습니다. 이것은 비단 한국군뿐만 아니라 미군도 마찬가지였습니다. 감찰감실에서 가끔 감사를 오기도 하지만, 지휘관들로부터 술 접대를 받거나 상납을 받고 아무 문제도 없는 것으로 평가하기 일쑤였습니다. 나는 어차피 군에 계속 있을 사람이 아니어서, 이런 장교들과 일절 어울리지 않았습니다만 일개 하급장교 신분으로 부정부패를 보아도 어찌 할 수가 없어서 분을 삭일 수밖에 없었습니다.

윤진호 울산에서 근무하던 시절 개인적 생활은 어떠하였습니까?

변형윤 부대 근처에는 어디 변변하게 즐길 곳도 없었기 때문에 그저 유일한 낙이라고 해야 주말에 지프차를 타고 가까운 불국사로 가서 놀다 오던가 아니면 부산에 가끔 가는 정도였습니다. 장교들은 퇴근 후 저녁에 술판을 자주 벌였습니다만 나는 그때만 해도 술을 입에 대지 않았고 술자리도 좋아하지 않아서 전혀 어울리지 않았습니다.

윤진호 선생님은 군 복무 중이던 1951년에 대학원에 입학한 걸로 되어 있는데 이것은 어떻게 된 것입니까?

변형윤 1951년 2월에 서울대학교가 부산 서대신동으로 피난을 오게 되고 대학본부 및 대학원은 광복동에 임시교사를 얻어 수업을 재개하였습니다. 나는 부산 피난학교로 찾아가 권세원 교수를 다시 만났습니다. 그러다가 앞에서 말한 대로, 1951년 9월에 졸업을 하게 됩니다. 사실 전쟁 통에 수업도 제대로 받지 못한 채로 자동졸업이 된 셈이지요. 그런데 졸업도 하기 전인 1951년 6월에 졸업예정자 자격으로 대학원 입학시험을 치렀습니다. 원래 나는 대학원에 진학할 마음이 별로 없었습니다. 군 복무 중인 데다가 당시만 해도 학부만 졸업해도 교수로 취업이 가능했기 때문에 굳이 대학원에 진학할 필요성을 못 느꼈기 때문입니다. 그런데 육군병기학교의 동료 장교로 성균관대 정치학과를 졸업한 사람이 있었는데, 이 사람이 대학원 시험을 같이 보자고 권유를 하면서 입시원서도 사다 주어서 나로서는 자의 반 타의 반으로 시험과 면접을 보았는데, 덜컥 합격을 한 것이지요. 당시만 해도 이것이 나중에 큰 도움이 되리라는 것은 미처 몰랐습니다.

윤진호 그 뒤 선생님은 부산으로 가게 되지요?

변형윤 1951년 12월 초 육군병기학교가 울산 호계로부터 부산 동래로 이전하게 됩니다. 광주에 상무대가 세워지면서 육군보병학교가 광주로 이전하고 그 자리에 육군병기학교가 들어가게 된 것이지요. 나도 학교를 따라 부산으로 와서 학교에 가까운 명륜동에 방을 얻어 생활하게 되었습니다. 육군병기학교에서 내 생활은 따분했습니다. 연락장교라고는 하지만 통역은 다른 장교들을 주로 내보냈고 나는 행정문서 처리나 교본 번역 등에 매달렸습니다. 미군들과 상대하면서 그들의 '하우스보이' 노릇을 하는 것이 어쩐지 싫었기 때문입니다. 군 생활이 싫증이 나서 제대를 신청했습니다만 애초의 약속과는 달리 군에서는 연락장교의 제대를 허가해 주지 않았습니다. 통역, 법무, 의무 병과는 우수한 장교 자원이 모자랐기 때문에 제대를 허락하지 않았던 것입니다. 나로서는 애초의 약속이 지켜지지 않은 데 대한 불만이 높아져 1주일 한 번 있는 하기식下旗式 때 참가하지 않는 것으로 불만을 표시했습니다.

결혼과 육군사관학교 교관 시절

윤진호 사모님과는 부산 시절에 만나서 결혼을 하셨습니까?

변형윤 그렇습니다. 명륜동에 자리를 잡고 생활을 하고 있
었는데, 1952년 1월경 친척 누이뻘 되는 이로부터 중매 이야기
가 있었습니다. 이 사람은 부산으로 피난 온 국민학교에서 근무
하고 있었는데 동료 선생 가운데 좋은 여성이 있으니 한번 만
나보는 것이 어떻겠느냐는 연락이 왔습니다. 약속시간을 잡고
다방에서 만나 보았더니 참한 규수였습니다. 원래 고향은 충청
북도 청주인데 국민학교 5학년 때 서울로 올라와서 재동국민학
교와 숙명여중을 거쳐 경기사범학교 본과(3년제)를 졸업하고 국
민학교 선생으로 근무했다고 합니다. 그러다가 6·25 전쟁을 만
나 부산으로 피난 와서 역시 피난 온 국민학교의 교원으로 근
무하고 있었습니다. 경기사범학교는 오늘의 서울교육대학교의
전신입니다.

윤진호 평소 다소 무뚝뚝한 선생님의 성격을 생각할 때, 어
떻게 연애를 하고 결혼을 하셨는지 몹시 궁금합니다. 사모님을
만난 순간 첫눈에 반하셨나요? 사실 선생님의 장인, 장모님 처
지에서는 이북에서 내려와 혈혈단신이고 군인 신분이어서 미래
도 불안한 선생님에게 선뜻 귀한 딸을 내어주는 것이 쉽지 않
았을 텐데요.

변형윤 물론 서로 마음에 들었으니까 일이 진전되었겠지만, 우리 세대만 해도 직접적으로 감정을 표현하는 데는 서툴렀기에 그저 이심전심으로 일이 진행되었다고 해야겠지요. 어쨌든 만난 지 약 2개월 만인 1952년 3월에 약혼식을 올려 서로 평생을 함께 하기로 약속은 하였지만, 결혼식은 다소 미루었습니다. 당시 한창 전쟁 중이었고 나는 군인 신분이라서 내일이라도 어떻게 될지 알 수 없는 상황이었기에 선뜻 결혼하자는 말을 못 꺼냈던 것이지요.

그런데 오히려 장인 될 분이 더 적극적이었습니다. 장인은 경성고등공업학교(서울공대 전신) 출신의 인텔리로서 중학교 선생을 하셨던 분인데, 나와 이야기를 주고받으면서 내가 마음에 들었던 모양입니다. 나중에 들어보니 "비록 지금은 형편이 어렵지만 앞으로 미래가 밝아 보이고 인상이 나쁘지 않았다"고 합니다. 또 그분 스스로도 선생들 처지를 잘 아는 입장이라서 장차 교수가 되기를 희망하고 있던 나를 잘 이해해 주셨습니다. 그래서 장인이 둘째 딸인 집사람에게 "네가 싫지만 않으면 결혼을 하는 것이 좋겠다"고 설득을 하셨다고 합니다. 이리하여 이듬해인 1953년 3월 춘분날에 부산 광복동 백화당 예식장에서 결혼식을 올렸습니다.

윤진호 이북에 있는 부모님이나 다른 가족들이 결혼식에 참석하지 못해서 좀 마음이 좋지 않았을 것으로 짐작됩니다만, 결혼식 때 심정이 어떠하였습니까?

변형윤 그렇지요. 가족도 별로 많이 오지 못한 매우 조촐한 결혼식이었습니다. 나는 결혼식 날 맏아들이 결혼하는 모습을 양친이 보셨더라면 얼마나 좋아하셨을까 하고 속으로 눈물도 흘렸습니다.

윤진호 결혼 후 신혼살림은 어떠하였습니까?

변형윤 전쟁 중이고 군인 신분이라서 신혼여행은 꿈도 꾸지 못하고 바로 학교 근처인 동래 명륜동에 셋방을 얻어 신혼살림을 시작했습니다. 신혼방은 어떤 병원건물에 딸린 조그만 살림집이었습니다만 쥐꼬리만 한 군인 월급을 받아 살림을 사느라고 우리 집사람이 고생을 많이 했습니다. 집사람도 물론 교사봉급을 받고 있었습니다만 당시 친정 형편이 안 좋아서 결혼 전에도 집사람의 교사 봉급에 많이 의존을 하였기 때문에 결혼 후에도 집사람 봉급은 친정살림에 보태는 데 모두 쓰는 형편이었습니다.

윤진호 그러다가 휴전이 되어서 서울로 오시게 되었나요?

변형윤 그렇습니다. 1953년 7월 27일 유엔군과 북한군 사이에 드디어 휴전조약이 성립됩니다. 이로써 3년 남짓을 끌면서 수백만 명의 목숨을 앗아갔던 6·25 전쟁은 일단 끝 아닌 끝을 맺습니다만 결국 전쟁 전과 마찬가지로 남북의 분단 상태는 계속됩니다. 어쨌든 휴전과 더불어 각급 기관이 속속 서울로 복귀함에 따라 집사람이 근무하던 학교도 1953년 9월부로 본래의 서울 종암국민학교로 복귀하게 되고 따라서 집사람 혼자 서울로 떠났습니다. 당시 친정집이 학교 근처인 안암동 로터리 부근에 있었기 때문에 친정으로 들어간 것이지요.

윤진호 그 뒤 선생님은 어떻게 서울로 올라오게 됩니까?

변형윤 신혼임에도 집사람과 헤어져서 부산에 혼자 남아 있게 되니 자연히 하루빨리 서울로 올라가 합류해야겠다는 생각을 하면서 그 길을 찾고 있던 차에 길이 열렸습니다. 전혀 생각지 않게 육사 경제학 교관으로 스카우트되었기 때문입니다. 육사에서 경제학 교관을 찾다가, 나를 추천하는 사람들이 교수부 내에 비교적 많이 있음을 알고, 결정했다고 합니다. 이리하여 이듬해인 1954년 4월에 태릉에 있는 육사로 발령받아 서울로 올라왔습니다.

윤진호 선생님께서 육사 교관으로 있으면서 전직 대통령인 전두환, 노태우 씨 등 육사 정규 1기생(육사 11기)들을 가르쳤다는 것은 잘 알려져 있는 사실입니다만.

변형윤 당시 육사 정규 1기생(4년제)들은 1951년 경남 진해에서 입교하였는데 내가 태릉의 육사에 부임하였을 때는 4학년이었습니다. 육사생들은 처음에는 이과 과정 중심의 교육을 받고 졸업 때 육군 소위 임관과 더불어 이학사理學士 학위증을 받도록 되어 있었는데, 태릉으로 복귀하면서 교육과정이 바뀜에 따라 경제학을 포함한 교양과목 교육도 받도록 되었습니다. 그런데 4학년들은 졸업까지 얼마 시간이 남아 있지 않았기 때문에 집중강의를 받도록 조치했는데 바로 이 1기생의 집중강의 코스의 경제학을 내가 맡았습니다. 몇몇 교반의 생도를 가르쳤는지는 분명치 않지만 2개 교반의 생도를 가르쳤습니다. 물론 전두환, 노태우 등의 생도를 가르쳤을 가능성도 있습니다. 그러나 당시에는 그들이 누구인지 알지 못했습니다. 오히려 내가 애정을 가지고 정식으로 경제학을 가르치기 시작한 것은 2기생부터입니다.

내가 1954년 4월에 부임할 당시에는 경제학 교관들이 소속될 사회과학과가 아직 창설되지 않았고 또 경제학 강의가 시작되지 않았기 때문에 일단 영어과 소속으로 있으면서 2기생들의 영어를 가르쳤습니다. 생도들의 성적순위에 따라서 성적이 가장 좋은 20~25명의 생도는 1교반에 소속시키고 그 다음의 20~25명은 2교반에 소속시키는 식으로 교반을 나누어서 수업을 받게 했는데, 나는 1교반과 8교반을 담당했던 것으로 기억합니다. 따라서 다행히도 성적이 가장 나쁜 생도가 소속한 9교반은 담당하지 않았습니다. 이들 2기생이 4학년이 되면서 나는 사회과학과 소속이 되었고 경제학을 전담하게 되었습니다. 그리고 생도들은 경제학 수업을 정식으로 받게 되었습니다.

2기생들에게 경제학을 가르치기 시작한 것은 1955년 9월부터인데 나는 뜻하지 않게 단 한 번의 기회가 주어졌던 대학원 재학생의 제대 혜택을 받아 10월 중순에 제대를 하였기 때문에 그 이후는 민간인 신분으로 강의를 계속 했습니다. 이미 이때에는 서울상대의 시간강사이기도 했습니다. 그리고 3기생(13기)들은 1956년 9월에서 12월까지 한 학기만 가르쳤습니다. 이미 그해 2월에 서울상대의 전임대우 시간강사가 되었기 때문입니다. 따라서 육사에서 경제학 강의는 1956년으로 끝났습니다.

윤진호 당시 육사에서 가르친 학생들 가운데 기억에 남는 사람은 있습니까?

변형윤 역시 선생의 처지에서는 가장 공부 잘하는 1교반의 생도가 기억에 남는 법인데, 당시 3학년 생도 가운데 정상문, 이병간, 박준병(전 국회의원, 민정당 사무총장) 생도 등이 기억에 남습니다. 이들은 1교반의 생도들답게 머리 회전이 빨랐습니다. 영어를 가르치러 교실에 들어가 보면 생도들이 세상 돌아가는 이야기를 해달라고 조를 때도 많았습니다. 그러면 나는 이승만 정권의 부정부패에 대해 욕을 하곤 했지요. 그런데 한번은 막 이승만 정권 욕을 하고 있는데 마침 교수부장이 수업 내용을 참관하려고 교실 문을 열고 들어오는 것이 아니겠습니까? 그러자 갑자기 정상문 생도가 슬며시 손을 들더니 영어작문 문제를 질문을 하였습니다. 아마도 선생의 곤경을 피하게 해주려는 생각이었겠지요.

　윤진호 동료 교관들 가운데도 쟁쟁한 분들이 많이 있었다고 들었습니다.

　변형윤 그렇습니다. 당시 나와 함께 육사에서 근무하던 교관들 가운데는 국사학과의 이기백 교수(전 한림대)가 있었습니다. 이기백 교수와는 그저 아는 사이로 지냈습니다.

　윤진호 육사 교관 근무 시절에 선생님의 개인 생활은 어떠하였습니까?

　변형윤 용두동에 작은 방을 얻어 다시 살림을 시작했습니다. 육사는 다른 일반대학과는 달리 아침 8시에 강의가 시작되기 때문에 적어도 7시 40분쯤까지는 출근을 하여 강의 준비를 하였습니다. 당시 성동역에서 육사로 가는 통근버스가 출발했는데 새벽같이 출근해서 오후 5시에 퇴근하는 생활을 계속했습니다. 신분은 육사 교관이 되었다고 하지만 월급은 여전히 매우 적었기 때문에 살림을 꾸려가는 집사람은 매우 힘들었을 것입니다. 그런 가운데 1954년 9월에는 학생 신분으로 군에 입대한 사람들을 속성으로 교육시키고 학점을 주는 것을 목적으로 하는 전시군인연합대학에서 금융론을 가르치기도 했습니다.

제5장

서울상대의 교단에 서다

꿈에도 그리던 서울상대 교단

윤진호 선생님께서는 오랫동안 교수로서 강단에 서는 것을 희망해 왔는데 그 꿈이 드디어 실현되어 모교인 서울상대에서 가르치기 시작한 것은 1955년 9월부터입니다. 이것은 어떠한 계기로 가능했던 것입니까?

변형윤 나는 부산 피난 시절인 1953년 4월에 서울대 임시교사로 혹시나 하고 권세원 교수를 찾아갔다가 운 좋게 때마침 나와 계신 선생을 만나 뵈었습니다. 선생은 정말 기뻐하시면서 따뜻하게 나를 맞이해 주셨고, 또 그동안 나의 생활과 학생 시절부터 교수가 되고자 했던 내 생각에 변함이 없는지 등을 묻고 격려를 아끼지 않았습니다. 그러나 그 학기가 끝난 뒤 서울대는 서울로 돌아갔고 나는 그대로 부산에 남아 있었기 때문에 좀처럼 찾아뵐 기회가 없었습니다.

그러다가 1954년 4월에 육사 교관으로 서울에 올라온 뒤부터 나는 한 학기에 한두 번씩 선생을 찾아뵐 수 있었습니다. 그때마다 선생은 언제나 반갑게 그리고 따뜻하게 맞이해 주셨습니다. 물론 격려와 자극의 말씀도 잊지 않았습니다.

이렇게 해서 1년여가 지나고 1955년 7월 초 육사의 단기간의 방학도 끝날 무렵이 되고 해서 별다른 생각 없이 권 교수 댁에 들렀더니, 선생은 안 계시고 대신 며느리가 쪽지를 전해주었습니다. 그 쪽지에는 "이번 2학기부터 고등수학 강의시간이 마련될 듯하니 그동안 강의 준비에 만전을 기하도록 하는 것이 좋을 것 같네"라는 선생의 전언이 적혀 있었습니다. 물론 나는 깜짝 놀랐습니다. 그것은 전혀 생각지 못했던 일이며 또 나한테 사전에 아무런 말씀 한마디 없었기 때문입니다. 나는 그때까지만 해도 언젠가는 모교 강단에 설 날이 와야겠는데 하는 바람은 갖고 있었지만, 일단 다른 사립대학에 가서 2~3년 강의 경험을 쌓은 뒤 기회가 주어지면 모교로 갈 생각을 하고 있었습니다. 그런데 의외로 빨리 모교 강의를 맡게 될 기회가 온 것이지요. 어리벙벙했습니다. 나는 이미 육사에서도 수학과 선생들과 교류관계를 가지면서 꾸준히 수학공부를 하고 있었기 때문에 강의 내용에는 자신이 있었습니다. 그러나 막상 강의 기회가 주어지고 보니, 기대 반 걱정 반이었습니다. 만약에 강의를 잘못해서 쫓겨나면 다시는 모교로 못 돌아갈지도 모른다는 걱정 때문이었습니다.

나는 선생의 전언을 들은 뒤에도 반신반의하고 있었습니다만 얼마 뒤에 대학으로부터 강의를 맡게 되었다는 사실을 알리면서 요일과 시간을 언제로 할 것인지 알려달라는 내용의 편지를 받고서야 비로소 확신을 가지게 되었습니다. 나중에 안 일이지만, 대학 형편상 불가피하게 권세원 교수가 교무과장을 맡고 있었기 때문에 교수회의 결정사항을 당사자인 나에게 알리기는 해야겠는데, 워낙 자신의 공을 내세우는 것을 싫어하는 데다가 신중에 신중을 거듭하는 분이라서 애매한 표현을 썼던 것 같습니다.

윤진호 당시에는 군인 신분으로 서울상대에서 강의를 하는 것이 가능했었나요?

변형윤 처음에는 군인 신분이었지만 곧 제대를 하고 민간인 신분이 되었습니다. 경사가 겹친 것이지요. 별다른 생각 없이 동료가 권하는 대로 부산 피난 시절에 대학원에 등록해 두었다는 것은 앞에서 말한 바 있었지만, 나는 등록만 해 두었을 뿐 그 후 잊고 있었습니다. 그런데 뜻하지 않게도 이것이 효력을 발휘하게 된 것이지요. 그해 10월 육군본부로부터 특명이 내려왔는데, 현역군인 가운데 대학원 재학생을 제대시키라는 내용이었습니다. 이리하여 나는 1950년 11월 군에 입대한 지 만 5년 만에 제대하게 되었습니다. 그러니까 1955년 9월 육군 대위 신분으로 서울상대에서 강의를 시작한 지 1개월 만에 민간인 신분으로 바뀐 것이지요. 대학원에 등록해 두지 않았더라면 제대가 한참 늦어졌을 것이고 따라서 교수 임용도 늦어지거나 아니면 아예 서울상대가 아닌 다른 대학으로 갔었을 것을 생각하면, 참 사람의 운명이란 알 수 없다는 것을 다시 한 번 느꼈습니다.

윤진호 그 뒤로도 육사 생도들과의 인연은 계속되었습니까?

변형윤 제대를 하고도 후임자가 충원되지 못했기 때문에 1년 동안 육사 정규 2기(12기)생을 계속 가르쳤습니다. 그리고 3기생도 한 학기 가르쳤습니다. 그 후에도 육사 생도 가운데는 육사를 졸업하고 장교 임관 뒤 서울상대에 학사 편입하는 경우도 있어 이런저런 인연으로 육사 15기까지는 연락이 있었습니다. 그러다가 그 후 기수부터는 연락이 끊어졌습니다. 그런데 이처럼 육사 11기부터 15기까지의 인연이 나중에 내가 생활하는 데 큰 영향을 미치게 될 줄은 당시로서는 생각도 하지 못했던 일이지요.

윤진호 서울상대 강사로 임용될 당시 선생님 연세가 28세였으니까 매우 예외적인 케이스였던 것은 아닌가요?

변형윤 물론 학생들 가운데 나보다 나이가 많은 사람도 있을 정도였으니까 예외적으로 빠른 경우임에는 틀림없습니다. 그러나 당시는 전쟁 직후의 혼란기였기 때문에 종종 젊은 나이에 강사나 교수로 임용되는 경우도 있었습니다.

윤진호 선생님께서 모교에서 강의를 시작할 당시 서울상대의 학교 사정은 어떠하였습니까?

변형윤 당시 서울상대에는 교수가 13명이 있었는데 정원제로 되어 있어서, 교수직 한 자리가 비어야 비로소 부교수가 교수로 승진하고 이어서 조교수가 부교수로 승진할 수 있는 시스템이었습니다. 따라서 아무리 전임강사로 오래 근무해도 상위직에 빈자리가 나지 않는 이상 10년이든, 20년이든 전임강사로 근무해야 했습니다. 또 지방대학에서 서울대로 자리를 옮길 경우에는 이전에 근무했던 대학의 직위와 상관없이 서울대에서는 무조건 전임강사로 시작해야 했습니다. 그만큼 서울대의 권위가 높았던 것이지요. 그러나 경제학 외에 법학을 전공한 교수들이 많았고 원래 대학교수가 되려고 학문을 갈고닦은 적이 없는 교수도 일부 있었기 때문에 전체적으로 수준이 높지는 못했습니다.

윤진호 선생님께서 강사 신분으로 서울상대에서 강의를 시작하시면서 어떠한 과목을 가르쳤습니까?

변형윤 처음에는 고등수학을 가르쳤는데 1학년 필수과목이었습니다. 이 과목은 신설된 과목인데, 그 이전에도 경제학 공부를 위해서는 수학을 가르치는 것이 필요하다는 생각을 하면서도 적당한 교수가 없어서 못 가르쳤던 것입니다.

윤진호 전쟁 직후이니 학생들 가운데는 나이 많은 학생들도 많았으리라 생각합니다만 어떠했습니까?

변형윤 그렇습니다. 군대도 다녀오고 해서 나이 많은 학생들도 있었습니다. 당시 내 나이가 28세였기 때문에 학생들과 구분이 안 될 정도였습니다. 학생들 가운데는 군대에 갔다 와서 복학한 서울상대 동기생도 있었지만 내가 가르치는 1학년에는 다행히 동기생이 없었습니다. 당시 서울상대의 입학정원은 경제학과 150명, 상학과 150명 해서 모두 300명이었습니다만, 군 제대자는 정원 외에도 10% 정도 더 받을 수 있었고 여학생 역시 정원 외 입학이 가능했기 때문에 실제로는 경제학과에 170명 내지 180명 정도가 입학하였습니다. 1학년생들 가운데 박현채(전 조선대) 교수가 재학하고 있던 것이 기억나는군요.

윤진호 당시 서울상대의 교수들은 어떠한 분들이 있었습니까?

변형윤 고승제, 유진순, 이상구, 이해동, 이기준, 박동묘 교수 등이 재직하고 있었던 것으로 기억합니다. 박희범 교수는 나보다 뒤에 왔습니다.

윤진호 선생님께서는 꿈에 그리던 모교 강단에 서게 되면서 감회도 남달랐을 텐데요. 수업 내용은 어떠하였습니까?

변형윤 그렇습니다. 한편으로는 모교 강단에 서게 된 것이 무척 기뻤습니다만 다른 한편으로는 몹시 긴장되기도 했습니다. 나로서는 그렇게 빨리 모교 강단에 서게 되리라고는 생각하지도 못했던 일이었기 때문이지요. 어떻게 해서든 강의를 잘해서 쫓겨나지는 말아야지 하는 생각을 했습니다. 사실 강의 내용 자체에는 큰 어려움이 없었습니다. 이미 육사 교관 시절 수학과 교수들에게 경제학을 가르쳐주는 대신 수학을 꾸준히 배워두었고 혼자서 수학 공부도 많이 했기 때문에 준비는 충분히 되어 있었습니다. 당시에는 교수들이 어떤 교과서나 참고자료 없이 강의를 하면, 학생들이 받아 적는 일명 프리노트free note 방식의 수업이 대부분이었습니다만, 나는 학생들의 이해도를 높이기 위해 필경사에게 부탁하여 미리 프린트물을 만들어서 학생들에게 나누어 주었습니다. 의욕이 컸기 때문에 가르치는 양도 매우 많았습니다. 나이는 적어도 서울상대 선배니까 학생들에게는 매우 엄한 태도로 가르쳤습니다. 미리 "늦게 들어오면 안 된다"고 경고해 두었는데도 강의시간에 늦게 들어오는 학생들은 아예 쫓아내 버렸는데 후배니까 가능했던 일이지요. 학생들 사이

에는 "변 교수님 때문에 죽을 지경"이라는 이야기도 돌았다고
합니다.

윤진호 수업에 대한 학생들의 반응은 어땠습니까?

변형윤 대부분 진지하게 수업을 들었습니다만, 일부 학생들
은 수학을 매우 어려워했습니다. 수학이 싫어서 공대에 안 가고
상대에 들어왔는데, 왜 또 수학을 공부해야 하느냐는 것이지요.
그러나 고등수학이 필수과목이기 때문에 학점을 따지 못하면
졸업을 할 수 없으니까 싫더라도 억지로 공부를 해야 했습니다.
아무리 열심히 공부해도 B 학점 이상은 주지 않았는데, 이는 당
시 서울대의 일반적인 풍조였습니다. 그러다가 나중에 서울대
졸업생들이 미국 유학을 가서 다른 사립대 출신에 견주어 학점
이 낮아 불이익을 당하는 일이 발생하면서 서울대 교수들도 비
로소 A 학점을 주기 시작했습니다.

윤진호 당시 학교의 전체적인 분위기는 어떠하였습니까?

변형윤 사실 학생들은 열심히 하려고 했지만, 교수들의 수
업 내용이 학생들의 욕구를 충족시켜 주기에는 부족하였습니
다. 전체적으로 정규 교수보다는 시간강사들이 많았고 교수들
의 경우에 휴강이 잦았습니다. 다른 학교의 교수나 학교 외부의
일자리를 겸직하고 있는 경우도 많았습니다. 교수 봉급이 낮았

기 때문에 이 학교 저 학교를 전전하면서 여러 학교의 강사직을 동시에 맡는 것이 일반적인 풍조였습니다. 이러다 보니 수업 내용이 자연히 부실해질 수밖에 없었던 것이지요. 교재도 신통치가 않아서 많은 교수들이 프리노트 형식으로 강의를 하였습니다.

윤진호 선생님께서 정식으로 전임강사로 승진한 것은 다음 해인 1956년입니까?

변형윤 아닙니다. 아직 결원이 나지 않아서 일단 1956년 2월에 전임강사대우로 발령을 받고 가르치다가 그 다음 해인 1957년 2월에 전임강사로 발령을 받게 됩니다. 1956년에는 고등수학 외에 역시 신설과목인 경제수학 강의를 맡게 되었고 1957년에는 다시 필수과목인 통계학 강의를 맡게 되어 모두 세 과목을 강의하였습니다. 1958년에는 계량경제학을, 그리고 1959년에는 산업연관론을 더 강의하였습니다.

윤진호 전임강사 발령을 받은 뒤인 1958년에 선생님께서는 최초의 저서인 《경제수학》을 일조각에서 발간하게 되는데 이는 어떠한 목적에서 쓰게 된 것입니까?

변형윤 학생들의 교과서에 대한 요구가 많았지만 적당한 교과서가 없었기 때문에 내가 스스로 쓰기로 결심했던 것이지요.

그래서 전임강사 발령을 받은 뒤인 1957년 12월 겨울방학 시작 때부터 방학이 끝나기 전인 이듬해 2월 말까지 집중적으로 교과서를 집필하였습니다. 외부 출입도 하지 않고 집안에 들어박혀서 원고지를 메웠던 것이죠. 그동안 경제수학을 2년 동안 강의했던 내용에다가 학생 시절 읽은 책들, 새로이 일본이나 미국에서 나온 책들을 참고하여 교과서를 집필하였습니다. 이를 위해 학교 도서관뿐만 아니라 한국은행 도서실의 책들을 많이 이용하였습니다.

윤진호 선생님께서는 초임 교수 시절 주로 수학, 통계학과 관련된 강의를 하였습니다만 그 밖의 분야에 대한 공부는 계속하셨습니까?

변형윤 그렇습니다. 강의는 수학 쪽으로 했지만 학문적 관심사는 역시 학생 시절부터 가지고 있던 문제의식과 관련된 분야에 있었기 때문에 폭넓은 경제학 공부를 계속하였습니다. 당시는 케인스 경제학이 본격적으로 국내에 소개되기 시작하던 시기였습니다. 1955년에는 서울상대 대학원생과 학부생 그룹에서 새뮤얼슨의 《경제학》 제3판을 국역하였는데, 나도 여기에 일부 관여하여 나중에 출판되었습니다. 1936년에 출판된 케인스의 《일반이론》도 일어 번역본으로 읽고 케인스 이론에 많은 관심을 가지게 되었지만 강의에서 소개하지는 않았습니다.

당시만 해도 주로 수학과 통계학 공부에 집중하고 있었습니다. 1958년에 계량경제학을 강의하게 되면서 틴트너G. Tintner, 클라인L. Klein(노벨경제학상 수상), 틴베르헌J. Tinbergen(노벨경제학상 수상) 등 저명한 계량경제학자들의 원서를 많이 참고로 했습니다. 이런 책들은 주로 한국은행 도서실에 많이 있었기 때문에 여기에 자주 출입하곤 했습니다. 그 인연으로 1957년 무렵부터 한국은행 조사부 고문으로 위촉되어 한국은행 도서실 책들을 자유롭게 빌릴 수 있게 된 것이 큰 도움이 되었습니다.

윤진호 학생들에게는 서울상대 선배이고 연배도 큰 차이가 나지 않아서 선생님을 많이 따랐을 것 같은데 강의시간 외에도 학생들과의 접촉이 많았습니까?

변형윤 나는 강의시간 외에는 학생들과 접촉을 거의 하지 않았습니다. 다만 통계반의 지도교수가 되어 학생들과 접촉했던 것이 거의 유일한 예외였습니다. 당시만 해도 나는 학생들에게 매우 엄격한 자세로 대하였기 때문에 학생들 스스로가 나에게 접근하는 것을 꺼려한 것이 아닌가 하고 짐작됩니다. 강의시간에 늘 학생들에게 "열심히 공부하라" "사회정의감을 잃어서는 안 된다"고 가르쳤습니다. 내가 가르치는 과목 자체가 현실사회와는 거리가 먼 내용들이기 때문에 강의시간에 특별히 사회 문제를 이야기할 기회는 적었지만 기회가 닿는 대로 당시의 이승만 독재정권에 대해 비판을 하곤 했습니다.

윤진호 당시에는 서울대 교수들도 다른 대학에 출강하는 일이 잦았다고 들었습니다만, 선생님께서도 다른 대학에 많이 출강을 하셨나요?

변형윤 그렇습니다. 당시만 해도 전체적으로 교수 수가 부족하여 대부분의 대학들이 외부 강사에 크게 의존하고 있었을 뿐만 아니라 교수 봉급도 매우 낮아 월급만으로는 살아갈 수 없었기 때문에 교수들이 여러 대학에 출강하는 것이 일반적인 풍조였습니다. 내 경우에도 1957년부터 당시 창성동에 있었던 국민대에서 통계학을 가르치기 시작했습니다. 국민대는 서울상대와 오랜 관련을 가지고 있었고, 내 전임자가 국민대에 재직하였던 분이기 때문에 자연스레 국민대 강의를 맡게 되었던 것이지요. 국민대에서는 서울상대 교수를 잘 대우해 주었습니다. 일반 강사보다 더 나은 대우에다가 1년 강의를 보장해 주었지요.

1958년에는 다시 서울법대에서 통계학을 가르치기 시작했습니다. 그 전까지 서울법대 통계학은 육지수 교수가 가르치고 있었는데 육 교수는 동경제대 경제과에서 경제지리를 전공한 분이기 때문에 통계학 강의를 감당하기 곤란하여 학장에게 나를 추천했던 것입니다. 이후 5년 동안 법대에서 통계학을 가르치게 됩니다. 이 인연으로 해서 나중에 내 강의를 들었던 법대 졸업생들로부터 나는 여러 가지 도움을 받을 수 있었습니다.

또 1958년부터는 서울대 행정대학원과 고려대 경영대학원에서 이수기한 1년의 야간반 강의를 시작했습니다. 전자의 경

우에는 사무관 이상의 공무원과 소령 이상의 군인이, 그리고 후
자의 경우에는 기업체 부장 이상과 소령 이상의 군인이 수강했
습니다. 군인의 경우에는 각각 준장 두세 명이 있었습니다.

　나는 책을 쓰느라고 건강을 해치는 바람에 1960년 1월에
부산에 가서 한 달 동안 휴양을 하고 온 적이 있습니다. 따라서
두 대학원에서 강의할 때는 대체로 강단에 의자를 갖다 놓게
하고, 힘드니까 의자에 앉아서 강의를 했습니다. 수강생들도 아
마 안쓰러움을 느꼈을 것입니다.

자유당 정권 말기 여러 가지 모순들

　윤진호 1950년대 후반이 되면 자유당 독재정권이 말기에 접
어들면서 여러 가지 사회적 모순이 터져 나오던 시기였는데, 이
러한 사회적 상황에 대한 선생님의 태도는 어떠하였습니까?

　변형윤 1956년 대통령 선거에서 민주당의 신익희 후보가 선
거유세 도중 돌연 사망하면서 이승만 대통령이 당선되었습니다
만, 사실 신익희 후보가 서거하지 않았더라면 선거 결과는 어떻
게 되었을지 모를 정도로 당시 자유당 정권에 대한 국민들의
반감이 깊어가고 있었습니다. 민주당이 내건 "못살겠다 갈아보
자"라는 선거구호는 국민들에게 큰 공감을 샀습니다. 정치적으
로 독재체제였을 뿐만 아니라 경제적으로도 1950년대 후반의
한국경제는 국민들의 삶을 몹시 어렵게 만들었습니다. 경제성

장률, 실업률, 인플레율 등이 모두 악화일로에 있었습니다. 그러나 자유당 정권은 이에 대해 유효한 경제정책을 내어 놓지 못했습니다. 정치인과 공무원들의 부정부패도 몹시 심각한 상태였습니다. 비록 대통령으로는 이승만 씨가 당선되었지만 부통령은 민주당의 장면 씨가 당선된 것이 바로 당시의 민심을 대변하는 것이라고 하겠습니다. 이러한 이승만 정권의 독재, 부패, 무능 등에 대한 국민들의 반감이 깊어지면서 차츰 자유당 정권은 몰락의 길을 걷게 됩니다.

그러나 이러한 사회적 상황에도 불구하고 당시 대학 내의 분위기를 보면 정치 문제에 대한 관심이 매우 낮았습니다. 서울상대 교수들 가운데는 자유당 서울시당 선전부장을 겸직하고 있던 교수가 있었는데 이기붕 씨 계열의 사람이었습니다. 그렇기 때문에 교수들도 설혹 자유당 정권에 대한 불만이 있더라도 밖으로 표출할 수는 없는 분위기였습니다. 당시 학생들도 정치의식이 높지 않아서 정치적인 의사표출을 그다지 하지 않았습니다. 나 자신은 물론 이승만 독재정권에 대한 반감을 가지고 있었지만 아직 젊은 나이로 말단 교수에 불과했기 때문에 어떠한 행동을 할 수 있는 처지가 못 되었습니다. 그저 수학, 통계학 강의 준비에 쫓기면서 가끔 강의시간에 학생들에게 이승만 정권에 대한 비판을 하는 정도였지요.

윤진호 서울상대 전임강사 시절 선생님의 개인생활이나 가정생활은 어떠하였습니까?

변형윤 교수 봉급이 박봉이었기 때문에 집사람이 살림을 꾸려 가느라고 고생을 많이 했습니다. 집사람은 교사직을 그만두고 집안일에 전념하였는데, 나 자신은 집안일에 신경을 안 써도 될 정도로 집안일을 잘 꾸려갔습니다. 당시 한국 사회 전체가 가난했기 때문에 특별히 나 혼자만 어렵다고는 생각하지 않았습니다. 고생은 했지만 상대적으로 보아서는 괜찮은 생활이었다고 생각합니다. 육사 교관 시절에는 용두동에 셋방을 얻어서 생활하였지만 서울상대로 옮긴 후 강사료도 모으고 집사람이 계도 들고 해서 조금씩 돈을 모아 집을 사게 됩니다. 당시에는 집값이 싸서 가능했던 일이지요. 그때까지만 해도 서울 변두리였던 휘경동에 주택영단이 지은 조그마한 단독주택들이 있었는데 1950년대 말 당시 돈 980만 환을 주고 집을 구입하였습니다. 휘경동에서 청량리까지 걸어와서 전차를 타거나 혹은 내처 걸어서 종암동에 있던 학교까지 출퇴근을 했습니다.

윤진호 이 시기에 자녀들도 태어난 것으로 압니다만 자녀 관계는 어떻게 되십니까?

변형윤 나는 모두 1남 2녀를 두었는데 1955년에 아들이, 1957년에 큰 딸이, 그리고 1958년에 작은 딸이 출생했습니다. 당시 기준으로는 그다지 많은 수는 아니었지요.

윤진호 선생님께서는 사생활 면에서 매우 강직하신 것으로 소문이 나 있는데 젊은 시절부터 그러했나요?

변형윤 나는 젊은 시절부터 술도 안 마시고 담배도 안 피우고 일체의 유흥생활과는 거리를 두었습니다. 그저 집과 학교를 왔다 갔다 할 뿐이었지요. 담배는 체질에 맞지 않아 피우지 않았습니다. 술은 강의 준비, 책 쓰기에 바빠 마실 기회가 적었습니다. 가끔 교수들의 회식이 있을 때에도 1차 모임만 참석하고는, 2차, 3차를 가는 것은 거절했습니다. 다른 교수들이 저녁에 퇴근하면서 술 한잔 하자고 권해도 대부분 거절했기 때문에 욕도 많이 먹었습니다.

윤진호 선생님의 그러한 엄격한 자세는 어떻게 해서 생긴 것입니까?

변형윤 잘 모르겠습니다만 서울대 교수의 봉급이 적은 데다가 다음과 같은 나의 신조에 유래한 것이 아닌가 하고 생각합니다. 나는 되도록 빨리 집을 마련하려 했습니다. 빚은 안 지고 수입 내에서 살기로 했습니다. 허세를 부리지 않고 소박하게 살기로 했습니다. 가능하면 저축을 하려고 했습니다. 그리고 일단 교단에 섰으니까 교단에서 승부를 걸겠다는 것이 당시의 내 생각이었고 국제적으로 인정받는 글을 쓰겠다는 욕심도 있었습니다. 결국 이처럼 연구에만 파묻히겠다는 내 결심은 1960년의 4·25 교수 데모로 해서 흔들리기는 했습니다만.

제6장

4·19 혁명과 서울상대의 재건

자유당 정권의 부정선거

윤진호 자유당 말기가 되면서 사회는 한층 혼란해지고 독재
정권에 대한 국민들의 저항도 점차 거세어집니다. 특히 학생들
사이에서 한국 사회의 구조적 문제점에 대한 인식이 높아지면
서 새로운 사회개혁을 위한 이론적 대안을 마련하려는 움직임
도 시작됩니다. 서울상대의 경우에는 어떠하였습니까?

변형윤 사실 1950년대 후반이 되면 이승만 정권의 부정부패
와 무능으로 말미암은 정치적, 경제적 혼란이 극심해집니다. 당
시 한국경제는 미국의 대한對韓 원조에 절대적으로 의존하고 있
었는데 원조자금과 정부보유 달러의 불하 및 대여 과정에서 특
혜와 부정부패, 금융계의 부정부패, 권력과 재계의 유착 등 온

갖 반칙이 횡행했습니다. 이로 말미암은 각종 비효율과 분배상의 왜곡에서 오는 피해는 고스란히 국민 대중에게 돌아갔지요. 인플레이션이 극심해져 서민들의 생계를 위협한 반면, 임금상승률은 매우 낮았고 농민들 역시 잉여농산물 도입에 따른 낮은 곡가로 신음하고 있었습니다. 또 도시에서도 1960년의 완전실업률이 8.2%, 잠재실업률이 26.0%에 이를 정도로 많은 실업자가 양산되었지요. 이와 같이 한편으로는 민중들이 고통을 당하고 있는 반면, 다른 한편에서는 원조물자와 특혜자금의 배분 과정에서 특혜를 받은 자유당 정권의 정치가, 고위 관료, 재계와 금융계 사람들은 호의호식으로 배를 불리고 있었기 때문에 국민들의 불만이 높아질 수밖에 없었습니다. 이들은 자신들의 권력을 유지하고자 선거 때마다 온갖 부정부패한 방법을 동원하여 선거 과정과 결과를 조작함으로써, 민주주의를 말살하였던 것이지요. 이승만 대통령 역시 '인人의 장막'에 둘러싸여 이러한 실상을 정확하게 파악하지 못하고 있었습니다.

경제학이란 학문은 경제구조나 사회구조의 모순에 대한 인식과 그 대안 마련이란 점에서 현실과 직접적으로 관련이 있는 학문이고, 더욱이 서울상대의 전통 자체가 정치경제학과 밀접한 관련을 가지고 있었다는 점에서 이러한 암울한 현실에 대한 학생들의 비판적 움직임이 강하게 나타날 수밖에 없는 것이었지요. 1960년대 이후 학생운동의 핵심으로 자리 잡게 되는 비공개 이념서클들이 그것인데 이들은 대부분 1950년대 중, 후반에 태동하게 됩니다. 즉 서울대 문리대 정치학과의 신진회, 법대의

신조회, 문리대 사회학과의 후진사회연구회 등이 대표적인 예
인데 서울상대에서도 경우회와 사경회 등의 이념서클이 조직
되었습니다. 나는 물론 이러한 이념서클을 만든 학생들이 후배
들이기 때문에 잘 알고 있었지만 그 창립에 관여하지는 않았습
니다.

윤진호 1950년대 후반에는 또 이승만 대통령의 양자인 이강
석의 서울법대 편입학 문제를 둘러싸고 반대투쟁이 전개되기도
했지요?

변형윤 이강석 편입학 문제는 서울법대에서 벌어진 일이라
잘 모르겠습니다만 서울상대의 경우에도 모 재벌 측에서 3천만
환의 기부금을 내는 대신 아들을 입학시킬 수 없겠느냐는 제안
이 있었습니다만 학교 측에서 거절한 일도 있습니다.

윤진호 1960년에 실시된 3·15 선거에서 자유당은 이기붕 당
의장을 내세워 이승만 대통령을 종신대통령으로 만들고 자유당
정권이 영구집권 할 것을 도모합니다만 결국 4·19 혁명이라는
국민적 저항으로 정권이 붕괴됩니다. 이 과정에서 교수단 데모
가 자유당 정권 붕괴에 일정한 구실을 하였습니다. 선생님께서
도 여기에 참여하셨지요?

변형윤 그렇습니다. 자유당 정권은 1960년 3월 15일에 실시

된 제4대 정·부통령 선거에서 정권 유지를 위해 온갖 부정과 불의를 자행합니다. 이승만 대통령 후보의 당선은 거의 기정사실로 되어 있었습니다만, 당시 이승만 대통령의 나이가 80세가 넘는 고령이었기 때문에, 임기 도중에 사망하거나 직무수행 불능 등의 사태가 발생할 가능성이 높았습니다. 따라서 일단 대통령 유고 시에 그 자리를 계승할 권리가 있는 부통령에 자유당은 반드시 이기붕 후보를 당선시켜야 할 절박한 처지였습니다.

그러나 이미 민심이 자유당 정권을 떠난 것을 정부·여당도 잘 알고 있었기 때문에 자유당 정권은 이미 1년 전부터 전면적인 부정선거를 치밀하게 준비하였습니다. 자유당 정권은 공무원과 경찰을 총동원하여 선거에 개입하는 한편, 사전투표, 3인조 투표, 완장부대 동원, 야당 참관인 축출 등 온갖 방법으로 부정선거를 획책했습니다. 실제 선거유세 과정에서 야당 후보를 방해하고 테러를 가하거나 심지어 야당후보를 살해하는 일까지 벌어졌습니다. 이러한 분위기 아래 치러진 3·15 선거에서는 투표소마다 자유당 완장부대가 동원되어 미리 여당후보에게 기표한 투표지를 투표함에 투입하거나 3인조, 4인조 등으로 짠 투표인에 의한 사실상의 공개투표 등이 자행되었고, 개표 과정에서도 투표함 바꿔치기, 야당후보 기표표에 대한 무효표 조작, 무더기표 적발 등 온갖 부정행위가 있었습니다.

선거 과정에서 불행히도 민주당 조병옥 대통령 후보가 사망하고 이승만 대통령이 4선에 성공합니다. 부통령 선거에서도 자유당 정권의 온갖 방법을 동원한 부정선거 결과, 자유당의 이기붕 후보가 압도적인 득표율로 민주당의 장면 후보를 물리치고 승리하게 됩니다. 그러나 이기붕을 부통령에 당선시키고자 자유당 정권이 자행한 부정선거 행위는 마침내 국민들의 저항을 폭발시키는 계기로 작용하게 됩니다.

1960년 2월 28일 대구시내 고등학생들의 시위로 시작된 독재정권에 대한 항거는 3월 15일 마산 시민의 데모로 이어지게 됩니다. 이를 진압하던 경찰이 쏜 최루탄을 맞아 사망한 김주열의 시체가 며칠 뒤 마산 앞바다에 떠오르자 국민들의 독재정권에 대한 분노는 극에 달하였습니다. 마침내 4월 18일 고려대 학생들의 시위로 서울에서까지 시민들의 항거가 시작된 데 이어 4월 19일 서울 시내에서 학생들과 시민들이 총궐기하여 거리로 나서게 되는 것이지요.

윤진호 4월 19일 시위를 선생님께서는 직접 목격하셨습니까?

변형윤 그렇습니다. 나는 그날 성균관대에 강의가 있어서 오전에 학교에 갔습니다만 이미 학생들의 집회가 시작되었고 교문은 굳게 잠겨 있었기 때문에 안으로 들어갈 수 없어서 밖에서 기다리고 있었습니다. 그러던 차에 학생들이 집회를 마치고 교문을 넘어 밖으로 나오기 시작했습니다. 나도 어차피 수업은 안 될 것으로 생각하고 학생들의 시위행렬을 따라가기 시작했습니다. 성균관대로부터 원남동을 거쳐 안국동을 지나 시위

행렬은 창성동 국민대(지금 총리실 창성별관)에 이르렀습니다. 창
성별관은 경무대에서도 매우 가까운 곳입니다. 이미 이곳에는
많은 학생들과 시민들이 모여 있었습니다. 너무 많은 사람들이
몰려 있어 도저히 움직일 수 없는 상태였기 때문에 나는 조금
높은 곳에 올라가서 보아야 하겠다는 생각에 국민대 교내로 들
어갔습니다. 나는 당시 국민대에 출강하고 있었기 때문에 이곳
이 익숙했으므로 국민대 건물 옥상에 올라가 구경을 하고 있었
습니다. 당시만 해도 경찰이 총을 쏠 것이라고는 생각조차 못
했습니다.

그런데 낮 12시경 경무대 쪽에서 총소리가 나기 시작했습
니다. 조금 있다가 흰 가운을 입은 의대와 간호대 학생들이 피
를 흘리고 있는 부상자들을 후송하는 모습이 보였습니다. 이를
본 학생과 시민들은 물론이고 나 자신도 눈이 뒤집힐 정도로
분노를 금할 수가 없었습니다. 결국 이날 집으로 돌아오면서 이
대로 가만히 있어서는 안 되겠다, 교수들도 무언가를 해야 한다
는 결심을 굳혔습니다. 이날 경무대 앞뿐만 아니라 전국에서 경
찰의 발포로 학생, 시민 여러 명이 사망하거나 부상당했습니다.
독재정권의 권력 유지를 위해 무고한 학생과 시민들에게 총부
리를 겨눈 이 사건은 우리 현대사의 씻을 수 없는 치욕인 동시
에 국민의 직접적인 저항으로 독재정권을 타도하는 계기를 만
든 뜻깊은 사건이기도 합니다.

교수단 데모에 참가하다

윤진호 4·19 혁명에 이은 4·25 교수단 데모는 다소 잠잠해져 가던 혁명의 불꽃을 되살려 성공으로 이끄는 데 결정적 구실을 한 것으로 평가받고 있습니다. 당시 교수단 데모를 주동했던 것은 주로 고려대 교수들이었던 것으로 아는데 선생님과는 어떻게 연결되었습니까?

변형윤 교수단 데모를 주동했던 교수들의 회고에 따르면 4·19 다음 날인 4월 20일 저녁부터 일부 고려대 교수와 서울대, 연세대 등의 교수들이 몇 차례 회합을 갖고 학생들의 피에 보답하기 위한 구체적인 방안을 토론했지만 뚜렷한 결론을 내리지 못했다고 합니다. 일부 참가자들은 교수들이 직접적인 행동에 나서자는 적극행동론을 주장한 반면, 다른 참가자들은 신중론을 폄으로써 의견일치를 보지 못했던 것이지요.

그런 가운데 사태는 이상한 방향으로 흘러가게 됩니다. 4월 24일에 정부에서 내놓은 시국수습책을 보면 이승만 대통령이 자유당 총재직을 사퇴하고 이기붕 의장도 의장직에서 사퇴하는 한편, 변영태, 허정 등 비非자유당계 인물을 기용하여 장관을 경질시킨다는 내용이었습니다. 이는 자유를 외치며 피를 흘린 시민과 학생들을 결코 만족시킬 수 없는 미봉책에 불과한 것이었습니다. 결국 약간의 양보를 하는 대신 자유당 정권을 유지하겠다는 의도가 아니겠습니까? 이렇게 되면 국민들의 직접 행동으로 국민들의 의사를 자유당 정권에 명확하게 보여주는 방법밖에는 없는 셈이 아니겠어요?

그러던 차에 4월 25일 아침에 고려대 모 교수로부터 전화 연락을 받았습니다. 즉 오늘 오후 1시에 연건동 서울의대 캠퍼스 안에 있는 함춘원에서 모임이 있으니 와 달라는 연락이었습니다. 아직 젊은 축에 속하는 나에게 이러한 연락이 온 데는 약간의 배경설명이 필요합니다. 나의 스승인 권세원 교수는 그동안 고려대를 비롯한 여러 대학 교수들과 한 달에 한 번씩 모여 토론도 하고 세상 돌아가는 이야기도 하는 모임을 가지고 있었는데, 이 모임에서 늙은이들만 모이지 말고 젊은 교수들도 참여시키자는 이야기가 나와서 권 교수가 나를 추천했고 다른 교수들도 젊은 교수들을 추천하여 몇 사람이 새로 가입을 하게 됩니다. 이러한 인연으로 고려대 교수들을 몇 사람 알게 되었고 이를 통해 나에게 연결이 되었던 것이지요.

윤진호 그날 모임에 가보니까 분위기가 어떠했습니까?

변형윤 나는 마침 그날 한국은행 조사부에서 강의가 있어서 오전에 강의를 한 다음 한국은행 도서실에서 책 몇 권을 빌려서 함춘원으로 갔습니다. 내가 도착했을 때는 모임이 끝날 무렵이었습니다. 이 모임에서는 대학교수단 시국선언문을 채택하였는데, 학생들의 데모를 순수한 정의감의 발로이며 불의에 항거하는 민족정기의 표현이라고 옹호하고, "합법적이고 평화적인 데모 학생들에게 총탄과 폭력을 가했을 뿐만 아니라 부패와 부정을 저지른 현 정권과 집권당은 그 책임을 지고 물러가라"는 등 총 15개 항에 걸친 내용이었습니다.

　　나는 일단 시국선언문이 채택된 다음 이대로 끝날 것인지, 아니면 다음 행동이 있을 것인지 예의주시하고 있었는데, 갑자기 어떤 사람이 손을 들더니 데모 행진할 것을 제안하였습니다. 나중에 알고 보니 동국대의 김영달 교수였습니다. 이 제안에 대해 참석자들은 찬성론과 반대론으로 나뉘어 토론이 벌어졌습니다만 가부투표를 한 결과 반대론이 한 사람도 없어서 결국 시위행진을 하기로 결정되었습니다. 그러자 일부 참석자들은 슬금슬금 빠져나가기도 하고 나머지는 서울대 의대 교문 밖으로 몰려나갔습니다. 나는 빌린 책이 무거워 일단 서울의대 수위실에 책을 맡긴 뒤 시위행렬의 선두 그룹에 서게 되었습니다. 데모 행렬의 맨 앞에는 60세가 넘은 노교수들이 서 있었는데 만약 무슨 일이 있을 경우 자기들은 어떻게 되어도 좋은 나이지만 젊은 교수들은 앞길이 창창하니 늙은 교수들이 앞장서겠다고 하여 맨 앞에 서게 되었고, 비교적 젊은 축에 속하는 교수들이 바로 그 뒤에 서게 되었던 것입니다. 맨 앞의 교수들이 든 플래카드에는 "학생의 피에 보답하라"라고 쓰여 있었고 부르짖는 구호는 "이 대통령은 즉시 물러나라!" "부정선거 다시 하라!" "살인귀 처단하라!" 등이었습니다. 시국선언문에 참석한 인원은 258명인 것으로 알려져 있지만 시위행렬에 참가한 인원은 약 2백여 명 정도 되었습니다.

윤진호 그 바로 며칠 전 경찰 발포로 수백 명이 사상死傷당
한 일도 있었고 해서 당시 시위에 참가하는 것이 무척 비장한
일이었을 텐데, 행렬의 앞부분에 섰던 선생님의 심경은 어떠하
였습니까?

변형윤 당시 시위행렬에 참가했던 어떤 교수의 경우에는,
혹시 무슨 일이 생길 수도 있다는 생각에서 목욕재계하고 새
옷을 갈아입고 나왔다고 합니다. 그만큼 다들 비장한 분위기였
죠. 노교수들과 젊은 교수들이 서로 행렬에 앞장서겠다고 다투
는 모습은 감격스러웠습니다.

윤진호 시위행렬의 목적지는 어디였나요?

변형윤 교수단의 시위행렬이 지나가면서 차츰 기자들과 학
생들, 시민들이 모여들기 시작하여 금방 대규모의 행렬이 되었
습니다. 각 대학 학생들은 자기 대학의 어떤 교수가 시위행렬에
참가했는지 관심을 가지고 찾아보았고 어떤 학생은 사이다 등
음료수를 나에게 주어서 다른 교수들과 나누어 마시기도 했습
니다. 어쨌든 그동안 사회 문제에 무관심했던 서울대 교수들이
이 교수단 데모에 참가했다는 사실 자체만으로도 시민들과 학
생들에게는 큰 관심을 끌 수 있었던 것이지요. 한 가지 아쉬운
일은 아무리 주위를 둘러보아도 서울상대 교수로는 나 혼자 시
위행렬에 참가했다는 것입니다. 시위행렬이 종로 5가를 지날

무렵에는 이미 4~5만 명의 학생, 시민들이 모여들어 뒤따르고 있었습니다.

우리 행렬의 최종목적지는 태평로에 있는 국회의사당(현재의 서울시 의회 건물)이었습니다. 그 과정에서 을지로 입구에 있던 미국 대사관 앞을 지나가게 되었는데 이것이 나중에 교수단이 미국의 눈치를 보았다는 비판을 받게 되는 빌미가 됩니다. 그러나 교수단 데모 주동자들의 회고록에 따르면 이미 4월 21일부터 교수들이 독자적으로 계획했던 일이기 때문에 이러한 비판은 오해라고 생각합니다. 원래 광화문 앞을 지나가기로 했다가 코스를 변경하여 우연히 을지로 입구로 간 것으로 나는 생각합니다. 어쨌든 오후 7시쯤 목적지에 도착하여 선언문과 구호를 낭독한 다음 해산하였습니다. 해산할 무렵에는 이미 탱크가 출동하여 경계를 하고 있었기 때문에 상당한 위협을 느꼈습니다. 나는 탱크 사이를 헤치고 집으로 돌아왔습니다.

윤진호 집으로 돌아오신 뒤 체포될 각오를 하셨습니까?

변형윤 물론 당연히 무언가 일이 있을 줄로 각오를 했습니다. 혹시 경찰에 잡혀갈 것에 대비하여 집사람에게 깨끗한 속내의를 달라고 하여 갈아입고 "혹시 오늘 밤에 무슨 일이 있을지 모르겠다"고 집사람에게 귀띔을 하였습니다. 그러나 아무 일 없이 아침이 밝았고 세상은 이미 바뀌어 있었습니다. 시민들이 이기붕 씨의 집으로 가서 방화를 하는 등 사태가 걷잡을 수 없이 확대됨으로써 결국 자유당 정권은 몰락하게 됩니다. 다음 날인 4월 26일 오랫동안 '인ㅅ의 장막'에 둘러싸여 사태의 진상에 접하지 못했던 이승만 대통령은 4·19 유혈 데모와 4·25 교수단 데모 등으로 비로소 민심의 소재를 뒤늦게나마 깨닫고 하야 성명서를 발표하였으며, 국회는 3·15 정·부통령 선거를 무효로 하고 재선거를 실시하기로 결의합니다. 이어서 4월 27일 이승만 대통령이 대통령직을 사임하고 허정 외무장관이 대통령 권한 직무대행으로 취임합니다. 4월 28일에는 이기붕 일가족이 집단 자살함으로써 자유당 정권은 완전히 붕괴됩니다. 4·19 혁명은 결국 수많은 청년학생들과 시민들의 희생을 바탕으로 쟁취한 민의의 승리이며 우리나라의 민주주의를 크게 발전시킨 역사적 사건이었습니다.

윤진호 일부에서는 교수단 데모에 대해 너무 뒤늦게 일어났다, 지나치게 눈치를 살폈다는 등의 비판을 하고 있는데, 이에 대한 선생님의 생각은 어떠합니까?

변형윤 나는 교수단 데모가 있었기 때문에 이승만 정권이 물러났다고 생각해서 큰 의의를 부여하고 싶습니다. 사실 4·19 사태로 말미암은 학생과 시민들의 희생에도 불구하고 자유당 정권은 적당한 무마책을 통해 정권을 연장하려고 기도하였는데 교수단 데모가 이러한 분위기를 바꾸는 데 결정적인 영향을 미쳤던 것이지요. 더욱이 그동안 자유당 정권의 독재체제에 대해

한 번도 제대로 목소리를 내지 못했던 지식인들이 이 교수단 데모를 계기로 하여 현실에 참여하게 되고 집단적 목소리를 내기 시작하게 되었다는 점에서 큰 의의를 두고 싶습니다.

윤진호 4·25 교수단 데모에 참여했던 사실은 선생님 개인에게는 어떠한 의미를 지니는 것일까요?

변형윤 교수단 데모에 참여했던 일은 내 인생에서도 큰 의미를 지니는 사건입니다. 대학 강단에서 학생들을 가르치는 선생으로서 피 흘리며 민주주의 수호를 위해 싸웠던 학생들에게 떳떳한 모습을 보일 수 있었다는 것이 다행이고, 또 나 스스로도 이 사건을 계기로 하여 인생의 목표가 바뀌게 됩니다. 즉 그전까지는 열심히 공부하고 질 높은 논문을 발표해서 세계적인 학자가 되는 것이 목표였다면, 이 사건을 계기로 하여 사회 문제에 눈을 뜨게 되고 우리 사회의 민주화와 개혁을 위해 내가 할 수 있는 일을 해야겠다는 생각을 많이 하게 되었습니다. 물론 그 방법은 사회운동에 직접 참여하는 방식이 아니라 한 사람의 학자로서 말과 글로 참여하는 방식이 되어야 한다고 생각했습니다.

서울상대의 재건을 주도하다

윤진호 4·19 혁명으로 자유당 정권이 무너지고 민주당 정권이 집권하면서 사회적으로도 여러 가지 혼란이 계속되었지만 서울상대 안에서도 어용교수 사퇴 문제를 둘러싸고 혼란이 있었습니다. 이 과정에서 선생님께서 혼란을 수습하기 위해 많은 노력을 하셨지요?

　　변형윤 학생들과 국민들의 희생으로 자유당 정권이 무너지고 민주당 정권이 들어섰습니다만 국민들의 기대와는 달리 정치적, 사회적 혼란이 계속되었습니다. 4·19 혁명으로 이승만 대통령이 하야하고 허정의 과도정부 아래에서 총선이 실시되어 민주당이 압승을 거두었습니다. 그러나 민주당 정권은 다시 윤보선 대통령이 이끄는 구파舊派와 장면 총리가 이끄는 신파新派로 나뉘어 싸움을 벌이기 시작했습니다. 이런 가운데 사회적으로도 데모가 빈발하고 물가가 폭등하는 등 서민들의 살림살이가 어려워짐에 따라 민주당 정부에 대한 국민들의 불만이 높아져 갔습니다.

　　그런데 학교 안의 사정도 여간 어려운 것이 아니었습니다. 학생들은 자유당 정권에 협력했던 어용교수와 무능교수의 사퇴를 요구하면서 교수배척운동을 벌였는데, 특히 서울상대에서 교수배척운동이 가장 격렬하게 나타났습니다. 사실 당시 교수들 가운데는 자유당과 관련이 있는 사람들, 혹은 경제학 전공자가 아니면서 경제학을 가르치는 사람들이 있었던 것이 사실이었고 이런 점들이 학생들의 불만을 샀던 것이지요. 6·25 전쟁으로 학교가 부산에 피난 가 있을 때 들어온 교수들이 많았는데 당시는 혼란기여서 학문적 자질을 따질 여유가 충분히 없었기 때문에 발생한 현상이었습니다.

1960년 5월 4일 서울상대 학생들은 비상학생총회를 개최하고 "곡학아세曲學阿世하여 학자적 양심을 상실한 사이비 교수를 배척한다"는 결의안을 발표하고 6일부터 동맹휴학에 들어갔습니다. 학생들의 어용교수 축출운동 과정에서 지탄의 대상이 된 교수들이 학장실에 연금 당하는가 하면 교수들 사이에 서로를 비난하는 투서사건이 일어나기도 했습니다. 이로 말미암아 결국 권오익 학장이 사표를 제출하기도 했습니다.

나는 이 와중에 1960년 9월 서울상대 교무과장에 임명되었습니다. 내가 서울상대 교수로서는 유일하게 교수단 데모에 참가하였고 학생들의 서울상대 선배이기도 하기 때문에 학생들과 말이 잘 통할 것이라는 기대가 있었던 것이지요.

실제로 이때쯤에는 전체 사회의 분위기도 많이 바뀌게 됩니다. 총선 결과 자유당 정권 때 국회의원을 했던 사람들이 꽤 많이 당선되어 국회로 돌아오면서 어느새 4월 혁명의 정신은 희미해지고 구체제로 복귀하려는 움직임이 높아지고 있었습니다. 이에 따라 다른 단과대학에서는 어물어물 넘어가는 경우도 있었지만 서울상대 사람들은 초지일관으로 대학개혁을 밀어붙이게 됩니다.

권오익 학장의 사표가 10월에 수리되면서 그 후임으로 서울대학교 교무처장인 유홍렬(문리대 사학과) 교수가 임명되었는데, 이분은 장면 총리와 가까운 사이로서 천주교 신자였습니다.

그러나 유 학장은 서울대학교 교무처장을 겸임하고 있었기 때문에 1주일에 한 번 정도만 상대로 출근했으므로 사실상 학장 기능을 거의 하지 못했습니다. 그 대신 교무과장인 내가 실제 학교를 지키는 형편이었습니다.

나는 교수회의에서 교수들에게 일괄 사표를 제출하자고 제안했습니다. 교수들은 노골적으로 반대하지는 못했지만 속으로는 꺼리는 기색이 역력했습니다. 그러나 대세에 눌려서 결국 모든 교수들이 사표를 제출하였고 나 자신도 물론 사표를 제출하였습니다. 대학본부에서는 그 가운데 학생들이 거부하는 교수만 선별적으로 사표를 수리했는데, 전체 서울상대 교수 약 20명 가운데 겨우 4, 5명만 남았고 나머지 15, 6명의 교수는 사표가 수리되었습니다. 사표가 수리된 교수 가운데 일부는 행정소송을 제기하기도 했습니다.

윤진호 교수진 총사퇴 이후 새로운 교수진을 구성하는 과정에서도 선생님께서 주도적인 구실을 하셨습니까?

변형윤 그렇습니다. 아무래도 교무과장 직책을 맡고 있다 보니까 사퇴한 교수들 대신 새로운 교수를 충원하는 책임도 내가 맡을 수밖에 없었습니다. 그래서 여기저기 유능한 사람을 찾아보았습니다. 당시 서울상대에 강의를 나오던 강사들을 비롯하여 지방대학 교수, 외국 유학 중인 사람들이 그 대상이었습니다. 결국 약 10여 명의 새로운 교수진을 충원할 수 있었습니다.

윤진호 4·19 혁명 직후는 사회적으로도 몹시 어지러운 시절
이었습니다. 사회적으로는 데모가 연일 빈발하였고 학생들도
민족통일전국연맹을 만들고 남북학생회담 개최를 주장하는 등
통일 운동을 활발하게 전개하였습니다. 이러한 학내외의 민주
주의 운동, 민족통일 운동 등은 교수들에게도 이런저런 영향을
미쳤을 것으로 짐작되는데 선생님께서는 이러한 운동에 대해
어떠한 태도를 가지고 있었습니까?

변형윤 당시에는 사실 민주화 운동이나 통일 운동에 대해
큰 관심을 가질 겨를이 없었습니다. 앞에서 설명한 대로 교무과
장이란 책임을 맡아 학내 문제를 수습하고 새로운 교수진을 구
성하는 등의 업무에 바빴을 뿐만 아니라 당시 실업 문제가 심
각했기 때문에 서울상대 졸업생의 취직 문제로 고민이 많았습
니다.

윤진호 장면 정부 쪽에서 선생님에게 정부 일을 도와달라는
제안은 없었습니까?

변형윤 나는 그 점에 관해서는 예나 지금이나 단호한 입장
을 가지고 있었습니다. 장면 정부뿐만 아니라 그 후의 여러 정
부에서도 이런저런 자리를 제안한 적이 많지만 언제나 내 대답
은 "아니올시다"였습니다. 나는 교수로 정년퇴임 하기로 일찍부
터 결심을 하고 있었고 세계적으로 알려진 논문을 쓰는 것이

첫 번째 목표였습니다. 물론 앞에서 말한 대로 이러한 나의 목표가 4·19를 계기로 하여 다소 변한 것은 사실입니다. 즉 학생들이 피 흘리는 모습을 보면서 교수들도 가만히 있을 수는 없다, 학문세계에만 머물러서는 안 되며 좀 더 실천적인 방향으로 가야 한다는 생각을 하게 된 계기가 바로 4·19입니다. 그러나 그 실천이란 어디까지나 직접적 참여보다는 말과 글로 하는 참여를 말하는 것이며, 나 자신은 결코 학교를 떠나지 않겠다는 결심은 여전하였습니다.

제7장

5·16 군사 쿠데타와 미국 유학 시절

총소리로 시작된 5·16 군사 쿠데타

윤진호 4·19 혁명의 결과로 자유당 독재정권이 타도되고 민주정부가 들어섰습니다만 안타깝게도 혁명의 성과를 살리지 못한 채 결국 5·16 군사 쿠데타로 또 한 번 한국의 민주주의는 좌절을 맛보게 됩니다. 4·25 교수단 데모에 직접 참여했던 선생님의 입장에서는 이러한 사태 변화를 몹시 안타깝게 바라보셨을 텐데요.

변형윤 그렇습니다. 민주당 정부가 들어섰습니다만 신·구파 간 파벌 싸움과 무능한 정부 운영으로 시종했습니다. 국방부장관이 몇 개월 사이에 4~5차례나 바뀌는 등 정치적 혼란이 심했습니다. 이렇게 해서야 어떻게 군부를 장악할 수 있겠습니까?

물가는 천정부지로 앙등을 계속했기에 시민들의 불만도 높아져 갔습니다. 나는 속으로 '이렇게 해 가지고는 안 된다. 민주당 정부가 오래가지 못하겠구나' 하고 예감했습니다. 당시 아이들 취학 문제로 휘경동 집을 전세를 주고 잠시 종로구 공평동에 전세를 얻어서 살고 있었는데 5월 16일 새벽에 갑자기 콩 볶는 듯한 총소리에 놀라서 잠에서 깼습니다. 제2의 6·25 전쟁이 터진 것으로 생각했습니다. 그러나 갑자기 피난을 갈 수도 없는 노릇이라 그대로 아침을 맞았는데, 밖에 나가 보니까 이미 중앙청 앞에 탱크와 군인들이 있는 것이 아니겠습니까? 이 광경을 보면서 몹시 착잡한 생각이 들었습니다. 학생들의 희생으로 수립된 민주정부가 군인들의 총칼과 탱크에 의해 무너진 이 사태는 한국의 민주주의에 조종弔鐘을 울리는 일이었습니다.

윤진호 그 후 선생님은 어떻게 처신하셨습니까?

변형윤 일단 학교로 출근을 했습니다. 그러나 학생들도 교수들도 모두 삼삼오오 모여서 시국 걱정만 할 뿐 수업이 정상적으로 진행되지 못했습니다. 그런데 점심때쯤 사복을 입은 군인들이 모 교수를 체포하려고 학교에 왔습니다. 당시 서울상대 최문환 학장은 5·16 전에 쓴 《민족주의의 전개과정》이라는 저서가 문제가 되자 5·16 후 피신해 버렸습니다. 따라서 교무과장이던 내가 학교를 지키는 책임을 맡고 있었습니다. 나는 교무과장실로 사복군인들이 들어오자 "신성한 대학에 신고도 없이 어떻게 군인들이 들어올 수 있는가” 하고 고함을 치면서 군인들을 내쫓았습니다. 군사 쿠데타 직후의 살벌한 상황에서도 내가 군인들에게 큰소리를 칠 수 있었던 것은, 역시 내가 장교 출신이고 육사 교관이었다는 경험이 있었기 때문에 가능한 일이 아니었나 싶습니다. 나중에 알고 보니, 이들은 군 정보기관 요원들로서 모종의 사건으로 그 교수를 체포하려 왔던 것인데, 사실은 동명이인을 착각한 것으로 밝혀져 그대로 무마되었습니다.

윤진호 5·16 후 군사정권에서 선생님을 참여시키려고 노력한 적이 있습니까?

변형윤 5·16 쿠데타 후 5월 20일에는 국가재건최고회의가 발족되었습니다. 그리고 그 산하기관으로서 기획위원회가 있었고 여기에는 위원, 전문위원 외에 외부 인사로 구성된 자문위원회가 있었습니다. 서울대 행정대학원과 고려대 경영대학원의 군인 수강자 가운데 5·16 이후에 국가재건최고회의의 최고위원이 되기도 하고, 기획위원회의 전문위원이 되기도 했습니다.
그런데 1961년 6월 어느 날 고려대 경영대학원에서 내 강의를 수강했던 육군 중령이 학교 연구실로 찾아왔습니다. 자기는 현재 기획위원회의 전문위원으로 있는데 상부의 지시로 왔다면서 기획위원회의 자문위원이 되어달라고 부탁했습니다. 나는 건강을 핑계로 이 제의를 거절했습니다. 내가 강의할 때 힘드니까 단상에 의자를 갖다 놓게 하고 앉아서 강의를 한 사실을 그도 잘 알고 있었기에, 더 이상 부탁을 하지 않고 돌아갔습니다. 그리고 그 후에는 연락이 없었습니다.

말은 건강을 핑계로 대었지만 역시 나로서는 만약 내가 군사정권에 참여한다면 피 흘린 학생들을 어떻게 대할 수 있을 것인지, 군사정권은 싫다는 생각이 컸습니다.

윤진호 5·16 쿠데타가 일어난 뒤 대학에도 여러 가지 변화가 있었을 것으로 짐작됩니다. 어떠한 변화가 있었습니까?

변형윤 5·16 쿠데타 후 군인들이 정권을 잡으면서 사회 전반에 걸쳐 규제가 가해지고 민주주의 질서가 후퇴하는 일이 벌어졌습니다만 이는 대학도 예외가 아니었습니다. 군사정권은 우선 1961년 9월에 〈교육에 관한 임시특례법〉이란 것을 발표했는데 이는 기존의 교육행정에 커다란 변화를 초래하였습니다. 서울대 역시 같은 달 5일에 발표된 〈국립대학 정비절차〉에 따라 기구, 학과, 학제 등 제도와 운영 면에서 커다란 변화를 겪게 됩니다. 이는 1961년 12월에 문교부가 발표한 〈학교정비 기준령〉으로 정식 법령이 되는데, 이 기준령에 따라 서울상대에서도 많은 변화가 일어났습니다.

무엇보다도 서울상대의 전체 정원이 기존의 320명으로부터 190명으로 대폭 축소되었습니다. 그리고 경제학과, 상학과, 무역학과의 3개 학과 외에 경영학과를 신설하여 4개 학과로 하면서, 경제학과의 정원을 150명에서 3분의 1인 50명으로, 상학과의 정원을 150명에서 절반인 75명으로 각각 줄였습니다. 무역학과의 정원은 20명을 그대로 유지하고 신설된 경영학과는 정원을 45명으로 정하였습니다. 그런데 서울대학교 외의 다른 국립대학교에서는 경제학과를 아예 폐지하였습니다. 그 대신 국립대학교에서는 처음으로 서울대에 경영학과가 신설되었습니다. 이것만 보더라도 군사정권이 서울상대, 그 가운데서도 특히 경제학과에 대해서 얼마나 좋지 않게 보고 있었는지를 짐작할 수 있을 것입니다.

한편 학사운영 면에서도 종래 교수회의의 동의를 필요로 했던 총·학장 및 교수의 임명절차를 개정하여 총장은 문교부장관의 제청으로 내각수반이 임명하며, 학장은 총장의 제청으로 문교부장관이 임명하고, 조교수 이상은 총장의 제청으로 문교부장관을 경유하여 내각수반이 임명하도록 함으로써 교수회의의 권한을 대폭 축소하였습니다. 이는 명백하게 대학의 자율성과 민주적 운영을 침해하는 폭거였지만 서슬이 시퍼런 군사정권 아래에서 어쩔 도리가 없이 이에 따라야만 했습니다.

당시의 대학분위기는 한마디로 말해 공포분위기였습니다. 군사정권은 총장을 내세워 교수들이 군사정권에 협력하도록 강요하였습니다. 당시 서울대 총장이 이러한 군사정권의 위협에 저항하기는커녕 적극 협력하였던 것은 안타까운 일이 아닐 수 없었습니다.

한편 서울상대와 관련하여 또 하나 특기할 만한 변화는 서울상대 부설 한국경제연구소가 1961년 2월 설립된 것입니다.

한국경제연구소는 경제 문제의 이론적, 실증적 연구를 통하여 경제학 및 상학의 학문적 후진성을 극복하는 한편, 이를 바탕으로 하여 우리나라의 장기적 경제발전 방안의 수립에 동참함으로써 경제현실의 후진성을 극복하는 데 기여할 것을 목적으로 하였습니다. 그러나 사실은 이 연구소는 교수 정원을 확보하기 위한 한 방안이기도 했습니다. 당시 서울상대는 한 학년에 320명의 학생이 재학하고 있었지만 교수의 수는 매우 적었습니다. 따라서 다른 선진국의 대학처럼 우리도 연구소를 설립하고 연구소 소속 교수 정원을 배정받아 이 문제를 해결하려 했던 것입니다. 그러나 결과적으로 연구소의 독자적인 교수 정원은 배정받지 못한 채 기존 서울상대 교수들이 연구소 연구원을 겸임하는 형식으로 되어버렸고 예산 규모도 매우 작았습니다.

윤진호 선생님께서는 이미 1960년대 초부터 군사정권의 경제개발계획에 대해 비판적인 글을 발표하기 시작하셨는데 예컨대 1962년 1월에 《동아일보》에 쓴 〈경제개발 5개년계획, 나는 이렇게 본다〉라는 글이나 1968년 고려대 《경제논총》에 쓴 〈한국의 경제개발〉이라는 논문에서, 선생님께서는 박정희 정권의 경제개발계획에 대해 매우 비판적인 시각을 보였습니다. 이에 대해 말씀해 주시겠습니까?

변형윤 나는 저개발국에서 발전 초기에 자원의 효율적 동원과 배분을 위해 정부가 경제개발계획을 추진하는 것 자체에 대해서는 찬성이었습니다. 다만 경제개발계획이 국민적 지지를 받기 위해서는 국민여론의 수렴이 반드시 필요하다는 것이 내 생각이었습니다. 그러나 군사정권의 경제개발계획은 아무런 국민여론의 수렴도 없이 추진되었기 때문에 여기에 대해 반대했던 것입니다. 아울러 나는 경제개발계획에 따른 인플레이션의 우려, 투자재원의 조달 가능성에 대한 의문, 계획에 차질이 생길 경우의 대비책 부재 등을 지적하였습니다.

윤진호 교무과장의 책임을 맡고 있으면서도 학생들에 대한 강의는 계속하였습니까?

변형윤 그렇습니다. 과목은 내 마음대로 맡을 수도 있었지만 대부분 신임교수들에게 맡기고 나는 방법론 과목만 맡았습니다. 학생들에 대해서는 제자라기보다는 서울상대의 선배로서 지도하였는데 물론 교수로서 엄격성을 유지하였기 때문에 당시의 학생들은 나를 무섭고 어려운 존재로 여겼는지도 모르겠습니다. 당시 내가 모범으로 삼았던 사람 가운데 한 분이 바로 동경대 총장을 지낸 야나이바라 다다오矢內原忠雄(1893~1961) 교수입니다. 이분은 "일본의 양심"으로 불리기도 했는데 "professor, researcher, teacher"라는 평을 한 몸에 받은 사람입니다. 만약 내가 학생들에게 엄격하다는 인상을 주었다면 이 교수를 모범으로 삼은 데 있지 않았을까 하고 생각합니다.

밴더빌트대에서 유학 시절

윤진호 선생님께서는 1963년에 미국 유학길에 오르게 되시지요? 그 이야기를 좀 해 주십시오.

변형윤 미국 밴더빌트대로 유학을 가게 된 것은 사실 조제스큐-로젠Nicholas Georgescu-Roegen(1906~1994) 교수와의 인연 때문입니다. 그는 원래 루마니아에서 태어나 부쿠레슈티대에서 수학을 전공하고 프랑스 파리의 소르본대에서 박사학위를 받은 유명한 수학자, 통계학자, 경제학자입니다. 1948년에 미국으로 망명하여 다음 해인 1949년부터 테네시 주에 있는 밴더빌트대 교수로 재직하고 있었습니다. 이 교수는 일본 학자들과도 친분이 있었는데 특히 일본이 낳은 세계적인 수리경제학자이자 마르크스이론 연구자이기도 한 모리시마 미치오森嶋通夫 교수와 친했습니다. 이런 인연으로 그는 모리시마 교수가 재직하고 있던 일본 오사카대에 한 학기, 히토츠바시대에 한 학기 초빙교수로 와 있었는데 이 기회를 빌려 1962년 10월 한국을 방문하게 됩니다.

조제스큐-로젠 교수는 한국을 방문하는 길에 한국의 수리경제학자들을 만나 대화를 하기를 원했기에 나도 만나 뵙고 여러 가지 공통 관심사에 관해 대화를 나누었습니다. 그는 돌아가는 길에 나를 밴더빌트대로 초청했습니다. 그러나 당시 한국의 외환 사정이 몹시 안 좋아서 미국 유학을 간다는 것은 엄두도 못 내던 시절이었기 때문에 과연 약속이 성사될 수 있을지 반신반의하고 있었습니다. 그런데 과연 1963년 2월쯤에 밴더빌트대로부터 연락이 왔는데 조제스큐-로젠 교수 추천으로 포드 재단으로부터 포드 펠로십이라는 장학금을 받을 수 있게 되었으니 그해 8월에 밴더빌트대로 올 수 있도록 준비를 하라는 내용이었습니다. 나로서는 선진학문을 배울 수 있는 너무나도 소중한 기회여서 매우 기뻤습니다.

윤진호 미국 유학이 선생님으로서는 첫 해외여행이었습니까?

변형윤 아닙니다. 미국으로 떠나기 전에 생각지도 않게 외국여행을 할 기회가 생겼습니다. 나는 1963년 3월부로 서울상대 교무과장 직을 사임하고 본격적으로 미국 유학 준비를 하려고 생각하던 차에, 갑자기 경제기획원장으로부터 서울대 총장 앞으로 공문이 왔습니다. 그 내용은 당시 경제기획원 종합기획국장으로 있던 정재석(전 부총리 겸 경제기획원장관) 씨가 마닐라에서 열리는 아시아·극동지역경제위원회(ECAFE) 총회에 참석한 뒤 동남아 5개국의 경제개발계획 상황을 시찰하게 되어 있는데, 여기에 동행하여 동남아 국가들의 경제개발계획 시행 상황을 시찰하고 오라는 것이었습니다. 내가 왜 이 시찰여행에 지목되었는지는 알 수 없었지만, 아무튼 총장 앞으로 공문이 왔으니 안 갈 도리도 없어서 1963년 4월 한국은행 조사부 조사역과 함께 김포공항을 출발했습니다. 일단 태국 방콕에서 정 국장과 합류한 뒤 태국, 인도, 파키스탄, 대만, 일본 등 5개국을 돌아보는 약 10일 예정의 여행이었습니다. 당시에는 여러 저개발국에서 경제개발계획을 세우는 것이 대유행이었고, 이들 나라는 우리보다 먼저 경제개발계획을 입안하여 시행 중이었기 때문에 이를 직접 시찰함으로써 우리나라의 경제개발계획에 참고하자고 하는 의도였던 것 같습니다.

먼저 태국을 방문했습니다만, 이 나라는 아직 경제개발계획을 작성하고 있지 않았습니다. 다음으로 방문한 인도는 당시 제3세계 운동의 한 중심축으로서 활발하게 경제개발계획을 추진 중이었습니다. 우리 일행은 국가계획위원회를 방문하여 실무자들과 인터뷰도 하고 자료도 수집하였습니다. 국회의사당도 방문하였는데 마침 의사당에서는 대정부 질의가 진행되고 있었고 네루 수상도 멀리서나마 볼 수 있었습니다. 마침 경제성장론의 대가인 미국 MIT의 로스토W. W. Rostow 교수가 델리대에서 특강을 한다는 소식을 듣고 델리대로 가서 이 강연을 듣기도 했습니다. 이 자리에는 당시 주駐인도 미국대사로 있던 갤브레이스J. K. Galbraith(전 하버드대) 교수도 참석하여서 유명 인사들을 한꺼번에 보는 기회가 되었습니다. 그 기회에 잠시 시간을 쪼개 타지마할과 간디 묘소 등도 방문했습니다. 거리에 소가 많았던 것도 기억에 남습니다.

파키스탄의 카라치에서도 국가계획위원회를 방문하여 실무자들과 인터뷰를 했습니다. 다음으로 대만으로 갔는데 여기

에는 경제개발계획위원회는 없었지만 그 업무를 담당하는 경제
부처가 있어서 그곳 부장과 인터뷰를 했습니다. 그 후 일본 동
경으로 가서 경제기획청과 아시아경제연구소 등을 방문한 뒤
귀국하였습니다.

윤진호 당시만 해도 인도는 비동맹운동의 중심국가로서 경
제개발계획을 활발하게 진행하고 있었는데 어떤 것을 느끼셨습
니까? 이런 것은 우리가 좀 배워야 하겠다는 점은 없었습니까?

변형윤 당시에는 우리도 이미 경제개발계획을 집행 중이었
기 때문에 우리가 이 나라에서 무엇을 배운다기보다는 우리 개
발계획에 대해 이 사람들은 어떤 생각을 가지고 있고 어떻게
평가하고 있느냐에 더 관심이 있었습니다만 실제로 큰 도움을
받지는 못했습니다. 오히려 일본에 가서 인터뷰나 자료 수집을
하면서 좀 더 도움을 받았던 것 같습니다. 어쨌든 과거 경제계
획은 사회주의국가에서만 세우는 것으로 알았다가 제3세계 국
가에서도 하고 있다는 체험을 한 것이 소득이었습니다. 사실 인
도의 경제개발계획은 프랑스식의 지시적 계획에 가까운 것으로
서 대략의 방향만 제시하는 것이지 한국처럼 세세하게 계획을
세우는 것은 아니라는 점도 알게 되었습니다. 또 나로서는 첫
해외여행이었기 때문에 모든 것이 신기했던 기억이 납니다.

윤진호 제가 MIT에 교환교수로 가 있던 시절에 로스토 교

수의 영상 특강에 참석해서 유명한 '이륙'(take-off) 이론이 나오게 된 배경 설명을 들은 적이 있습니다. 그의 말에 따르면, 1960년대 초 미·소 간 냉전이 한창이던 시절에 하버드대와 MIT 교수들이 함께 모여 "어떻게 하면 냉전체제 아래에서 미국이 승리할 수 있을 것인가"를 연구하는 모임을 만들었다고 합니다. 이 모임에는 하버드대의 키신저H. Kissinger(전 국무장관)나 브레진스키Z. Brzezinski(전 국가안보보좌관) 등도 참가하고 있었는데, 처음에는 군축 문제를 가지고 연구를 시작했지만 로스토 자신은 경제학자였기 때문에 냉전체제에서 이기기 위해서는 제3세계 국가들을 미국 편으로 끌어들여야 하고, 이를 위해서는 이들 국가에 자본 원조를 해서 경제성장을 하도록 해야 한다는 주장을 폈고, 그 이론적 근거로서 '이륙' 이론을 만들어내게 되었다고 합니다.

변형윤 사실 로스토 교수의 이륙 이론은 한국의 경제개발계획 입안 과정에도 많은 영향을 미칠 정도로 영향력이 큰 이론이었습니다만, 경제개발 과정에서 자본의 투입을 지나치게 강조하고 있다는 이론적 결함 외에도 이 이론이 결국 냉전체제 아래서 미국의 승리를 위한 전략의 일환이었다는 점에서 그 순수성을 의심받고 있는 것 같습니다. 아무튼 로스토 교수는 "이륙 이론의 장사꾼"으로 불릴 정도로 세계 이곳저곳을 다니면서 이 이론을 세일즈함으로써 미국의 국익에 이바지했던 것이지요. 그런 점에서 전형적인 '정치교수'라고나 할까요. 1963년이면 이륙 이론이 나온 지 얼마 안 되는 시점이었고, 미국 정부의 지원으로 로스토 교수가 제3세계 이곳저곳으로 다니면서 이 이론을 세일즈하고 있던 때였는데, 우연히 내가 그 현장에 참석하게 되었던 셈이지요.

　윤진호 이제 다시 밴더빌트대 유학시절로 돌아가서 이야기를 좀 해 주십시오.

　변형윤 1963년 8월 말 밴더빌트대가 있는 테네시 주 내슈빌에 도착했는데 우선 캠퍼스가 몹시 아름다웠습니다. 교정에는 도토리나무가 즐비하고 다람쥐가 뛰어다녔는데 한국의 대학에서는 볼 수 없는 풍경이어서 신기했습니다. 밴더빌트대는 미국의 해운·철도업계의 거물이었던 밴더빌트C. Vanderbilt(1794~1877)가 죽기 전 유언으로 당시 돈 1백만 달러를 기부해서 만들어진 대학인데, 밴더빌트는 돈을 아끼지 말고 하버드대를 모델로 한 멋진 캠퍼스를 만들어달라고 유언을 남겼다고 합니다. 그런 연유에서 밴더빌트대는 "남부의 하버드대"라고 불리기도 합니다. 뉴욕 출신으로 평생 남부에 가 본 적도 없고 아무런 연고도 없는 밴더빌트가 남부에 대학을 만들도록 큰돈을 기부한 이유는, 남북전쟁에서 패배로 산산이 찢긴 미국 남부 사람들의 마음을 치유하기 위해서였다고 합니다. 밴더빌트대 캠퍼스는 내슈빌 중심가로부터 약간 벗어난 구릉지대에 자리 잡고 있는데, 붉은 벽돌의 건물들과 푸른 잔디 및 나무가 서로 어울려서 아름답고도 차분한 분위기를 느낄 수 있었습니다.

윤진호 미국 유학 생활은 어떠했나요?

변형윤 혼자 미국으로 갔기 때문에 우선 캠퍼스 안에 있는 기숙사에 들어갔습니다. 당시에는 달러를 통제할 때이고 또 유학생이 미국에 눌러 앉는 것을 막기 위해 가족동반을 허가하지 않았습니다. 일종의 인질이었던 셈이지요. 어쩔 수 없이 나 혼자 미국으로 갔지만 마음이 몹시 무거웠습니다. 가족 없이 혼자 온 나로서는 다른 할 일도 없으니 열심히 강의를 들었습니다. 조제스큐-로젠 교수의 고급경제이론과 통계학을 수강했습니다. 그곳에 가서 보니 교수가 대단한 분이란 것을 다시 한 번 느낄 수 있었습니다. 그는 전체 교수 가운데 단 몇 사람밖에 없는 대학본부 교수("유니버시티 프로페서"라고 부르는데 대학본부에 직접 소속해 있으면서 어떤 학과에서나 강의할 권리를 가진 교수 최고의 직위)였습니다. 당시 이미 60세에 가까운 나이였지만 하루 10시간을 연구에 전념할 정도로 학구열이 대단했습니다.

교수와는 개인적으로도 이따금 식사를 하기도 하고 대화도 나누었는데 그 가운데 자신의 내력에 대해 매우 흥미 있는 이야기를 해 주었습니다. 그는 루마니아 출신인데 국비장학생으로 프랑스의 소르본대에서 수리통계학으로 박사학위를 받은 뒤 고국으로 돌아가 대학에서 가르치고 있었습니다. 그런데, 1934년 슘페터J. Schumpeter(오스트리아 출신의 세계적 경제학자)가 만든 하버드 프로그램에 따라 유럽 학자들 여러 사람이 하버드대로 와서 단기연구를 할 때 조제스큐-로젠 교수도 하버드대로 오게 되었습니다. 단기 프로그램이 끝난 뒤 슘페터 교수는 그가 마음에 들었던지 미국에 남으라고 권유를 했지만, 조국 사랑이 남달랐던 그는 이를 뿌리치고 루마니아로 귀국했습니다.

교수는 원래 수리통계학을 전공했습니다만 소농小農 국가인 루마니아의 농업 문제 해결을 위해 고심을 하고 글을 쓰다 보니 자연스럽게 경제학에 관심을 가지게 되었고 정부 정책 수립에도 자문 노릇을 하였습니다. 그러다가 1945년 제2차 세계대전 종전과 더불어 동구권 국가들이 사회주의화되면서 루마니아도 사회주의국가가 되었고 교수도 정부 일을 맡게 되었습니다. 그러나 사회주의체제가 자신과 잘 맞지 않아서 곧 정부 일을 사임하였고 당국으로부터 요주의 인물로 찍혀 감시를 받게 됩니다. 교수는 개를 좋아해서 키우고 있었는데 어느 날 밤 개가 몹시 짖는 것을 듣고 자신을 체포하러 오는 사람이 있다는 것을 알게 됩니다. 교수는 입은 옷 그대로 밤중에 극적으로 탈출하여 우여곡절 끝에 1948년 하버드대의 슘페터 교수를 찾아오게 됩니다. 그리고 1949년 슘페터 교수의 추천을 받아 자신이 밴더빌트로 오게 되었다고 설명하였습니다. 말하자면 그에게 슘페터 교수는 생명의 은인인 셈입니다.

윤진호 조제스큐-로젠 교수의 이야기를 듣다 보니 선생님이 북한으로부터 탈출하던 과정과 유사한 점이 많아 흥미롭습니다. 밴더빌트대에서의 강의는 어떠했습니까?

변형윤 조제스큐-로젠 교수의 강의는 1주일에 75분씩 두 차례 있었습니다. 내가 그와 처음 만나서 이야기를 해보고는 '너나 나나 마찬가지가 아니냐'는 건방진 생각까지 했었습니다. 그런데 막상 미국에 가서 선생의 강의를 들어보니 그게 아니었습니다. 교수는 고급경제이론과 통계학을 가르쳤는데 그 강의를 따라가기가 무척 힘들었습니다. 이 교수가 학생들보다도 공부를 더 열심히 하는 것이 아니겠어요? 경제학 강의시간에 우화도 나오고, 정치학도 나오고, 철학도 나오고, 하여튼 두 손 두 발 다 들었습니다. 풍부한 학식을 가지고 열의를 다해 강의를 하고 나머지 시간에는 전적으로 연구에 매진하는 교수의 모습에서 큰 감명을 받았고 '나도 돌아가면 저와 같이 해야겠구나' 하는 결심을 했습니다. 그 밖에 수학과목으로서 선형대수학과 중급수학 과목을 들었는데 이들 과목은 거의 2주일에 1번꼴로 시험을 봐서 통과를 해야 했습니다.

윤진호 처음으로 영어를 모국어로 쓰는 미국 사람들 사이에서 생활하면서 어려움이 많았을 것으로 짐작됩니다. 더욱이 경제학 전공자로서는 내용이 몹시 어려운 수학계통 강의를 듣는 것이 쉽지는 않았을 텐데 강의를 듣는 데 어려움은 없었습니까?

    변형윤 교수들이 자기 나름의 체계를 가지고 과거의 이론을
철저하게 부수고 새로운 것을 수립하려는 모습을 보면서 처음
엔 이해가 어려웠지만 시간이 가면서 차츰 이해가 가기 시작했
습니다. 수학 과목에서는 특히 정리定理(Theorem) 이해에 역점을
두었는데 이는 곧 수학의 기초, 원리에 해당하는 부분입니다.
이러한 기초이론의 철저한 이해를 바탕으로 해서 이로부터 응
용이론이나 새로운 이론을 모색하는 방식을 차츰 깨닫게 되었
습니다. 또 한국처럼 학교 이름이 아니라 교수 이름으로 좋은
학교를 구분한다는 것도 알게 되었습니다. 즉 좋은 논문을 쓰는
교수가 많을수록 좋은 학교인 것이지요. 그런 면에서 볼 때 서
울대 하면 무조건 좋은 대학이라는 식의 발상은 잘못된 것으로
생각합니다. 그 시절 무엇보다도 기억에 남는 것은 수학과의 추
상수학 과목을 청강했던 일입니다. 중간시험과 기말시험을 합
쳐 한 학기에 일곱 번의 시험을 치르는 데다 정리定理와 계系를
철저히 이해하여 완전히 몸에 배도록 하는 데 주력하는 강의방
식은 많은 것을 생각하게 했습니다. 주로 응용에 치중한 수학교
육을 받아온 나로서는, 처음에는 얼떨떨했지만 얼마 가지 않아
마치 바닷길의 나침반과 같은 구실을 하는 것이 수학의 정리와
그 계라는 것을 이해하고 수긍하게 되었습니다. 학생 시절에는
앞으로 생활에서 나침반과 같은 구실을 하는 기초적이고 기본
적인 것을 배우는 데 주력하도록 가르치는 것이 필요함을 절실
하게 느꼈던 때가 바로 이때였습니다.

윤진호 선생님께서는 좋은 환경에서 좋은 교수를 만나 공부하기 더 없이 좋은 기회를 가지셨는데도, 1년 만에 귀국을 하게 되는데 그 이유는 무엇이었습니까?

변형윤 원래 사정이 허락하면 계속 코스를 밟아서 박사학위까지 받으려는 생각을 하고 있었습니다. 그런데 중간에 집사람이 몹시 아프다는 연락을 받게 됩니다. 여기에다가 학교에서도 빨리 돌아오라는 연락이 왔습니다. 당시 서울상대의 학장은 최문환(서울대 총장 역임) 교수였는데 연구 프로젝트와 얽힌 난제의 해결을 위해서는 나의 도움이 꼭 필요하다면서 귀국을 바랐습니다. 어쩔 수 없이 나는 유학 생활을 중단하고 1964년 8월 귀국하였습니다.

윤진호 당시만 해도 매우 가난한 후진국이었던 한국에 계시다가 갑자기 최선진 자본주의국가인 미국에서 생활하게 되면서 충격도 많이 받으셨을 것으로 짐작되는데 짧은 기간이지만 미국 사회를 체험하면서 어떤 것을 느끼셨나요?

변형윤 우선 미국 사회에서 인종차별이 심한 데 대해 큰 충격을 받았습니다. 당시까지만 해도 미국 남부 지역에서는 여전히 인종차별이 심했습니다. 심지어 대학 구내 커피점이나 세탁기에까지 "백인 전용"(White Only)으로 되어 있는 곳이 있을 정도로 흑인을 차별하였습니다. 당시 밴더빌트대의 학부에서는 흑인 학생을 받지 않았습니다. 그러나 대학원에는 미 국무성 초청 형식으로 외국의 흑인이 참가하는 특별 프로그램이 있어서 흑인 학생이 있었습니다. 그런데 이들은 늘 자기 나라 고유의상을 입고 생활을 하였습니다. 처음에는 이들의 애국심이 강해서 그런 것으로 알았지만 나중에 알고 보니 미국 흑인으로 오인되어 차별을 받는 것이 싫어서였습니다. 한번은 조지아 주 애틀랜타에 여행을 간 적이 있는데 물을 마시러 수도꼭지를 찾았더니 여기서도 백인 전용으로 되어 있어 놀란 적도 있습니다. 애틀랜타에서는 소설가 마가렛 미첼의 생가를 방문하기도 했습니다.

다른 한편 미국 사회의 풍요로움에 대해서도 놀라움과 부러움을 느끼지 않을 수 없었습니다. 대학 캠퍼스의 우거진 숲과 형형색색의 여러 가지 꽃들을 보면서 한국의 헐벗은 산하와 당시 종암동에 있던 서울상대 교정의 흙투성이 맨땅이 생각났습니다. 소비수준 면에서도 대형 슈퍼마켓에 쌓여 있는 상품들의 엄청난 종류와 양에 놀랐습니다.

그런 가운데서도 한국 학생들은 가난한 유학 생활을 견디면서 대체로 성실하게 공부하고 있어 감명을 받았습니다. 논문을 쓸 때도 표절은 절대 하지 않는다는 점에도 감명 받았습니다. 나도 간단한 빵으로 식사를 때우면서 도서관의 방대한 장서에 파묻혀서 열심히 자료를 찾고 수집을 했습니다. 한국에서는 결코 볼 수 없는 풍부한 책과 논문집을 마주하고 보니 가능한 한 많은 자료를 모으고 싶은 욕심이 앞섰습니다. 조제스큐-로젠 교수의 시험은 무려 150분이나 진행되었는데 이는 학생들의

깊은 지식을 알기 위해 그 정도의 장시간이 필요하다는 생각에
서였습니다. 서울상대에서는 대체로 시험시간이 50분이었습니
다만 귀국한 뒤 내가 담당하는 과목은 모두 시험시간을 120분
으로 바꾸었습니다. 당시 나는 포드 재단으로부터 월 300달러
정도를 생활비로 받고 있었는데 강의실과 도서관만 왔다 갔다
하다 보니 돈 쓸 곳이 없어서 이 정도의 돈으로도 넉넉한 생활
을 할 수 있었습니다.

윤진호 귀국할 때 아쉬운 마음이 있었을 텐데요.

변형윤 그렇습니다. 사실 나는 1957년에도 미네소타대에서
실시하는 프로그램에서 지원을 받아 유학 갈 기회가 있었는데
거절을 한 적이 있습니다. 당시 미네소타대의 프로그램은 주로
행정학 위주였기 때문에 전공이 맞지 않아서 거절을 했던 것이
지요. 따라서 6년 만에 유학의 꿈이 실현되었던 셈이지요. 그런
데 이번 밴더빌트대 프로그램의 경우에는 정말 내 전공과 꼭
일치하는 이상적인 것이었는데 중간에 그만두고 귀국을 하게
되어 몹시 아쉬웠지요.

귀국하면서는 워싱턴을 경유했습니다. 워싱턴의 주미 한국
대사관에 근무하고 있던 서울상대 졸업생인 장예준(당시 주미대
사관 참사관), 홍성철(당시 주미대사관 공사) 씨 등을 만나기 위해
서였습니다. 두 사람 모두 경기중학교 선배로서 대학 시절부터
친하게 지내던 사이였기에 나를 반갑게 맞아주었습니다. 여기

서 김정렬(전 국무총리) 주미대사도 만나서 대접을 잘 받았습니다. 특히 김 대사는 나에게 많은 관심을 보였는데, 나중에 알고보니, 김 대사의 모친이 나와 같은 변씨라서 더 관심이 컸다고합니다. 그러고는 한국으로 돌아왔습니다.

로마 세계계량경제학회 참석

윤진호 귀국한 뒤 선생님의 생활에 어떤 변화가 있었습니까?

변형윤 1964년 8월 말 귀국한 뒤 곧바로 집사람의 병이 심해서 수술을 했습니다만 다행히도 경과가 좋아서 큰 고비는 넘기게 되었습니다. 연구과제와 얽힌 난제도 점차 풀리기 시작했습니다. 9월부터는 평교수로 학생들을 가르치게 되었습니다. 미국에 가기 전에 가르치던 기존 과목들을 그대로 가르쳤습니다.

윤진호 이 당시는 사회적으로도 매우 혼란스러웠던 시절이었는데 선생님께서는 사회 문제에 관여하신 적은 없습니까?

변형윤 1963년 10월에 박정희 장군이 군복을 벗고 공화당후보로 대통령 선거에 출마해서 야당의 윤보선 후보에 가까스로 승리를 거두었습니다만 윤보선 후보는 이를 부정선거에 의한 당선이라고 비판하면서 국민들이 선택한 진정한 대통령은 자신이라는 의미에서 "정신적 대통령"이란 말을 쓰기도 했습니다. 그리고 바로 이때 미국의 케네디 대통령이 암살되는 사건도 일어났는데 당시 나는 밴더빌트대에 있었습니다만 미국 국민들이 몹시 애통해하는 모습도 보았습니다.

1965년 5월에는 한일협정에 반대하는 학생들의 시위로 이른바 6·3 사태가 일어났습니다. 한일협정 체결 직후인 1965년 5월에 한일협정 체결에 반대하는 교수들의 서명모임이 서울의대 구내의 함춘원에서 있었습니다. 나도 평소에 알고 지내던 교수로부터 연락을 받고 함춘원에 갔더니 연락이 잘못되어 1시간 늦게 간 셈이 되었습니다. 서명이 이미 다 끝나 버리고 모임은 해산되었기 때문에 나는 결국 이 서명 건에는 서명을 하지 못하고 말았습니다. 사회적으로 물론 몹시 어지럽고 학생들도 다수 잡혀가고 그랬습니다만 나는 평교수였기에, 이에 별다른 관여를 할 수도 없었습니다.

윤진호 서명 건과 관련해서 나중에 별다른 일은 없었습니까?

변형윤 별다른 일은 없었습니다. 그런데 만약 내가 서명을 했더라면 바로 그해 9월에 로마에서 열리는 제1차 세계계량경제학회 총회에 참석할 수가 없었을 것입니다. 아세아재단 한국지부에서 편지가 왔는데 바로 로마 총회 소식을 알려주면서 재단에서 모든 비용을 부담할 테니까 참석해 달라는 내용이었습니다. 왕복 비행기 값과 호텔비 외에 하루 25달러씩 체재비도 준다는 괜찮은 조건이었습니다. 당시 세계계량경제학회 회장은 익히 알고 지내던 일본의 모리시마森嶋通夫 교수였는데 이 사람이 나를 추천한 것을 알았습니다. 이렇게 해서 그해 9월에 로마에서 열린 총회에 참석했습니다. 나로서는 전혀 생각지도 못했던 기회라서 감개무량했습니다. 학회에는 프리슈R. Frisch나 틴베르헌J. Tinbergen 등 첫 노벨경제학상 수상자들을 비롯해서 세계적인 학자들이 다수 참석했기 때문에 이들을 직접 만날 수 있었던 것이 가장 감개무량한 일이었습니다. 이 학회에서는 계량경제학의 새로운 움직임도 파악할 수 있어서 나로서는 무척 도움이 되었습니다. 정말 시골 사람이 로마에 와서 세계회의에 참석하고 있다는 사실이 꿈만 같았습니다. 나는 부지런히 여러 세션에 들어가서 세계적인 학자들의 논문 발표와 토론을 들었습니다. 이 열흘 동안 나는 정말 행복한 사람이었습니다.

윤진호 로마는 처음 방문했던 것입니까?

변형윤 그렇습니다. 로마 공항에서 내려서 시내로 들어오는 길의 좌우에 논들이 펼쳐져 있어서 한국과 비슷한 느낌을 받았습니다. 공항에는 소매치기가 들끓는지 경찰들이 줄을 서서 경비하고 있는 모습도 색달랐습니다. 로마는 로마 제국의 수도였던 유서 깊은 세계적 도시로 누구나 한 번은 와보고 싶은 꿈의 도시가 아닙니까? 나도 학회에 참석하는 틈틈이 로마 시내의 여러 명소를 구경하였습니다. 이미 〈벤허〉, 〈로마의 휴일〉, 〈자전거도둑〉 등 로마를 배경으로 한 영화들을 본 적이 있었기에 이 영화들에 나왔던 익숙한 명소들, 예컨대 스페인 광장, 콜로세움, 트레비 분수, 베드로 성당, 카타콤(지하무덤) 등을 구경하였습니다. 내가 묵었던 호텔이 마침 콜로세움 근처에 있었기 때문에 관광하기 좋았습니다. 아침이면 호텔 종업원들이 부르는 노랫소리에 잠을 깨서 아침을 먹은 뒤 가벼운 옷차림에 샌들을 신고 슬슬 걸어 다니면서 관광을 했지요. 그러다가 10시가 되면 학회가 시작되니까 돌아와서 학회에 참석하곤 했습니다.

가장 인상 깊었던 곳은 로마 교황의 하계별장이었는데 이곳은 일반 관광객들에게는 비공개로 되어 있었습니다만 학회 참석자들에게 특별히 공개를 해주었습니다. 당시만 해도 로마 시내에는 아직 제2차 세계대전으로 말미암은 폭격의 상처가 남아 있어서 파괴된 곳 위에 새로 건물을 짓는 등 구시가지와 신시가지의 구별이 뚜렷했습니다. 우리는 주로 구시가지를 구경했던 것이지요. 로마 시내에는 거리마다 성당이 있어 시내 전역에 엄청난 수의 성당이 있었습니다. 시민들은 아침 출근길에 꼭 성당에 들러 간단한 기도를 하는 모습이 인상적이었습니다.

로마 체재 중에 이종찬 주駐이탈리아 대사를 대사관으로 방문해서 대접을 받았습니다. 이종찬(육군참모총장 등 역임) 대사는 군의 정치적 중립을 강조한 '참 군인'으로 추앙받는 사람 아닙니까? 1952년 부산 정치파동 때는 자신의 재선을 위해 군을 동원하려 했던 이승만 대통령의 지시를 거부했다가 육군참모총장 직에서 해임된 적도 있었고 5·16 쿠데타 때도 박정희 장군이 함께 쿠데타를 하자는 것을 거절하였다가 결국 군복을 벗은 강직한 군인이었습니다. 바로 이 일로 말미암아 군복을 벗은 직후에 주이탈리아 대사로 쫓겨 와 있었던 셈이지요. 마침 그 전에 최고회의 고문으로 있던 서울대의 L 교수가 로마 방문길에 대사관에 들렀는데 이 대사는 L 교수로부터 좋은 인상을 받지 못했던 모양인지 처음에는 내가 서울대 교수라는 사실에 못마땅한 기색이 역력했습니다. 그러다가 서로 대화를 나누다 보니 같은 서울대 교수라도 생각이 전혀 다르다는 것을 알고 몹시 좋아하면서 나를 붙잡고 3~4시간을 놓아주려 하지 않았습니다. 군사정부 욕도 좀 하고 여러 가지 이야기를 나누었습니다. 나중에 작별할 때는 직접 대사 전용차를 내주면서 호텔까지 배웅하도록 해 주었습니다. 나중에 알았지만 이종찬 대사는 나와의 이 만남이 특별히 기억에 남았던지 나와 만났던 일을 자서전인 《참 군인 이종찬 장군》에 써 두었더군요.

윤진호 돌아오실 때는 바로 귀국하셨습니까?

변형윤 아닙니다. 당시만 해도 외국에 한번 나가는 것이 몹시 어려웠기 때문에 이왕 나온 김에 좀 둘러보고 가자는 생각에서 영국을 들러 귀국했습니다. 우선 로마에서 모리시마 교수와 만나 옥스퍼드대를 방문할 계획이라고 말하자 자신도 방문 계획이 있다면서 옥스퍼드대에서 만나자고 약속했습니다. 그러나 로마에서 런던을 거쳐 옥스퍼드에 도착하고 보니 모리시마 교수는 아직 도착을 하지 못해서 만나지 못했습니다. 나는 힉스 J. R. Hicks(노벨경제학상 수상)가 재직하고 있는 옥스퍼드대의 뉴 칼리지에 들러 구경을 하고 대학 구내서점에 들렀더니 마침 힉스의 저서인 《경기순환론 *Trade Cycle*》이란 책을 팔고 있어서 별다른 생각 없이 이 책을 샀습니다. 그런데 나중에 서울상대에서 경제변동론 과목을 담당하게 되면서 이 책을 유용하게 쓰게 되었습니다. 나는 물론 앨프리드 마셜의 자취가 남아 있는 케임브리지대도 가보고 싶었지만, 이때는 방문을 하지 못하고 1970년에 가서야 케임브리지대를 방문하게 됩니다.

제8장
경제개발계획과 평가교수단 활동

경제개발계획 평가교수가 되다

윤진호 선생님께서는 앞에서도 말씀하셨듯이, 정부에 대해 비판적인 입장을 갖고 계셨고, 특히 박 정권의 제1차 경제개발 5개년계획을 공개적으로 비판한 글을 쓰기도 했는데, 갑자기 경제개발 5개년계획 평가교수단의 일원이 되었다니 약간 의아스러운 생각도 드는데요. 이것은 어떤 경위로 맡게 되신 것입니까?

변형윤 그 전에 우선 1966년 일본 동경에서 열린 제1회 세계계량경제학회 극동대회에 참석했던 이야기부터 해야 하겠습니다. 이 대회는 모리시마 교수가 주도하여 열렸는데, 나는 여기에 초청을 받아 일본에 간 김에 일본경제연구센터 특별회원

으로 되었고 그 밖에 교토, 오사카, 나라, 고베, 오카야마 등의
도시를 방문했습니다. 히로시마의 원폭기념관도 보았습니다.
오카야마에 갔을 때는 내가 1945년에 진학을 하려고 하다가 실
패했던 제6고등학교도 방문을 했습니다만 이미 오카야마대로
바뀌어 있었습니다. 제6고 당시의 건물도 없어지고 해서 실망
을 했습니다.

윤진호 예정대로 1945년에 제6고로 진학할 수 있었더라면
선생님의 인생도 달라지지 않았을까 하는 생각도 해 보셨나요?

변형윤 아마도 그렇게 되었더라면 나중에 동경제대로 진학
해서 출셋길에 접어들었을지도 모르지요. 그러나 사람의 일생
은 알 수 없는 것입니다. 그 길이 지금보다 좋았을지 나빴을지
는 모르지요. 어쨌든 오카야마 방문은 나에게도 감회가 깊은 일
이었습니다.

윤진호 아까 이야기로 돌아와서 평가교수가 된 것은 어떠한
계기에서였습니까?

변형윤 1966년 9월, 교수실에 국무총리 기획조정실 명의의
우편물이 날아왔는데, 그 내용은 나를 제1차 경제개발 5개년계
획 평가교수로 임명한다는 통보였습니다. 나로서는 사전에 아
무런 상의도 받은 적이 없었고 배경도 몰랐기 때문에 몹시 당

황했습니다.

윤진호 선생님께서는 경제개발계획에 대해 비판적이었는데, 어떻게 평가교수에 임명되었던 것일까요? 혹시 누가 추천했는지 아십니까?

변형윤 나중에 들으니 평가교수단에 들어가기 위해 로비를 한 교수도 있었다고 합니다만, 내가 왜 명단에 올랐는지 나로서는 전혀 알 수가 없었습니다. 아마도 짐작컨대 평가교수에 서울대 교수가 몇 명 들어와야 되지 않겠느냐, 그렇게 하려면 서울상대 교수가 필요하다는 정도의 이야기가 있지 않았을까 하고 생각합니다. 어쨌든 평가교수에 임명되는 것에 대해 의사를 밝히라는 독촉이 왔지만 나로서는 의사를 밝히지 않은 채 가만히 있었더니 그대로 명단을 공표해 버렸습니다. 결국 수동적으로 평가교수에 임명이 된 셈이지요. 왜 좀 더 적극적으로 거절을 하지 않았는가 하고 물을지도 모르겠습니다만, 내 개인이 아니라 서울상대 교수로서 평가교수에 임명된 것이었기 때문에 적극적으로 거절하기도 꺼림칙해서 가만히 있었던 것이지요.

윤진호 결국 평가교수로 참여하게 되었는데요, 평가교수단은 어떠한 일을 맡았습니까?

변형윤 평가교수단의 정식 명칭은 '국무총리 기획조정실 평가교수단'이었는데, 주목적은 경제개발 5개년계획의 결과를 평가하는 것이었습니다. 1966년 9월에 첫 회의가 옛 중앙청 2층의 국무총리실 옆 대회의실에서 열렸었는데 나도 여기에 참석했습니다. 참석해 보니 평가교수는 모두 30명이었는데 서울상대 교수들도 몇이 있었고 대부분 아는 사람들이었습니다. 서울상대에서는 박희범, 황병준 교수와 나 이렇게 세 명이 평가교수로 임명되었습니다. 먼저 국무총리 기획조정실장이 나와서 잘 부탁한다는 인사말과 함께 평가교수단이 만들어지게 된 배경을 설명했는데, 1962년에 시작된 제1차 경제개발 5개년계획이 1966년 12월로 끝나게 됨에 따라 여기에 대해 평가할 필요가 있어서 구성했다는 설명이었습니다. 그러나 내 짐작에는 물론 경제개발 5개년계획을 제대로 평가해 보자는 목표도 있겠지만, 또 다른 목적은 다음 해 5월에 있을 제6대 대통령 선거를 앞두고 박 대통령의 치적을 홍보하기 위한 것도 있지 않았겠느냐 하고 생각합니다.

윤진호 회의는 얼마나 자주 열렸고 다룬 내용은 어떤 것들이었습니까?

변형윤 꽤 자주 회의를 한 것으로 기억합니다. 우선 분기별로 열리는 전체 회의가 있었는데 여기서는 정부의 여러 가지 정책에 대해 심사도 하고 평가도 하곤 했습니다. 이 회의에는 박정희 대통령이 직접 참석했습니다. 전체회의 외에 분과별로도 회의를 자주 했고 지방시찰도 가끔 갔습니다. 전국의 공장, 댐, 농장 등을 방문해서 시찰을 했고 한 번은 비행기를 전세 내어 제주도까지 간 적도 있습니다. 또 가끔 국무총리의 초청으로 국무총리 공관 등에서 회식을 하기도 했습니다.

한 번은 당시 정일권 국무총리의 초청으로 총리 공관에 가서 회식을 했는데, 이 자리에는 박정희 대통령도 참석해서 주전자를 들고 다니며 직접 술을 따라 주기도 했습니다. 내 차례가 되어 박 대통령이 따라주는 술을 받아 마셨습니다. 나는 아무 말도 하지 않았습니다. 당시만 해도 박 대통령은 서민적이었다고 생각합니다. 그러나 유신 이후에는 완전히 달라진 느낌이 들어 '아! 권력이 사람을 저렇게 변하도록 만드는구나!' 하고 놀란 적도 있습니다.

윤진호 제1차 경제개발 5개년계획에 대한 평가교수단의 평가는 언제 끝났습니까?

변형윤 1967년 2월쯤 제1차 경제개발 5개년계획에 대한 평가교수단의 평가대회가 중앙청 회의실에서 열렸습니다. 이 자리에는 박정희 대통령을 비롯해서 정일권 국무총리, 장기영 부총리 겸 경제기획원장관, 재무장관 등 각부 장관이 참석하였습니다. 5명쯤의 교수들이 평가보고를 하였는데, 나는 운수업 평가를 맡고 있었지만 이와는 관계없이 '물가와 국민생활'이라는 주제로 평가보고를 하였습니다. 당시 한국은행 자료를 분석해

보니 이미 '부익부 빈익빈' 현상이 나타나고 있었습니다. 내가 이러한 자료를 근거로 하여 제1차 경제개발 5개년계획이 가져온 부작용을 보고하자 회의장이 술렁거리기 시작했습니다. 모두가 경제개발계획이 잘 되었다고 보고하는 판에 내가 완전히 찬물을 끼얹는 보고를 한 셈이지요. 보고를 마치자 장기영 부총리가 벌떡 일어나서는 얼굴이 벌개져서 "'부익부 빈익빈'이 무슨 말이냐, 그런 일은 없다"고 나에게 따졌습니다. 다른 장관들도 벌떼처럼 일어나서 내 보고 내용을 비판하는 발언을 했습니다. 나도 젊은 혈기에 화가 나서 보고에 사용했던 지시봉을 흔들면서 "비판은 좋다. 그러나 사실에 근거해야 한다. 밤을 새워서라도 토론하자"고 응수했습니다. 그러자 내무부장관 E 씨는 나에게 "미친 사람"이라고 매도하는 발언을 하기도 했습니다. 내가 장기영 장관과 논쟁을 하면서 보고용 봉으로 가리켰는데 고의로 이것을 박정희 대통령을 가리킨 것으로 본 것이지요.

윤진호 이때 박 대통령의 태도는 어떠했습니까?

변형윤 대통령으로서는 이러한 논쟁에 끼어들기 곤란했던지 아무 말 없이 지켜보기만 했던 것으로 기억합니다.

윤진호 제1차 경제개발 5개년계획에 대한 평가가 끝난 뒤 평가교수단은 해산하게 됩니까?

변형윤 일단 평가교수단은 해산했지만 곧이어 1967년부터 제2차 경제개발 5개년계획이 시작되면서 제2기 평가교수단이 구성됩니다. 그런데 평가교수단 관련 주무부서인 국무총리 기획조정실에서는 제2기 평가교수단 구성 때 내 이름을 제외했다고 합니다. 그런데 어떻게 된 일인지 청와대에 명단이 올라간 뒤 내 이름이 다시 들어갔다고 합니다. 장기영 부총리와 라이벌 관계에 있었던 김학렬 청와대 경제수석비서관이 "이런 사람도 평가교수단에 넣어야 한다"고 주장해서 내 이름이 다시 들어갔다는 이야기를 전해들은 적이 있습니다. 이렇게 해서 1971년까지 제2기 평가교수단 활동을 계속하게 됩니다.

윤진호 평가교수로 있으면서 박정희 정권에 협조하는 것이 아니냐 하는 오해를 받으신 적은 없습니까?

변형윤 내가 보고회 자리에서 장기영 부총리하고 한바탕 논쟁을 했다는 사실이 알려지면서 비교적 정부에 협조하고 있다는 비판은 덜 받게 된 셈이지만, 재야인사들 가운데는 나를 오해한 사람도 있었을지 모르지요. 대부분은 평가교수 활동에 대해 긍정적으로 대하여 주었습니다.

윤진호 현재 경제학자들 사이에도 박정희 정부 당시의 경제개발계획에 대한 평가는 엇갈리고 있는 것 같습니다. 한편에서는 당시 자원도 빈약하고 자본도 없는 상태에서 부족한 자원을 효율적으로 사용하여 경제성장을 달성하기 위해서는 경제개발계획이란 형태로 정부가 경제에 깊숙이 개입할 수밖에 없지 않았느냐는 긍정론을 펴는 학자들이 있는가 하면, 다른 한편으로는 이러한 자원의 불균형적 집중으로 말미암아 불균형 발전을 가져왔다든지 정치적으로 독재의 수단이 되었다든지 하는 이유로 경제개발계획에 대해 부정적인 평가를 내리는 학자들도 있습니다. 선생님께서는 오랜 기간 평가교수 활동을 하셨는데 전체적으로 박정희 정부의 경제개발계획에 대해 어떠한 평가를 내리시겠습니까?

변형윤 경제개발계획은 이미 민주당 정부 시절부터 계획되었던 것이고, 인도를 비롯한 제3세계 국가 여러 곳에서도 시행하던 방식이기 때문에, 그 틀 자체에 대해서는 나도 거부감을 가지고 있지 않았습니다. 다만 박정희 정부식의 경제개발계획에 대해서는 부정적인 평가를 내리지 않을 수 없는데, 여기에는 두 가지 이유가 있습니다. 첫째, 계획의 수립 및 집행방식이 군대식이고 고지점령식으로서 목표가 있으면 무슨 수단을 사용하든 달성하는 방식이었기 때문에 그 과정에서 균형발전이라든지 민주주의라든지 하는 다른 중요한 가치들이 많이 훼손되었다는 점이고, 둘째, 경제개발계획의 결과로서 달성된 경제성장의 성과가 국민 모두에게 고루고루 균점되지 못한 채 재벌이나 부유층 등 일부 계층에게 독점되었다는 점이지요.

윤진호 그렇다면 선생님께서는 경제개발계획이라는 틀 자체는 찬성하지만 그 방식에 대해서는 반대하셨다는 점에서 경제개발계획 수정론자라고 불러도 좋을까요?

변형윤 그렇습니다. 경제개발계획은 사실 미국에서도 권유를 했었지요. 자기들로서는 원조를 주는 근거가 있어야 하는데 이를 위해 경제개발계획이 필요했던 것이지요. 나로서는 기아선상에 허덕이는 국민들을 위한 균형적 경제개발계획 그 자체에 대해서는 부정적이었던 것이 아닙니다. 그 당시의 낮은 경제발전 단계에서는 시장에 맡기기보다는 국가가 일정한 계획을 세워 경제를 발전시키는 방식은 당시로서는 자연스러운 길이었다고 생각합니다.

현실적 경제학으로 전환

윤진호 선생님께서는 평가교수로 계시면서 강단에만 있는 교수로서는 접하기 힘든 현실경제에 자연스럽게 접하게 된 셈인데, 이러한 변화는 선생님의 학문에도 일정한 영향을 미쳤으리라고 짐작됩니다. 사실 선생님께서는 종전까지 주로 경제수학이나 계량경제학 등 방법론에 집중하였는데 이 무렵부터 강의나 논문 등을 통해 경제변동론이나 경제발전론 등 좀 더 현실경제에 가까운 분야로 관심과 연구가 이동하기 시작하였습니다. 여기에 대해 말씀해 주시겠습니까?

변형윤 그 전에도 현실 문제에 대해 늘 관심을 가지고 있었고 또 자료도 모으고 있었지만, 역시 현실경제에 관한 강의를 하고 논문을 발표하기 시작한 것은 1966년경부터입니다. 그러던 차에 마침 경제변동론과 경제발전론을 강의할 다른 적당한 사람이 없어서 내가 1967년부터 경제변동론을, 그리고 1969년부터 경제발전론을 강의하기 시작했지요. 이러한 나의 학문적 경향 변화가 반드시 평가교수로서의 활동경험과 관련이 있는지에 대해서는 단언할 수 없지만, 아무튼 이 무렵부터 점차 경제학 방법론에서 벗어나서 현실경제 문제를 다루어야 하겠다는 생각을 한 것은 사실입니다.

그리고 또한 비슷한 시기인 1967년 8월에 나는 서울상대 부설 한국경제연구소 소장으로 취임하게 됩니다. 소장이 된 다음, 4~5개월 사이에 논문집인 《경제논집》 두 권을 내었고 그밖에 경제발전론이나 경제변동론 관계의 영어논문 가운데 잘된 것을 골라서 논문집으로 발간함으로써 강의에 도움을 주기도 했습니다.

윤진호 선생님께서 강의하신 과목 가운데 경제발전론은 어떻게 보면 당시의 한국경제의 현실과 가장 밀접한 관계를 가진 과목이었다고도 할 수 있겠는데 학생들에게 기본적으로 어떤 것을 가르치고자 하셨나요?

변형윤 나는 항상 학생들에게 "경제학은 두 가지이다"라고 가르치고 있습니다. 즉 신고전파 주류경제학과 마르크스 경제학을 비롯한 비주류경제학을 말하는 것이지요. 그래서 경제학을 전공하는 사람들은 어느 한 쪽에 치우치지 말고 두 가지 경제학을 모두 알아야 한다는 것이 내 신념입니다. 그렇기 때문에 경제발전론을 가르칠 때도 반드시 주류이론과 더불어서 스위지 P. Sweezy(미국의 대표적인 급진파 경제학자)의 경제발전론을 소개하였으며, 그 밖에도 넉시R. Nurkse의 균형 성장론과 허시먼A. O. Hirschman의 불균형 성장이론을 함께 소개하였습니다.

윤진호 1960년대 후반이라면 아직도 우리 사회에서 마르크스 경제학은 금기로 되어 있었고 심하면 법적 처벌까지도 받을 수 있는 상황이었는데 혹시라도 학생들이나 밖에 있는 사람들이 왜 마르크스 경제학을 가르치느냐고 문제를 제기한 적은 없습니까?

변형윤 그런 경험은 없습니다. 여기에 대한 나의 입장은 확고합니다. 마르크스 경제학을 가르치는 것도 경제학은 두 가지이며 경제학도는 양쪽 모두를 알아야 한다는 이유에서이지 내가 마르크스 경제학을 지지하기 때문은 아닙니다.

윤진호 1967년에는 선생님께서 한참 월남전이 치러지고 있던 베트남을 방문하셨는데 무슨 목적에서였습니까?

변형윤 1967년에는 대통령 선거가 있었고 여기에서 박정희 후보가 근소한 표 차이로 당선되었습니다. 그런데 선거 과정에서 이슈가 되었던 것 가운데 하나가 월남파병 문제였습니다. 당시 미국은 세계여론이나 국내의 반전여론에 부딪쳐 베트남에 대한 대규모 파병이 어렵게 되자 우방국들의 도움을 요청하였습니다. 이는 세계의 여론을 미국의 베트남 전쟁 개입의 불가피성을 인정하는 방향으로 이끌면서 동시에 미국의 손실을 축소하고자 하는 의도에서였는데 그 일환으로 미국은 한국에도 파병을 요청하였습니다. 이에 박정희 정부는 6·25 전쟁 당시 미국의 지원에 대한 보답 및 공산 침략에 대항해서 자유 우방을 지킨다는 명분 아래 한국군을 베트남에 파병하게 됩니다. 이에 따라 1964년 9월 이동외과병원과 태권도 사범 등 비전투부대의 파병을 시작으로 1965년 2월에는 비둘기부대 2천여 명이 파병되었고 다시 1965년에는 해병 청룡부대, 육군 맹호부대 등 전투부대가 베트남에 파병되는 등 미국 다음으로 많은 총 4만 8천여 명의 한국군이 베트남에 파병되었습니다. 그러나 야당이나 재야 측에서는 한국군의 베트남 파병이 사실상 미국의 대한對韓 원조를 대가로 한 청부전쟁에 불과하다고 비판하였습니다.

결국 박정희 정부는 한국군의 베트남 파병이 청부전쟁이 아니라 자유 우방국 지원이라는 평가를 받기 위해 평가교수단을 베트남에 파견하였던 것이지요. 이에 따라 평가교수단은 1967년 3월 베트남을 방문하였습니다. 우리 일행이 사이공에 도착하자 당시 주월 한국군 사령관이었던 채명신 장군이 나와서 환대를 해주었습니다. 이후 평가교수단은 15명씩 두 그룹으로 나뉘어져서 제1그룹은 맹호부대를, 그리고 제2그룹은 백마부대를 방문하였는데, 나는 제1그룹에 속하여 퀴논에 위치한 맹호부대를 방문했습니다. 여기서 다시 유병현 맹호부대 사단장과 함께 헬리콥터를 타고 앙케 전투지역을 방문했습니다. 이곳은 우리가 방문하기 며칠 전까지만 해도 치열한 전투가 벌어졌던 전쟁터로서 당시의 참상이 고스란히 남아 있었습니다. 그런데 이곳에서 뜻밖에도 누군가가 "교수님!" 하고 부르는 것이 아니겠어요? 누군가 하고 봤더니 바로 서울상대를 졸업하고 ROTC 장교로 임관한 다음 월남에 파병되어 육군소위로 근무하고 있던 졸업생이었습니다. 한편으로는 반갑고 다른 한편으로는 안쓰러운 마음에 한참 동안 손을 잡아주었을 뿐 다른 아무런 도움도 줄 수 없는 것이 안타까웠습니다. 지금은 이름도 성도 잊었지만 나중에 들어보니 전쟁 후 그대로 베트남에 남아서 사업을 하고 있다고 합니다.

윤진호 선생님 자신도 6·25 전쟁 당시 군인으로 근무하였고 또 남북분단으로 부모님과 영영 이별하는 고통을 당하고 있던 처지에서 직접 베트남 전쟁의 실상을 보시고 어떤 생각을 하였습니까?

변형윤 솔직히 말해서 우선 겁이 났습니다. 특히 전투지역을 방문하였을 때는 언제 어느 곳에서 총알이 날아올지 모르는 상황이었기 때문에 더 그랬습니다. 그러면서 다른 한편으로는 6·25 전쟁 및 분단현실이 자꾸 머리에 떠오르면서 몹시 마음이 착잡했습니다. 특히 서울상대 졸업생을 비롯한 젊은이들이 먼 이국땅에서 희생되고 있는 현실이 슬펐습니다. 누가 무어라 해도 월남전은 우리와는 직접 관련이 없는 전쟁으로서 미국의 강요와 달러의 힘에 못 이겨 참전하게 된 전쟁이라는 생각을 하지 않을 수 없었어요. 돌아와서 정부는 베트남에 갔다 온 사람들을 총동원해서 대학마다 돌아다니면서 월남전 참전을 지지하는 강연을 시켰지만 나는 일절 그런 강연에 가지 않았습니다. 나중에 할 수 없이 베트남 방문 결과보고서를 쓰는 대신 베트남과의 무역에 관한 글을 한 편 쓰는 것으로 끝났습니다.

윤진호 그 다음 해인 1968년에도 선생님은 다시 동남아시아를 여행하셨지요?

변형윤 유엔 산하 경제기관인 에카페ECAFE(아시아·극동경제위원회)의 경제개발연수원이 태국의 방콕에 있는데 여기서 강의 요청이 왔습니다. 하루 90분씩 두 번 강의를 총 10회 해달라는 요청이었습니다. 매일은 아니고 일주일에 3일씩이니까 약 3~4주 정도 방콕에 체류하게 되었습니다. 이 강의를 맡게 된 것도 우연한 기회에 이루어진 일입니다. 1968년 5월에 에카페에서 근무하고 있던 어떤 인도 학자가 한국을 방문하는 길에 누군가의 소개로 나를 찾아온 적이 있었습니다. 그때 방콕에서 강의를 해 줄 수 있느냐는 부탁을 받고 그저 그러고 말려니 하고 무심결에 대답을 했는데 진짜 강의 초청이 온 것이지요. 신분은 유엔 임시자문관 자격이었습니다.

그런데 강의 요청을 수락하긴 했지만 나중에 막상 그것이 현실로 되고 보니 부담이 많이 되었습니다. 비록 6·25 때 통역장교로 오랜 기간 근무했고 미국에서 1년간 강의를 들은 적도 있지만 영어로 강의해 본 경험은 없었기 때문에 강의 첫날에는 정말 도살장에 끌려가는 소의 심정으로 강의실에 들어갔습니다. 총 180분 강의인데 한국에서 준비해 온 밑천이 떨어지면 80분 만에라도 강의를 그만두어야 할 형편이었으니까 얼마나 부담이 컸겠습니까? 그런데 다행히도 어찌어찌 해서 첫 강의는 무사히 끝냈습니다. 강의 횟수가 거듭될수록 점점 자신이 생겨서 결국 나중에는 강의를 잘하게 되고 전체 10회의 강의를 무사히 끝냈습니다.

강의 외에도 한국에서 온 교육생들과 2주일에 한 번 정도 한국식당에 모여 식사를 하기도 하고 즐거운 시간을 보냈습니다. 돌아오는 길에는 인도네시아의 자카르타에 들렀는데, 당시 크리스마스인데도 회교국가라서 그런지 전혀 크리스마스 분위기가 나지 않았던 것이 기억납니다. 이것을 보면서 한국은 어떻게 해서 크리스마스를 미국보다 더 야단스럽게 보내게 되었는지 견주게 되었습니다.

그 후 내 강의를 들었던 수강생들의 평가가 좋았던지 1970년에 유엔 아시아통계연수원 운영위원을 뽑을 때 내가 7명의

운영위원 가운데 한 사람으로 선출되어 1년 반 동안 활동하기
도 했습니다.

윤진호 이왕 해외방문 이야기가 나온 김에 이 시기의 다른
해외방문에 대해서도 말씀해 주시지요.

변형윤 이 시기의 해외방문은 주로 한국경제연구소장 자격
으로 참석한 국제회의와 세계계량경제학회 모임 때문이었습니
다. 1969년 2월에는 일본 동경에서 열린 아시아지역 연구소장
회의에 참석하였는데 이 회의에는 나카야마 이치로中山伊知郎(전
동경상과대 학장), 도하타 세이이치東畑精一(전 동경대 교수) 등 내
가 학생 때 읽었던 책의 저자들이 참석해서 반갑게 만났습니다.

꿈에 그리던 케임브리지대 방문

윤진호 1970년에는 드디어 꿈에 그리던 케임브리지를 방문
하셨지요?

변형윤 그렇습니다. 1970년 9월 제2회 세계계량경제학회 총
회가 영국 케임브리지대에서 열렸는데 나는 여기에 참석했습니
다. 그 바로 전인 같은 해 7월에 캐나다의 몬토벨로에서 세계연
구소 및 훈련원장 회의가 열렸는데 나는 이 회의에 참석하기
위해 캐나다로 출국했습니다. 그런데 당시는 복수여권이란 것

이 없고 모두 단수여권이었기 때문에 출국할 때마다 여권을 새로 받아야 했는데, 발급절차도 까다롭고 시일도 많이 걸렸습니다. 그래서 회의가 끝난 뒤 마침 여름방학이기도 하여 바로 미국으로 갔습니다. 밴더빌트대에 가서 오래간만에 아는 교수들도 만나고, 필라델피아에 있던 처남 집에도 들르고, 또 당시 밀워키의 위스콘신대에서 강의하고 있던 서울상대 졸업생 홍원탁 교수(서울대 경제학과 명예교수)에게 가서 게스트하우스에서 묵으면서 도서관에서 책도 보고 1개월을 보냈습니다. 그 뒤 뉴욕을 거쳐서 덴마크의 코펜하겐으로 갔습니다. 이곳에서 1박을 한 뒤 스웨덴의 스톡홀름으로 가서 유서 깊은 웁살라대도 방문하고 노벨상을 주관하는 스웨덴 한림원도 방문하고 궁전도 구경하는 등 바쁜 일정을 보냈습니다. 다시 노르웨이 오슬로로로 갔는데 이곳은 노벨재단 소재지입니다. 원래 노벨상은 스웨덴 스톡홀름에서 시상식을 열지만 평화상만은 오슬로에서 시상식을 하고 있습니다. 그런 다음 런던을 거쳐 케임브리지로 갔습니다.

케임브리지대에서는 학회 참가자들을 위해 대학원생 기숙사를 제공해 주었는데 아주 좋은 방이었습니다. 나는 여기서 7~8일을 지내게 되었습니다. 나는 학회 참석도 미뤄둔 채 케임브리지대 캠퍼스를 둘러보기 시작했습니다. 우선 앨프리드 마셜 도서관에 가서 구경을 한 뒤, 마셜이 살았던 집, 케인스가 졸업한 킹스 칼리지 등을 구경했습니다.

윤진호 케임브리지 체재 당시 가장 인상 깊었던 일은 무엇이었습니까?

변형윤 역시 학회 발표석상에서 벌어졌던 세계적인 학자들 사이의 논쟁이었지요. 그 하이라이트는 새뮤얼슨의 강연 다음에 벌어진 논쟁이었습니다. 새뮤얼슨의 강연 제목은 〈케임브리지의 위대한 경제학자〉였는데 그 내용은 마셜도 아니고 케인스도 아니고 뜻밖에 램지F. Ramsey(1903~1930, 전 케임브리지대 교수)에 관한 것이었습니다. 램지는 약관 23세에 케임브리지대 수학강사에 취임했고 겨우 27세의 나이로 요절한 천재적 경제학자이자 철학자입니다. 그는 경제학 분야에서는 고작 세 편의 논문을 남겼을 뿐이지만 하나 같이 경제학의 근본적 문제들을 다룬 중요한 논문들이었고 지금도 그의 이름을 딴 이론모델이 사용되고 있을 정도입니다. 램지의 열렬한 후원자였던 케인스는 그의 논문에 대해 "지금까지 수리경제학 분야에서 이루어진 연구 가운데 가장 중요한 기여를 한 논문의 하나"라고 높이 평가하기도 했습니다.

이 강연 후 한편으로는 케인스 학파인 토빈J. Tobin(예일대 교수, 노벨경제학상 수상)과 칼도어N. Kaldor(케임브리지대 교수)가, 그리고 다른 한편으로는 시카고 학파인 프리드먼M. Friedman(시카고대 교수, 노벨경제학상 수상)과 존슨H. G. Johnson(시카고대 교수)이 한편이 되어 서로 격렬한 논쟁을 벌였습니다. 나는 특히 프리드먼의 주장이 싫었습니다. 이와 달리 칼도어는 내 맘에 들었습니다. 그는 "이름도 성도 모르는 나라의 데이터를 가지고 증명이랍시고 내놓고 있다"고 프리드먼을 비판했습니다. 이 자리에는 로빈슨J. Robinson(케임브리지대 교수) 여사도 참석했는데 매우 날카로운 사람이었습니다. 여사는 당시 중국을 좋아했고 중국의 문화혁명을 지지하고 있었는데 중국통답게 중국옷을 입고 나와 매우 예리한 질문을 하곤 했습니다. 한편 존슨은 거구의 몸집에 목소리가 크고 넘치는 에너지를 가진 사람으로 레슬링 선수인 김일 선수와 닮은 모습이었습니다. 이 사람은 세계의 온갖 학회란 학회에는 모두 참석한다고 할 정도로 전 세계를 누비고 다니며 세계 수십 곳의 대학에서 초빙교수로 가르치고 있었습니다. 심지어 런던대와 시카고대를 1주일에 한 번씩 오가며 가르치고 있다는 소문이 떠돌 정도였습니다. 반면 프리드먼은 미꾸라지 같은 약삭빠른 모습으로 대조를 이루었습니다. 또 당시 케임브리지대에서 가르치고 있던 한승수(전 서울대 경제학과 교수, 전 국무총리) 교수도 여기서 만났습니다. 그리고 워릭대에 연구 차 와 있던 박우희(서울대 명예교수, 세종대 총장) 교수도 만났습니다.

윤진호 선생님께서는 오랫동안 동경하던 앨프리드 마셜의 본고장인 케임브리지에 가서 마셜의 자취를 직접 두 눈으로 보면서 어떤 생각을 하셨습니까?

변형윤 나는 마셜이 살았고 가르쳤던 곳을 가 볼 수 있을 것이라고는 꿈에도 생각하지 못했는데 막상 거기서 지내게 되

어 매우 행복했습니다. 케임브리지대는 경제학의 메카 같은 곳
아닙니까? 마셜과 케인스가 숨 쉬던 공기를 맛보고 그들이 다
녔던 도서관과 강의실에서 책을 보는 경험을 어떻게 말로 설명
할 수 있겠습니까? 참으로 행복했던 1주일이었습니다.

제9장

폭풍 속의 서울상대

서울상대 학장 취임

윤진호 선생님께서는 1970년에 서울상대 학장에 임명되어 이후 6년 동안이나 봉직하셨고 또 서울상대의 마지막 학장이었기 때문에 지금도 서울상대 졸업생들 가운데는 선생님을 '영원한 상대 학장'으로 기억하는 사람이 많습니다. 학장 임명 당시의 상황을 말씀해 주십시오.

변형윤 1970년 9월 케임브리지에서 돌아와서 그동안 밀렸던 일을 처리하느라 한동안 바빴습니다. 《경제논집》 발간을 위해 글을 쓰기도 하고 원고를 모으기도 하고 바쁜 나날을 보내던 차에 그동안 병석에 누워 있던 최문환 총장의 임기가 11월에 끝나면서 부총장으로 있던 한심석 박사가 그 후임으로 서울대 총장에 임명되었습니다. 그 후임으로 서울상대 학장이던 민병구 박사가 부총장으로 임명되었습니다. 그리고 서울대 부총장에 임명된 민병구 학장 후임으로 내가 서울상대 학장에 임명되었습니다.

　　윤진호 지금으로서는 상상하기 힘들지만 당시에는 서울대의 각 단과대학 학장들은 막강한 권한을 가지고 있었다고 들었는데 실상은 어떠하였습니까?

　　변형윤 국립서울대학교는 처음부터 하나의 대학으로 출발한 것이 아니라, 역사와 전통이 다른 여러 단과대학들이 합쳐져서 이루어진 것이고, 캠퍼스도 서울 시내 곳곳에 흩어져 있었기 때문에 단과대학의 독립성이 매우 강하고 학사행정의 자율성이 상당히 보장되어 있었습니다. 따라서 단과대학의 학장은 "봉건영주"라고 불릴 정도로 상당한 힘을 행사했던 것이 사실입니다.
　　과거에는 단과대학 학장은 교수회에서 선출되었습니다만 5·16 이후 총장이 임명하는 제도로 바뀌었지요. 그래도 여전히 인사와 재정 면에서 상당한 자율성을 행사할 수 있었습니다. 예컨대 등록금 가운데 국고를 제외한 기성회비의 20%만 대학본부에 보내고 나머지 80%로 단과대학을 운영하는 데 썼습니다. 또 인사 면에서도 학장은 신임교수 채용에서 인사권을 행사했고 여기에 대해 총장의 구속을 받지 않았습니다. 말하자면 학장은 필요한 사람을 정원 안에서는 마음대로 채용할 수 있었던 것이지요. 더욱이 나는 당시 43세로 서울대학교 단과대학 학장 가운데 가장 젊은 편이었기 때문에 무서운 것 없이 패기 있게 업무를 수행하였던 것이지요.

윤진호 학장에 취임한 뒤 가장 먼저 한 일은 무엇이었습니까?

변형윤 우선 당시 서울상대 동창회장으로 있던 박두병(전 두산그룹 회장, 전 대한상의 회장) 회장에게 인사 차 찾아갔습니다. 상공회의소로 가서 인사를 드린 다음 돈이 없어서 등록을 못하는 학생들을 위해 당시 돈으로 200만 원을 도와달라고 부탁을 했더니, 박 회장은 흔쾌히 승낙을 했습니다. 이 돈을 학생과장에게 맡겨두고 등록을 못하는 학생들을 위해 장학금으로 주도록 했습니다. 당시 한 학기 등록금이 3만 원 정도였던 시절이었으니까 꽤 많은 학생들에게 혜택을 줄 수 있었습니다.

다음으로 좋은 교수들을 영입하려고 노력하였습니다. 미국의 일류대학에서 박사학위를 받은 김신행(컬럼비아대), 최범종(하버드대) 박사 등을 조교수로 영입하였고 동시에 경제학과 조교나 강사로 있던 사람들을 미국에 유학 보내어 박사학위를 받도록 하였습니다. 이 사람들 가운데 일부는 유학을 가기 싫어해서 거의 강요하다시피 해서 보냈습니다. 이들은 국비유학시험에 합격하여 장학금을 받고 미국 유학길을 떠났는데 나는 학장의 직권으로 이들이 박사학위를 받을 때까지 자리를 보장해 주었습니다. 학교에서 휴직기한이 다 되었으니까 귀국하라는 지시가 내려와도 학장이 최대한 막아줄 테니까 안심하고 유학을 가라고 설득을 했습니다.

윤진호 조교로 근무하던 사람들을 미국으로 유학을 보낼 때는 좋은 교수를 충원하고자 하는 목적 외에도 다른 목적이 있었습니까?

변형윤 나는 종래의 교수진으로는 부족하니 교수진을 탈바꿈해야 된다고 생각했습니다. 즉 나 나름대로는 가능하면 사회 모순에 대해 비판적인 생각을 가진 더 개혁적이고 진보적인 교수진을 구성하고자 했던 것입니다. 그런데 결국 이러한 나의 목적은 실패하고 말았습니다. 조교로 있던 시절에는 그렇지 않았던 사람들이 유학을 갔다 오니까 사람이 변해버렸던 것이지요. 미국식 사고방식과 학문 경향을 고스란히 몸에 붙이고 돌아온 것이 아니겠습니까? 이들이 이후 서울대 경제학과 교수가 되어 미국식 경제학과 가치관을 가르치게 됨에 따라, 서울대 경제학과의 학문적 풍조는 자연히 미국식으로 바뀌게 됩니다. 서울대 경제학과 교수들이 우리 사회에서 누리고 있는 영향력이나, 졸업생들이 우리 사회 곳곳에서 차지하고 있는 자리의 중요성을 생각할 때, 나로서는 매우 아쉽게 생각하는 대목입니다.

윤진호 그 밖에 학장으로서 업적은 어떠한 것이 있습니까?

변형윤 교수들의 연구 분위기를 진작하기 위해 경제연구소와 경영연구소에서 매월 교수발표회를 갖도록 하고 발표비로 당시 돈 10만 원씩을 지급했습니다. 나중에 서울대 종합화가 되어 경제학과가 사회과학대학 소속으로 되었을 때 사회과학대학 안에서도 경제학과 교수들이 단연 두각을 나타내었는데, 이는 서울상대 시절에 꾸준히 월례발표회를 개최한 덕이라고 생각합니다.

한편 학생들의 전과轉科 때 다른 단과대학에서는 학장들이 자유롭게 전과생을 받은 반면, 서울상대에서는 반드시 시험을 보아 그 결과에 따라 학생을 뽑도록 했습니다. 당시 전과와 관련하여 장관 등 높은 곳으로부터 청탁이 많았기 때문에, 이를 최대한 배제하고 공정하게 전과생을 뽑기 위한 조치였습니다. 그 결과로 나와 가까운 사람이 아들을 보내었다가 결국 낙방하여 원망을 들은 적도 있었지만, 나로서는 어쩔 수 없는 일이었습니다.

윤진호 학장직을 수행하면서 강의는 어떻게 했습니까?

변형윤 강의는 계속 했습니다. 1971년 봄 학기부터 계량경제학을 정기준 교수에게 넘기고 나는 한국경제론을 강의하기 시작했습니다. 이것도 내가 원했던 것이 아니라 맡을 사람이 없어서 맡게 되었던 것입니다. 그러나 한국경제론은 여러 분야의 전공과 관련된 과목이기 때문에 도저히 혼자서 강의할 자신이 없었습니다. 거기다가 외국에서 나온 책이나 논문도 한국경제론 강의에는 별 쓸모가 없었기 때문에 더욱 힘들었습니다. 그래서 생각해 낸 것이 집단강의(팀 티칭)입니다. 지금은 여러 대학에서 이러한 형태의 강의방식을 시도하고 있지만 당시만 해도 거의 시도해 본 적이 없는 방식이었습니다.

우선 한국은행 조사부에서 한국경제 관계의 자료를 많이 가지고 있었기 때문에 한국은행 조사부장을 강사로 임명하고 조사부 직원들로 강사진을 짜도록 부탁했습니다. 다만 첫 강의와 마지막 강의는 내가 직접 강의를 하였습니다. 나중에는 종암동에 있던 서울상대와 지리적으로 가까운 홍릉의 한국개발연구원(KDI)에 젊은 학자들이 많이 모여들게 됨에 따라 이 사람들을 한국경제론 강사로 초빙하였는데, 당시 강사로 나왔던 사람 가운데는 홍원탁, 최충식, 사공일 박사 등이 있었습니다. 나는 퇴임할 때까지 이러한 강의방식을 유지하였습니다.

'10월 유신'과 서울상대

윤진호 선생님께서 서울상대 학장직을 수행하던 1970년대 전반기는 '10월 유신'으로 박정희 대통령의 종신독재체제가 이루어지면서 여기에 저항하는 민주화 운동이 활발하게 전개되었던 시기이고 서울상대에서도 여러 차례 반정부 시위가 일어났었습니다. 학장으로서 이러한 학생들의 민주화 운동과 이를 억압하려는 유신정권 사이에 끼어 매우 곤란한 처지였으리라고 짐작이 갑니다만, 여기에 대해 말씀해 주십시오.

변형윤 그렇습니다. 서울상대 학장직을 수행하던 시기는 내 인생에서 가장 심적으로 괴로운 시기이기도 했습니다. 물론 그전에도 서울상대에서는 여러 차례 민주화 운동 관련 사건으로 교수나 학생들이 희생된 적이 있습니다. 1967년의 동백림 사건 때는 작곡가 윤이상, 화가 이응로 선생 등과 함께 당시 서울상대에 재직 중이던 강빈구 교수가 그 사건에 연루되어 학교를 그만두어야 했습니다. 중앙정보부는 프랑스와 독일에 거주하는 유학생과 교민 등이 동베를린의 북한 대사관과 평양을 드나들고 간첩교육을 받으며 대남적화 활동을 하였다고 주장하였습니다만 대법원 최종심에서는 간첩혐의로 유죄판결을 받은 사람은 아무도 없었습니다. 나중에 국가정보원 진실위원회(과거사건진실규명을통한발전위원회)는 이 사건에 대한 재조사 결과, 당시 국가보안법과 간첩죄를 무리하게 적용하여 사건을 확대·과장했다고 밝히고, 조사 과정에서 있었던 불법 연행과 가혹행위 등에 대해 사과할 것을 정부에 권고하기도 했습니다.

또 1968년에 발생한 통혁당 사건 때도 역시 박성준(성공회대 겸임교수), 신영복(성공회대 석좌교수) 등 '경제복지회' 활동을 하던 서울상대 졸업생과 재학생 등이 여러 명 구속되었습니다. 나는 당시 이들과는 그다지 교류가 없었기 때문에 사건의 실체는 잘 모릅니다만, 이들 대부분은 박정희 정권에 대한 반反정부적 생각을 가지고 있었던 것은 사실이지만 반反자본주의와는 거리가 있는 사람들이었습니다. 당시 경제학과 김수행(전 서울대 교수, 《자본론》 번역자) 조교도 이 사건과 관련하여 조교직을 그만두었는데, 내가 추천해서 한국외환은행으로 보낸 것이 생각납니다.

1969년에는 3선 개헌 반대운동으로 학교가 시끄러웠습니다. 박정희 대통령은 헌법에서 규정한 대통령의 두 차례 이상의 중임금지 조항으로 말미암아 다음 대통령 선거에서 출마가 불가능해지자, 1969년 초 조국근대화 작업을 완수하기 위해서는 강력한 지도력이 필요하다는 명분 아래 3선 개헌을 추진하겠다고 밝힘으로써 파란을 일으켰습니다. 이에 야당과 학생들은 거센 반대운동을 벌였는데 처음에 서울법대에서 시작된 개헌 반대운동은 순식간에 다른 단과대학으로 퍼졌습니다. 서울상대에서도 연일 학생들의 성토대회나 시위 등이 이어졌습니다. 7월 초에는 학생시위 규모가 확대되고 치열해지자 결국 정부는 휴교조치를 취하였고 서울공대 및 교양과정부에서는 경찰이 시위 학생은 물론이고, 사무직원들까지 무차별로 구타하는 일까지 벌어졌습니다.

그러나 이러한 사건들은 학장이 되기 전의 사건들이었기에, 내가 직접적으로 관여할 일은 없었습니다. 그런데 1970년 서울상대 학장에 취임하자마자 전태일 사건이 발생했습니다. 1970년 11월 13일 당시 평화시장 봉제노동자로 일하고 있던 고 전태일이 "노동자는 기계가 아니라 사람"이라고 외치면서 분신 자살한 이 사건은, 노동운동과 사회운동의 발전에 큰 영향을 주었으며 동시에 그때까지만 해도 노동 문제에 무관심했던 지식인 사회와 학생들에게도 큰 충격을 주었습니다. 사건이 일어난 지 닷새 뒤인 11월 18일, 서울상대생 200여 명은 "기업가는 근로자의 인간적 삶의 기초를 보장하고 노총은 본래의 사명을 다하라"고 결의한 뒤 무기한 단식농성에 돌입하였습니다. 이것은 1970년대의 학생운동이 노동운동과 연계되는 최초의 사건으로서, 그만큼 서울상대생들의 사회의식이 높았던 것을 반증하기도 합니다. 그러나 학장으로서는 가능한 한 농성을 풀도록 설득하는 수밖에 없었습니다. 그래서 내가 농성장에 찾아갔습니다. 학생들한테 "너희들 하는 게 틀렸으니까 하지 말아라!" 그렇게는 못했습니다. 왜냐하면 학생들 말이 맞으니까요. 그래서 그냥 급하니까 그저 설득을 할 수밖에 없었습니다. "나 좀 한 번 봐다우!" 하고 호소를 했습니다. 그래서 어떻게 농성이 풀리게 되었습니다. 이것은 학생들이 나에 대한 기본적인 신뢰를 가지고 있었기 때문에 가능한 일이었습니다.

윤진호 다음 해인 1971년은 제가 대학에 입학한 해인데 당시 공릉동에 있던 교양과정부에서 3월에 개강하자마자 교련 반대시위로 시작해서 사토 일본수상 방한 반대시위, 공명선거 운동 등 숨 돌릴 새도 없이 학생시위가 계속되었던 것이 기억납니다. 당시 서울상대에서도 시위가 격렬하게 벌어졌습니까?

변형윤 그렇습니다. 정부는 1968년 발생한 김신조 사건 후

이에 대한 대응책으로 "국가가 총무장을 한다는 전제 아래 징집 적령기의 대학생들에게 군사교육을 실시함으로써 유사시에 대비한다"는 명분으로 1971년 3월 15일부터 전국 대학에서 교련교육을 시작하였습니다. 그러나 이것은 박정희 대통령의 장기집권에 가장 큰 장애물이 되는 학생들의 민주화 운동을 막기 위해 신성한 상아탑을 병영화하고 학생들을 준準군인으로 순치시키겠다는 발상에서 나온 것이었습니다. 여기에 반발한 학생들은 1971년 3월 개강하자마자 일제히 교련 수강신청을 거부하고 교련 반대시위를 벌이기 시작했습니다. 4월 6일에는 서울상대생 1천여 명이 가두시위를 하였고 이어서 서울법대, 서울문리대, 서울사대생들이 시위를 벌였습니다. 당시에는 서울상대가 다른 단과대학에 앞서서 시위를 벌이는 경우가 많았습니다. 시위가 점차 확대되자 결국 당국은 4월 13일부터 임시휴강 조치를 내리고 학교 문을 닫아버렸습니다. 그러다가 4월 26일에 재개강을 하였습니다.

그러나 바로 4월 27일에 대통령 선거가 있었고 여기에서 박정희 대통령은 3선에 성공합니다. 그러자 학생들은 이를 부정, 불법, 관권선거로 규정하고 다시 전면적인 시위를 벌이게 됩니다. 이 과정에서 4월 14일에는 서울사대생들이 시위를 벌이다가 마침 학교 앞을 지나는 대통령 차량에 돌을 던짐으로써 완전무장한 기동경찰이 학교에 들어와 학생들을 무차별 폭행하는 일도 벌어졌습니다. 그런데 여기에는 알려지지 않은 비화가 있습니다. 이 날은 마침 한국개발연구원(KDI)의 기공식이 있던

날로서 박 대통령은 여기에 참석하러 가는 길이었습니다. 청와
대에서 홍릉에 있는 KDI로 가려면 서울상대가 있는 종암동 길
을 지나야 합니다. 그런데 당시 서울상대에서는 학생들이 도서
관에서 농성하면서 때로는 학교 밖으로 진출하여 경찰과 투석
전을 벌였기 때문에 자칫하면 어떤 일이 벌어질지 모르는 상황
이었습니다.

　　이렇게 되자 서울상대 출신인 홍종철 문교부장관으로부터
학장실로 전화가 걸려왔습니다. 내용은 박 대통령이 서울상대
앞을 지나도록 되어 있으니 학생들의 농성을 잠시라도 풀어줄
수 없겠느냐는 것이었습니다. 홍 장관으로서는 만일의 사태가
발생했을 때 서울상대 학생들에게 피해가 갈 것을 우려해서 학
교선배로서 도와주고자 전화를 한 것이었습니다. 결국 이것이
불가능하다는 것을 알자 홍 장관이 경호실에 이야기를 해서 대
통령의 차량경로를 동대문, 청량리로 우회하도록 변경하였는
데, 하필이면 당시 용두동에 있던 서울사대 앞을 지나다가 사건
이 발생한 것입니다. 학생들은 대통령 차량인지도 모르고 돌을
던졌던 것인데, 차량에 돌이 떨어지자 화가 난 박 대통령이 차
를 세우고 내렸던 것입니다. 일이 이렇게 되자 경호실 직원들도
사색이 되어 총을 뽑아들고 삼엄한 경계를 하였고 경찰들도 대
거 증강되었습니다. 박 대통령은 직접 서울사대 구내로 걸어 들
어와서 학교 관계자들을 모아놓고 "당신들이 직접 현장에 나가
서 학생들을 지도해야지 이렇게 안일하게 있으면 어떡하느냐"
고 질책하고 손에 흙이 묻은 학생들을 모두 체포하도록 명령했

습니다. 그 결과 수많은 학생들이 기동경찰에게 무차별 구타를
당하고 70여 명이 동대문 경찰서에 끌려가는 일이 벌어졌습니
다. 말하자면 서울상대가 당할 일을 서울사대가 대신 당한 꼴이
되어버렸습니다.

　　윤진호 선생님의 말씀을 들으니 새삼 데모가 거의 매일 계
속되었던 제 대학 시절의 기억이 떠오르는군요. 2학기에도 학
생들의 시위가 계속되자 결국 정부는 처음으로 위수령衛戍令을
발동해서 군대가 대학 구내에 진주하는 초유의 사태가 벌어지
게 되는데, 이 사건에 대해서 말씀해 주십시오.

　　변형윤 학생들의 시위가 전체 대학가로 확대되어 가자, 위
기의식을 느낀 정부는 10월 15일 서울시 일원에 위수령을 발동
하게 됩니다. 위수령에 따라 박정희 정권은 전국 주요대학에 휴
업령을 내리고, 7개 대학에 군 병력을 투입하는 한편 2백여 명
의 학생들을 제적하는 동시에 강제징집함으로써 대학생들의 민
주화 요구를 탱크로 짓밟았습니다. 당시 제적 및 강제징집을 당
했던 학생들 가운데 서울상대 학생으로서는 김상곤(경기도 교육
감), 김문수(경기도지사) 등도 있었습니다.
　　원래 위수령이란 "육군부대가 특정 지역에 주둔하면서 그
지역의 경비나 군대의 질서 유지, 시설물 보호를 하기 위해 발
동되는 대통령령"인데 경찰력으로도 충분히 대응할 수 있는 학
생들의 시위에 대해 탱크와 총으로 무장한 군인들을 동원했다

는 것은 목적과 수단 면에서 전혀 맞지 않는 일이며 독재정권 유지를 위해 무력을 동원한 일이라 하겠습니다. 사실상의 계엄령이나 마찬가지인 것이지요. 결국 위수령은 다음 해인 1972년의 10월 유신에 의한 박정희 정권의 영구집권을 위한 사전작업이자 예행연습이었다고 보아야 할 것입니다. 뒤에 진실화해위원회는 1971년의 위수령 당시의 인권침해에 대해 정부가 사과하고 현재도 존재하는 위수령의 법적 근거와 적용 범위를 명확히 정비할 필요가 있다고 정부에 권고하기도 했습니다.

아무튼 당시 나는 대학본부에서 열린 학장회의에 참석하고 있었는데 바로 군부대가 대학본부 구내로 진입하는 것이 아니겠습니까? 당시 서울대에 진주한 군부대의 총책임자는 김복동 대령(노태우 전 대통령의 처남)이었습니다. 그러고는 대학본부로부터 서울상대 학생 18명을 제적하라고 지시가 내려왔는데 여기에는 당시 학생회장이었던 김상곤을 비롯해서 김대환(인하대 교수, 전 노동부장관), 김승호(노동운동가) 등이 포함되어 있었습니다. 서울대학교 전체로는 모두 59명이 제적 명단에 포함되어 있었습니다. 이 명단을 받아든 나로서는 잘못도 없는 제자들을 내 손으로 잘라야 하니 참으로 기가 막힐 노릇이었습니다. 다음 날 이 문제를 논의하기 위해 교수회의를 소집했습니다. 그러나 18명이나 되는 학생들이 제적될 판인데도 회의에서 제적에 반대한다는 발언을 하는 교수는 한 사람도 없었습니다. 모두 눈치만 보고 있었던 것이지요. 그러니 학장으로서는 참으로 답답했습니다. 사실 10분 만에 끝날 회의를 서너 시간을 끌면서 교수들의 의견을 끌어내고자 했지만 결국 아무 말도 하는 사람이 없었습니다. 나로서는 도저히 학생들을 제적할 수가 없었기 때문에 결국 학장이 책임질 수밖에 없다고 생각하고 총장한테 사표를 제출했습니다. 그러나 총장이 그 자리에서 사표를 찢어버렸습니다. 결국 자기들이 지시해 놓고도 제적 책임은 학장에게 지우겠다는 뜻이겠지요. 이 문제는 학장의 손을 떠나서 위에서 결정되었는데 결국 서울상대 학생 18명이 제적되어 군에 징집되었습니다. 이 문제는 지금도 나로서는 가슴 아픈 사건으로 남아 있습니다.

윤진호 1972년 5월 초에는 이른바 '서울대 내란음모사건'이란 것이 발표되는데 여기에도 역시 서울상대 학생들이 관련되어 있었지요?

변형윤 그렇습니다. 1972년 5월 초에 정부에서는 서울대 재학생들이 혁명을 모의하였다고 발표했는데, 여기에는 조영래(인권변호사), 장기표(재야운동가), 이신범(국회의원) 등과 더불어서 서울상대생으로는 김근태(전 보건복지부장관, 전 민주당 상임고문), 심재권(국회의원) 등이 포함되어 있었습니다. 이 사건 역시 학생들 몇 명이 모여 정부를 전복하려는 음모를 꾸몄다는 어처구니없는 내용이었는데 결국 이들 모두 법정에서 내란음모죄가 아닌 다른 죄로 집행유예 등의 가벼운 처벌이 내려졌습니다. 이들은 이미 위수령 사태 당시에 제적된 학생들이었기 때문에 별도의 제적조치는 없었습니다.

윤진호 당시 대학 안에 중앙정보부 요원이나 정보과 형사들은 상주하지 않았습니까?

변형윤 10월 유신 이전에는 아직 중앙정보부 요원은 드나들지 않고 관할서 정보과 형사들이 드나든 것으로 압니다만 사복을 입고 있었기 때문에 잘 알 수 없었고 나는 학장으로서 이런 사람들을 절대 만나주지 않았기 때문에 이들의 행동에 대해서는 잘 알 수가 없었습니다.

윤진호 1972년 10월 박정희 대통령은 드디어 10월 유신이라는 비상조치를 통해 사실상의 종신대통령직에 오르면서, 독재정치가 극도에 달하게 되고 이에 따라 대학에 대한 정부의 강권탄압도 한층 강화되는데 당시의 상황을 말씀해 주십시오.

변형윤 1969년의 3선 개헌으로 다시 대통령 선거에 출마할 수 있게 된 박정희 대통령은 1971년의 대통령 선거에서 간신히 승리를 거둡니다. 당시 박정희 후보는 대통령 선거과정에서 "여러분에게 다시는 나를 찍어달라고 하지 않겠다"고 말하며 이번이 마지막이라고 국민들에게 약속하지만, 야당 후보였던 김대중 씨는 "박정희가 당선되면 헌법을 고쳐 선거가 필요 없는 총통이 되려 한다"고 주장했는데, 결국 김대중 씨의 말이 현실화되었던 것이지요.

10월 유신의 배경을 살펴보려면 당시 한국의 국제적, 정치적, 경제적, 사회적 상황을 살펴보아야 합니다. 국제적으로는 1970년 2월 발표된 닉슨 독트린을 계기로 하여 국제적 긴장완화 국면이 나타났고 그 여파로 남북관계도 급속히 진전되어 1972년 7월 4일 〈7·4 남북공동성명〉이 발표됩니다. 정치적으로는 당시의 헌법 아래에서 더 이상의 대통령 출마가 불가능해진 박 대통령과 그 추종세력들이 헌법을 고쳐서라도 종신대통령이 됨으로써 장기집권을 하려고 했던 정치적 야욕이 가장 큰 원인이었고, 여기에 1971년의 대통령 선거와 국회의원 선거에서 야당이 국민들의 큰 지지를 얻게 되자 집권세력이 위협을 느끼게 되었던 것이 또 하나의 요인으로 작용했습니다.

경제적으로는 1960년대의 외채에 의존한 공업화 과정이 막대한 외채상환 압박을 가져왔을 뿐만 아니라 1960년대 말이 되면 차관기업체들이 동시에 부실에 빠짐으로써 경제위기를 가져왔던 것이 정권의 위기로까지 비화되고 있었습니다. 마지막으로 사회적 측면에서는 경제개발 과정에서 대기업, 재벌은 급성장을 한 반면, 저임금과 저곡가정책으로 말미암아 노동자, 농민 등 민중의 생활은 고통에서 빠져나오지 못했고 이에 따라 이들의 불만이 폭발함으로써 전태일 사건, 광주廣州대단지 사건, 대한항공 빌딩 방화사건 등 사회적 사건들이 잇달아 일어나게 됩니다. 1970년대 들어 재야 세력 및 학생들의 반독재 민주화 운동도 한층 치열하게 전개되었습니다.

1971년은 제2차 경제개발 5개년계획이 끝나는 해였기 때문에 역시 박정희 대통령 임석 아래 평가교수단 평가회가 열렸는데, 나는 이 자리에서 인구와 고용 문제에 대해 보고를 맡았습니다. 나는 보고를 통해 공식 실업률이 7%라고 하지만 현실은 통계보다 훨씬 심각하다는 것, 젊은 사람들이 일자리를 찾으려 해도 자리가 없어서 취직을 못하고 있다는 것 등을 보고했습니다. 그러나 다른 참석자들은 거의 문제를 제기하지 않았고 그날 보고회는 매우 조용하게 끝났던 것으로 기억합니다. 결국 한국 경제의 정확한 현실과 민심의 동향이 박 대통령에게 제대로 보고되지 않고 있었던 것이지요.

아무튼 이러한 배경 아래에서 박정희 대통령과 그 추종세력들은 비상조치를 통해서라도 장기집권을 해야 하겠다는 결심을 굳히고 비밀리에 한태연, 갈봉근 같은 학자들과 젊은 검사들을 동원하여 유신헌법을 만들게 됩니다. 이러한 박 정권의 장기집권 시도는 심지어 여권 내부에서도 권력 갈등을 불러일으켜 오치성 내무부장관의 해임결의안이 가결되는 등 항명파동이 벌어지기도 했지만 결국 박 대통령의 강권정치로 이들 여당 안의 반대세력이 권력에서 축출되기도 했습니다.

드디어 1972년 10월 17일 박정희 대통령은 〈대통령 특별선언〉을 발표하여 국회를 해산하고 정당 및 정치활동을 중지시키는 등 헌법의 일부 기능을 정지하는 동시에 전국에 비상계엄령을 선포하였는데, 이는 사실상 5·16에 이은 또 하나의 친위 쿠데타라고 해야 할 것입니다. 1972년 10월 27일 이른바 비상국무

회의에서 유신헌법안이 의결되어 11월 21일 국민투표에서 확정
되고 12월 27일 발효됩니다. 이 과정은 모두 당시의 헌법과 관
계법을 무시하고 불법적인 절차에 의해서 진행되었으며 국민투
표 당시에는 행정조직을 총동원하여 국민들에게 찬성표를 던지
도록 강요하는 동시에 각종 부정투표 행위까지 동원되어 결국
유신헌법안이 가결되도록 하였습니다. 그 뒤 '통일주체국민회
의'라는 허수아비 조직을 구성하고 장충체육관에서 이른바 체
육관 선거를 통해 박정희 후보를 임기 6년의 제8대 대통령으로
다시 선출하지만 대통령 연임에 아무런 제한이 없었기 때문에
사실상 종신대통령이 되었던 것이지요.

윤진호 유신체제 성립 당시 서울상대 학생들에게는 피해가
없었는지요?

변형윤 박 정권은 유신헌법에 대한 국민들의 반발이 두려웠
던 나머지 전국 일원에 비상계엄령을 선포하고, 정치활동 목적
의 옥내외 집회 및 시위를 일절 금지하였으며, 언론, 출판, 보도
및 방송은 사전검열을 받도록 하고, 각 대학은 휴교 조치를 하
는 등 민주주의와 국민의 기본권을 말살하는 행위를 하였습니
다. 계엄 선포와 휴교 조치에 뒤이어 각 대학에도 계엄군이 진
주하게 됩니다.
　당시 종암동에 있던 서울상대는 인근에 있는 고려대와 함
께 동일한 계엄군 관할 아래 놓여 특전단特戰團이 진주했습니다.

특전단 본부를 고려대에 두고 서울상대에는 2개 대대가 주둔했습니다. 특전단 계엄군에는 사병은 없고 장교와 하사관만 있었기 때문에 실제 병력은 그다지 많지는 않았던 것으로 기억합니다. 계엄군이 대학에 진주하면 그 대학 책임자에게 신고를 하도록 되어 있는데 고려대에 본부를 둔 특전단장(대령)이 서울상대 학장에게 신고하러 온다는 연락을 받았습니다. 나는 누가 특전단장인지도 알지 못했는데 혹시 내가 가르친 육사 1기생이 아닌가 하고 궁금했습니다. 이를 확인하기 위해 학장실 문을 열어 놓고 특전단장이 들어올 때 어떠한 태도를 취하는지 보기로 하였습니다. 만약 육사 출신이라면 내가 육사에서 가르쳤다는 사실을 알 것이므로 들어올 때 고개를 숙일 것이고 아니면 머리가 뻣뻣할 것이라고 생각했기 때문입니다.

그런데 과연 특전단장이 들어오면서 고개를 숙였습니다. 알고 보니 바로 내가 육사에서 가르친 육사 1기생 전두환 대령이었습니다. 육사에서 성적이 우수한 편이 아니어서 잘 기억은 나지 않았지만 아무튼 내가 가르친 제자임은 분명했습니다. 전 대령은 학장실에 들어와서 매우 공손한 태도로 자리에 앉았습니다. 이야기를 나누어 보니 마음이 순하고 마치 선생님 앞의 학생과 같은 태도였습니다. 그러나 전 대령은 육사 시절 이야기는 한마디도 안 하고 계엄군이 주둔하게 된 경위를 설명한 다음 잘 부탁한다는 말을 하고 헤어졌습니다. 12월 14일 계엄령이 해제될 때까지 계엄군이 주둔하고 있었는데 그 뒤 한 차례인가 전 대령의 초청으로 점심을 대접받은 일도 있습니다. 고기를 굽고 당시 귀했던 조니 워커 양주까지 나오는 등 대접을 잘 받았습니다만 서로 사적인 이야기는 전혀 하지 않았습니다. 그 후 전두환 씨는 다시 만난 적이 없습니다.

윤진호 10월 유신이 일어났던 1972년 2학기는 제가 2학년이었는데 결국 휴강 조치가 해제되지 않은 채 방학에 들어가게 됨에 따라 학생들의 성적을 낼 수가 없어서 리포트를 우편으로 교수댁에 보내어 형식적으로 학점을 주는 방식을 취했고 이에 따라 전국 우체국에 우편물이 쇄도하는 등 홍역을 치렀던 것으로 기억합니다. 1973년 1학기에는 워낙 유신정권의 강권탄압으로 학생들도 움츠러들었던 시절이어서 제 대학생활 가운데 가장 조용히 보낸 학기로 기억합니다만 2학기 들어 10월 유신 1주년을 앞두고 유신철폐운동이 다시 시작됩니다. 서울문리대의 유신반대시위로부터 시작된 학생들의 운동은 서울법대, 서울상대, 그리고 다른 대학들로 급속하게 파급되었는데 당시 서울상대의 상황은 어떠했는지요?

변형윤 1973년 10월 5일에 서울상대생 300여 명이 교정에 모여 유신반대를 외치면서 15일까지 동맹휴학에 들어가기로 결의하고 연좌데모를 벌였습니다. 10월 유신 후에는 학생시위가 일어나면 경찰이 대학 구내에까지 진입하여 학생들을 연행해 갔는데, 서울대 전체로는 215명이 연행되어 23명이 구속되었고 서울상대에서도 다수의 학생들이 연행되어 김병곤, 김병만 등이 구속되었습니다. 특히 김병곤은 나중에 민청학련 사건으로 다시 구속되어 사형선고까지 받고는, 재판정 최후진술에서 "영광입니다"라고 외쳐 전설이 되었던 사람입니다. 1990년 구로구청 사건으로 다시 구속되어 투옥 중에 암이 발병하여 뒤에 세상을 떠난 아까운 제자입니다. 김병곤은 이 유신반대시위로 첫 번째 구속을 당하는 등 모두 네 차례나 구속되었던 사람입니다.

윤진호 김병곤은 저와는 고등학교 및 대학 동창으로 절친한 사이였습니다. 타고난 지도자적 풍모와 확고한 신념 및 용기로 우리 사회의 민주화에 기여한 큰 인물이었는데 아깝게도 젊은 나이에 옥중에서 얻은 병으로 세상을 떠나 주위 사람들을 안타깝게 했지요.

변형윤 아무튼 1973년 2학기부터 학생운동의 무게 중심이 서울문리대, 서울법대로부터 서울상대로 옮겨 감에 따라 서울상대 학생들이 많은 피해를 입었습니다. 당시 학생회장이던 고영채(공인회계사)도 이때 제적을 당하게 됩니다. 정부의 탄압에도 불구하고 유신철폐 운동은 전국 각 대학으로 확산되어 학생들이 성토대회, 동맹휴학, 결의문 채택, 연좌시위, 가두시위 등을 벌이자 결국 정부는 11월 말에 조기방학을 시킴으로써 일단 대학가는 조용해졌습니다. 그러나 이후 야당과 재야 세력에 의해 유신헌법 개헌을 위한 백만인 서명운동이 벌어지는 등 민주화 열기가 고조되었습니다.

민청학련 사건과 서울상대

윤진호 그런 가운데 유신정권은 점점 독재를 강화하였고 이에 저항하는 국민들의 민주화 운동도 가열됨으로써 결국 박 정권은 멸망의 길을 걷게 되는데, 그 기폭제가 되었던 것이 바로 1974년의 민청학련 사건이 아니었나 생각합니다.

변형윤 재야 세력과 학생들의 반反유신 민주화 운동이 가열되면서 박정희 정권의 탄압도 점점 이성을 잃고 야만의 길을 치닫게 됩니다. 정부는 1974년 1월 긴급조치 1호를 선포하고 개헌운동을 주도했던 장준하, 백기완 씨 등을 구속함으로써 일단 개헌서명운동은 좌절되었습니다. 그러나 1974년 3월 신학기가 시작되면서 시퍼런 긴급조치의 서슬 아래서도 학생들의 유신철폐운동은 다시 불붙기 시작하였습니다. 서울문리대, 법대, 상대를 비롯해서 전국의 각 대학과 심지어 고등학교에서까지 성토대회, 유인물 배포, 농성 등이 일어났습니다. 특히 4월 3일에는 서울의대생 5백여 명이 흰 가운을 입고 시위에 나선 것을 비롯해서 여러 대학에서 동시다발로 대규모 시위가 일어났습니다. 서울상대의 경우에도 학생들이 207호 강의실에 모인 다음 교정으로 나가 성토대회를 열었습니다만 이미 형사들이 교내에 들어와 감시를 하고 있던 살벌한 분위기라서 겨우 30여 명의 학생들만 모였습니다. 그런데 이 자리에서 탁월한 지도적 능력을 보인 사람이 바로 당시 경제학과 4학년이던 김병곤이었습니다.

김병곤은 학생들의 발언이 끊어질 때마다 나서서 회의를 이끌었는데 그 당당한 태도와 말솜씨가 매우 인상적이어서 지금도 생생한 기억으로 남아 있습니다. 이와 달리 교수들은 용기가 없어서 아무런 일도 할 수 없었습니다.

아무튼 학생들의 유신철폐운동을 빌미로 하여 정부는 4월 3일 오후 긴급조치 4호를 선포하였는데 그 내용은 일찍이 찾아볼 수 없었을 만큼 잔혹한 것이었습니다. 긴급조치 4호의 내용을 보면 당시 학생시위를 주도하였다는 '전국민주청년학생총연맹'(민청학련)에 관련된 일체의 행위를 금지하고, 위반한 학교는 문교부장관이 폐교까지 시킬 수 있으며, 위반자는 법관의 영장 없이 체포, 구속하여 일반 법원이 아니라 비상군법회의에서 재판하고, 최고 사형까지 시킬 수 있다는 것으로 자유민주주의 체제의 원리를 정면으로 거스르는 파시즘적 독재체제 아래에서나 가능한 일을 박 정권은 저질렀던 것입니다. 4월 25일에는 중앙정보부에서 이른바 '민청학련 사건'을 발표했는데 이에 따르면 민청학련은 공산주의적 인민혁명의 수행을 기도했다는 것으로 1천 명 이상을 수사한 끝에 180명을 구속, 재판하였는데 그 가운데 40명이 서울대생이었습니다.

이 사건 관련자 가운데 서울상대생인 김병곤을 비롯해서 이철(전 국회의원), 유인태(현 국회의원), 나병식(풀빛미디어 회장) 등 7명에게는 사형이 언도되었고(나중에 6명은 무기징역으로 감형), 그 밖에 7명에게 무기징역, 12명에게 징역 20년이 선고되는 등 엄청난 중형이 선고됨으로써 국민들에게 큰 충격을 주었습니다. 그러나 국내 민주인사들의 노력과 빗발치는 국제여론을 이겨내지 못하고 정부는 이듬해 2월 15일 대통령 특별조치를 통해 관련자들을 석방함으로써 애초의 혐의가 모두 거짓임을 스스로 폭로하였습니다. 민주화 이후인 2005년 국가정보원 '과거사건진실규명을통한발전위원회'(진실위)는 이 사건에 대한 재조사 결과 "민청학련 사건은 학생들의 반정부 시위를 '공산주의자들의 배후조종을 받는 인민혁명 시도'로 왜곡한 학생운동 탄압사건"이라고 발표하였으며, 2009년 법원은 민청학련 사건 관련자들에게 "내란죄로 인정할 증거가 없다"며 무죄를 선고하였습니다. 이로써 그 사건은 박정희 정부가 왜곡하였던 민주주의 운동임이 공식으로 인정되었던 것입니다.

윤진호 민청학련 사건 당시 형사들이 제 하숙집까지 몇 번 찾아와 김병곤의 행방을 다그쳐 묻던 일이 기억이 납니다. 당시 학장으로서 선생님께서는 괴로운 처지에 빠졌을 것으로 짐작됩니다. 연행된 학생들의 석방을 위해 경찰서 출입을 많이 하셨다고 들었는데요.

변형윤 나야 당연히 학생들의 유신반대운동을 지지하고 학생들 편이었지만, 학장이라는 책무 때문에 할 수 없이 학생들을 말려야 할 처지이니 몹시 괴로웠습니다. 학생들에게는 여러분을 보호해 줄 힘이 없다는 것을 솔직하게 말하고 가능하면 몸을 다치지 않도록 당부할 수밖에 없었지요. 학생들을 위해서 해

줄 수 있는 일이라고는 고작해야 경찰서 유치장을 찾아가서 연행된 학생들을 위로하고 경찰 측에 학생들을 석방해 주도록 부탁하는 것밖에 없었기 때문에 경찰서 출입을 많이 했습니다.

윤진호 선생님이 학장 시절 학생들이 데모를 하면 교문에 나가 두 팔을 벌려 가두 진출을 막았다는 글도 보았는데요?

변형윤 나로서는 학생들의 가두 진출을 막았다기보다는 학생들이 혹여 다칠까 하는 염려가 더 컸었지요. 학생들이 "교수님이 이러시면 어떻게 합니까?" 하고 항의를 하면, 나는 "나는 너희들을 막고, 너희들은 나를 밀치고 나가는 것이 역사의 운명이잖아" 하고 답하곤 했습니다.

윤진호 어떤 글을 보니 선생님께서는 학장직 사표를 여덟 번이나 제출하였다고 되어 있던데 그만큼 어려운 사정이었음을 짐작할 수 있습니다.

변형윤 아마도 여덟 번도 더 되었을 것입니다. 늘 사표를 지니고 다닐 정도였으니까요. 그러나 사표를 제출할 때마다 총장이 찢어버리니 도리가 없었습니다. 그렇다고 해서 사표를 제출하고 나 몰라라 하면 새로 학장이 된 다른 교수가 짐을 질 수밖에 없으니 그렇게도 할 수 없었고, 이러지도 저러지도 못하고 애만 태우던 시절이었습니다.

윤진호 당시 선생님의 건강이 안 좋아서 강의할 때도 앉아
서 하셨던 것이 기억납니다.

변형윤 당시 정신적으로 힘들었을 뿐만 아니라 건강도 안
좋았습니다. 1973년 2월 말 졸업식 날 아침에 집에서 손님을 맞
기 위해 석유난로에 석유를 넣으려고 허리를 굽혔다가 돌연 칼
날로 허리를 도려내는 듯한 예리한 통증을 느꼈습니다. 일단 졸
업식에 참석했지만 고통이 계속되었기 때문에 식을 마치고 서
울대병원에 갔더니 디스크라는 판정을 받았습니다. 학생 문제
로 심적인 고통이 계속되는 데다가 글 쓰는 것이 밀려서 추운
데 글을 쓰느라고 나쁜 자세로 의자에 계속 앉아 있었던 것이
디스크 발병의 원인이었던 것 같습니다. 그 후 약 1년 반 동안
디스크 치료를 하면서 학장 직무를 수행하느라 고생했습니다.
다행히 담당의사가 미국에서 훈련받고 돌아온 디스크 전문의였
기 때문에 완치하는 데 큰 도움이 되었습니다. 그 뒤 항상 몸을
따뜻하게 하고 뜨거운 물에 목욕을 하는 등 많은 주의를 기울
였습니다.

윤진호 혹시 선생님 개인적으로도 정부의 감시를 받거나 조
사를 받은 적이 있습니까?

변형윤 당시 외국인 직접투자가 급격히 증가하던 시절인데,
외국인 직접투자의 문제점에 대해 글을 썼습니다. 그 내용은 외

국인 투자는 한국에 주둔하고 있는 미군과 같은 성격이다. 미국 본국의 명령, 본사의 명령에 따르는 것이기 때문에 문제가 많다는 것이었습니다. 같은 내용으로 서울대 문리대에서 특강도 몇 차례 했습니다. 그랬더니 중앙정보부에서 조사를 하겠다고 출두하라는 연락을 받았습니다. 그러나 총장이 만류했습니다. 서울대 학장 신분으로서 중앙정보부에 가서 조사받을 수는 없는 것이니 중앙정보부에서 와서 조사하라는 것이었습니다. 결국 이 주장이 받아들여져서 중앙정보부에서 두 사람이 학장실로 찾아왔습니다. 약 서너 시간에 걸쳐 조사를 받았는데 외국인 직접투자에 대해 반대하는 이유 등을 물어보았습니다. 그 후 경찰과 중앙정보부에서는 서울상대 학장을 해임해야 한다고 주장했지만 서울대 본부 측이 받아들이지 않아 유야무야된 것으로 알고 있습니다.

중화학공업화 정책에 대한 비판

윤진호 기록을 보면 당시 선생님께서는 잡지 등에 많은 글을 발표하였는데, 그 내용은 대부분 정부의 경제정책을 비판하는 내용이었습니다. 특히 중화학공업화 정책 등에 대해 비판하는 글을 쓴 것이 눈에 띕니다. 여기에 대해 말씀해 주십시오.

변형윤 당시에는 정부 정책에 대해 비판적인 생각을 갖고 있어도 자기 생각대로 글을 썼다가는 언제 중앙정보부에 잡혀갈지 모르는 시절이었기 때문에 비판적인 글을 쓰는 사람이 드물었습니다. 할 수 없이 나라도 써야겠다는 생각에서 제법 많은 글을 썼습니다. 더욱이 재야 학자도 아니고 국립대학인 서울상대 학장이 그런 글을 쓰니, 잡지사 등에서 더욱더 글 청탁을 많이 한 것 같습니다.

　박정희 대통령은 1973년 1월 12일 연두기자회견에서 중화학공업화 선언을 하였는데 그 내용을 보면 철강, 조선, 기계, 석유 등 중화학공업을 육성하여 수출상품 가운데서 중화학 제품이 50%를 훨씬 더 넘도록 만들어 1980년대에는 1백억 달러 수출과 1천 달러 국민소득을 달성하겠다는 것이었습니다. 이에 따라 정부는 향후 경제정책의 중점을 '중화학공업의 집중적 건설'에 두고 이를 통해 수출신장 및 국제수지를 개선해 나갈 것이라고 밝혔고 1973년부터 제4차 경제개발 5개년계획이 완료되는 1981년까지 중화학공업 6개 업종을 연차적으로 모두 완공시키겠다는 마스터플랜을 제시하였습니다.

　나는 정부의 이러한 계획에 대해 반대하는 글을 썼습니다. 물론 일반적으로 공업화 과정은 섬유산업 등 경공업에서 시작하여 점차 중화학공업 분야로 발전하는 것이 일반적 경향입니다. 특히 수출에 의존하고 있는 한국경제로서는 점차 경쟁력을 잃어가고 있는 경공업 제품만으로는 더 이상 안 되며 중화학공업 제품으로 옮겨가야 한다는 것은 당연한 이치였고 나로서도 이에 대해 반대한 것은 아닙니다. 다만 당시 정부가 발표한 중화학공업화의 내용을 보면, 경제적 합리성보다는 북한과의 체제경쟁에서 이기기 위해 군수산업 육성에 중점을 두고 있음이 분명했고, 이것은 필연적으로 경제적 합리성을 저해할 것으로 판단했기 때문에, 반대했던 것입니다. 실제로도 중점육성산업으로 선정된 철강·화학·비철금속·기계·조선·전자의 6개 전략업종은 대부분 군수산업과 관련된 것으로 국방부의 입김이 많이 작용한 것으로 알고 있습니다.

결국 정부의 적극적인 중화학공업 육성정책에 따라 1970년대 이후 중화학공업의 성장률은 경공업 성장률을 상회하게 되었고, 1970년대 중반 이후에는 그 성장속도가 가속화됩니다. 특히 중화학공업제품이 수출상품에서 차지하는 비중은 1970년의 12.8%에서 1980년에는 41.5%에 달하게 되어 수출산업의 고도화가 이루어졌습니다. 그러나 이러한 외형적인 성장에도 불구하고 수출산업 내부의 소재·부품·자본재 등 관련 부문들 사이의 분업연관이 미약하여, 수출의존적 산업구조가 심화되고 대외여건의 변화에 쉽게 영향을 받게 되는 등 산업구조의 취약성을 드러내게 되었습니다. 또 정부의 특혜적 편중 지원 속에서 이를 노린 기업들의 과당경쟁으로 중복과잉투자가 만연하게 됩니다. 결국 1979년의 석유파동 이후의 불황 속에서 정부는 1980년 중화학공업 투자조정을 단행했고, 중화학공업화를 통해 나타난 여러 가지 문제점들에 대한 해결책의 일환으로서 1980년대 전반에 걸쳐 부품 및 소재 국산화, 중소기업계열화 정책 등을 추진하였습니다. 애초의 중화학공업화 정책이 무리한 정책이었다는 것이 입증된 셈이지요.

윤진호 1970년대는 재야 세력에 의한 민주화 운동이 치열하게 전개되기 시작했던 시기이기도 한데 선생님께서는 당시 재야 세력과 어떠한 관계를 가지고 있었는지요?

변형윤 당시만 해도 나는 학장직을 수행하느라고 정신이 없을 때여서 외부 사람들과는 별다른 관계를 가지고 있지 못했습니다. 다만 강원룡 목사가 주도하는 아카데미 하우스의 대화 모임에서는 경제 관련 토론회가 있으면 종종 나를 연사로 부르곤 했기 때문에 이 모임에 참석하는 사람들과 자주 어울렸는데 대부분 한신대 그룹이었습니다. 그 가운데 안병무 교수(한신대)와 특히 가까웠습니다. 또 서울상대 출신이거나 이웃한 고려대에 재직 중이던 교수들과도 자주 어울렸는데, 특히 민족경제론으로 유명한 박현채 교수(조선대)를 비롯해서, 유인호(중앙대), 정윤형(홍익대), 조용범(고려대) 교수 등과 자주 어울렸습니다. 그러나 괴로운 일이 있어도 혼자 삭혀야 할 때가 더 많았는데, 이럴 때 종종 안병직 교수(서울대)가 말벗이 되어주곤 했습니다.

서울상대, 역사 속으로 사라지다

윤진호 1975년 각 단과대학별로 서울 시내에 흩어져 있던 서울대 캠퍼스가 관악산 캠퍼스로 이전하면서, 이른바 서울대 종합화계획이 추진되고 그 결과 서울상대도 해체되는 비운을 맡게 되는데, 선생님께서도 무척 가슴 아팠으리라고 생각합니다. 이에 대해 말씀해 주시겠습니까?

변형윤 서울대 종합화계획은 이전부터 몇 차례 수립된 적이 있지만 매번 예산상의 문제와 정부의 의지 부족 등으로 말미암아 무산되었습니다. 그러다가 최문환 총장 시절인 1967년 박정희 대통령의 지시에 따라 〈서울대학교 종합화 10개년 계획〉이 수립되면서 본격적으로 종합화가 추진됩니다. 종합화계획은 크게 보아 '캠퍼스 이전 및 종합화'라는 하드웨어 부문과 '단과대학 재편'이라는 소프트웨어 부문으로 나뉘어 추진되었는데, 초기에는 주로 캠퍼스 이전에 초점이 모아졌습니다. 즉 서울 시내 곳곳에 흩어져 있던 단과대학 캠퍼스를 새로운 종합 캠퍼스로 모은다는 것입니다.

새로 조성되는 종합 캠퍼스 부지로는 "한강 이남, 수원 이북"이라는 원칙에 따라 안양의 서울대 연습림, 수원의 서울농대 주변 등 여러 곳이 검토되었으나 결국 1969년 초 박 대통령과 홍종철 문교부장관, 최문환 총장 등이 관악산 기슭의 관악골프장을 답사한 뒤 이듬해 2월 이곳을 관악산 종합 캠퍼스 부지로 최종 결정하였습니다. 관악산 기슭으로 캠퍼스 위치가 정해진 데는 여러 가지 이유가 있겠지만 정치적 이유도 있었을 것으로 짐작합니다. 시내에 캠퍼스가 있다 보니까 무슨 일이 있을 때마다 데모를 하지 않습니까? 그러다 보니 저것을 멀리 보내야 하겠다고 생각하던 차에 〈종합화 10개년 계획〉으로 이를 합리화했던 것입니다. 관악산으로 가게 되면 데모를 하더라도 한강 다리만 막으면 된다는 생각이었겠지요. 따라서 이 계획에 대해서는 나는 처음부터 불순한 동기가 있다고 생각하고 이것은 안 된다고 생각했던 것입니다.

윤진호 종합화에 따른 단과대학 재편 과정에서 서울상대를 해체한다는 것은 언제부터 계획에 포함되었나요?

변형윤 서울대 종합화계획의 일환으로 '대학 종합화'라는 이름 아래 1975년 2월 단과대학이 재편성되었는데, 그 명분은 학문 영역 중심으로 대학을 재편성한다는 것이었습니다. 그러나 결국 이러한 개편을 통해 서울문리대가 인문대학, 사회과학대학, 자연과학대학 등 3개 대학으로 나누어진 반면, 서울상대는 해체되어 경제학과와 무역학과는 사회과학대학으로 편입되고 경영학과는 신설된 경영대학 소속으로 개편됩니다. 나머지 단과대학들은 거의 별다른 변화가 없었습니다. 이것만 보더라도 이른바 종합화계획의 실체는 결국 서울상대 해체를 그 주요 목표로 했다는 것을 알 수 있습니다.

이처럼 서울상대가 해체된 데는 몇 가지 이유가 있었습니다. 첫 번째는 서울상대가 가장 격렬하게 데모를 많이 하는 단과대학이었을 뿐만 아니라 민청학련 사건 등 유신독재에 반대하는 민주화 투쟁을 제일 앞장서서 벌였던 곳이기도 해서 당시의 집권층에게 미운 털이 단단히 박혀 있었다는 점을 들 수 있습니다. 말하자면 집권층의 입장에서는 서울상대가 눈엣가시 같은 존재였기 때문에 어떻게 해서든지 이를 없애고 싶어 했던 것이지요.

두 번째는 서울문리대의 야망이 있었습니다. 《서울대학교 50년사》에서도 서술되어 있는 바와 같이 당시 동숭동 캠퍼스에서 '대학의 대학'이라는 자부심을 지녀왔던 서울문리대는 관악 캠퍼스 이전을 계기로 하여 인문대, 사회과학대, 자연대 등 3개 단과대학으로 크게 확장하는 데 주도적인 역할을 하였는데, 이 과정에서 서울상대를 해체하여 경제학과와 무역학과를 사회과학대학으로 흡수하게 된 것이지요.

마지막으로 경영학과 교수들의 경영대학으로의 독립운동을 들 수 있습니다. 당시 서울상대 안에서 경영학과는 경제학과에 견주어 여러 모로 열세에 놓여 있었기 때문에 경영대학으로 독립하고자 하는 욕구가 강했습니다. 그런데 마침 N 교수가 미국 유학을 마치고 돌아오자 최문환 총장이 그를 교무부처장으로 임명하여 서울대 종합화계획 수립을 맡겼습니다. 이 사람은 미국식으로 경영대학을 분리, 독립시키고 나머지 경제학과와 무역학과를 사회과학대학에 편입시키는 안을 수립하는 데 결정적 역할을 하게 됩니다.

윤진호 당시 저도 대학 4학년 시절이었기 때문에 잘 기억하고 있는데 서울상대 해체 사실이 알려졌을 때 서울상대 재학생들과 동창생들은 이에 대해 거세게 반발했던 것으로 기억합니다만 당시의 상황에 대해 말씀해 주십시오.

변형윤 서울대 종합화계획이 발표되었을 때 초기에는 많은 서울상대 교수들이 '이 계획이 제대로 추진될 것이냐'는 회의적인 생각을 많이 했습니다. 그 전에도 몇 차례 종합화계획이 수립되었다가 무산된 적이 있었기 때문에, 이번에도 그렇게 될 것으로 본 것이지요. 그러나 차츰 종합화계획 추진이 본격화되면서 많은 서울상대 교수, 학생, 동창생들이 서울상대 해체에 반대했고 동맹휴학이나 시위까지 했는데 특히 1972년경부터 대학본부와 갈등이 본격화했습니다. 사실 애초에 서울대의 관악산 이전 시기는 1974년으로 예정되어 있었고 1974년 초에는 제1차 이전 대상 단과대학들을 받아들일 수 있는 최소한의 공사도 마무리되었습니다만 결국 1975년으로 1년을 연기하게 되는데, 그 이유 가운데 하나는 바로 서울상대 해체 반대 운동 때문이었습니다. 당시만 해도 홍종철 문교부장관, 홍성철 청와대 정무수석 비서관 등이 서울상대 출신이었기 때문에 서울상대의 입장을 지지해 주어서 힘이 되었습니다. 그러나 5·16 주체세력의 한 사람으로 강력한 권력을 가지고 있던 홍종철 장관이 1974년 낚시를 하러 갔다가 사고로 사망하고, 홍성철 수석 역시 1974년 8·15 사건(육영수 여사 저격사건)으로 정무수석 자리에서 물러났습니다. 그 대신 정무수석이 된 유 모 씨는 서울문리대 사회학과 출신이었기 때문에 서울문리대 입장을 지지했습니다.

윤진호 서울상대 해체 문제를 둘러싸고 학교 안에서 벌어졌던 여러 가지 갈등이 기억납니다만, 당시 서울상대 안의 분위기는 어떠했습니까?

변형윤 사실 서울상대가 해체된 데는 본부 측의 압력도 있었지만, 서울상대 안에서 교수, 학생들이 단결해서 저항하지 못했던 데도 일부 원인이 있습니다. 경영학과 교수들은 학장 눈치를 보느라고 교수회의에서는 아무 말도 못하고 있다가 본부에 대해서는 경영학과 독립운동을 벌였습니다. 또 당시 서울상대 안에는 교양과목 등 비경제, 경영분야 과목을 담당하는 서울문리대 출신 교수들이 몇 사람 있었는데 이들 역시 서울문리대의 후신인 사회과학대학으로의 편입을 지지하고 있었습니다. 이처럼 서울상대 안에서도 교수들 사이에 의견이 엇갈렸기 때문에 반대운동이 힘을 받을 수가 없었습니다. 뿐만 아니라 언론기관에도 서울문리대 출신들이 많이 있었기 때문에 여론 면에서도 서울상대가 불리했던 것이 사실입니다.

윤진호 종합화계획 추진 과정에서 선생님은 어떻게 대응하였으며 서울상대 해체에 반대하는 논리는 무엇이었습니까?

변형윤 서울대 본부에서 '종합화계획 기획위원회'란 것을 설치해서 종합화와 관련한 사항을 심의했는데, 앞에서도 말했다시피 나는 당시 디스크를 앓고 있어서 병원에 왔다 갔다 하느라고 별로 참석을 못했고 또 본부에서도 회의에 참석하라는 연락도 잘 해주지 않았습니다. 교무부처장이던 N 교수가 기획단장이 되어 종합화계획의 실제 추진을 맡고 있었습니다. 나는 서울상대 해체 문제와 관련해서 한심석 총장과 몇 차례 논쟁을 벌였습니다. "경제학은 사회과학의 한 분야이니까 사회과학대학으로 가야 한다"는 총장의 주장에 대해 나는 "그러면 법학도 사회과학의 한 분야인데 법대는 왜 그대로 남느냐, 서울법대가 사회과학대학으로 가면 경제학과도 가겠다"고 반박했습니다. 또 "미국식으로 경영대학이 독립해야 한다"는 주장에 대해서는 "경영학은 경제학의 토대 위에서 발전할 수 있다. 일본의 경우에는 대부분 경제학과와 경영학과가 같은 경제학부 안에 소속되어 있지 않은가?" 하고 반론을 폈습니다. 1973년 8월에는 서울상대 해체 반대 건의문을 작성하여 정식으로 학교본부에 제출하기도 했습니다만 결국 '쇠귀에 경 읽기' 식으로 아무런 효과를 보지 못했습니다.

윤진호 결국 1975년 2월 단과대학 재편성계획이 확정되면서 서울상대 해체도 확정되는데 이러한 확정안이 나오기까지에는 어떤 과정을 거쳤습니까?

변형윤 서울상대 해체안을 막을 길이 거의 없다는 것이 분명해짐에 따라, 단과대학 재편성안이 확정되기 전인 1974년 12월 초에 한심석 총장과 만나서 몇 가지 조건을 제시했습니다. 첫째, 무역학과도 경제학과와 함께 사회과학대학 소속으로 가야 한다고 요구했습니다. 당시 경영학과 측에서는 경제학과만 사회과학대학 소속으로 가고 무역학과는 경영대학 소속으로 재편하기를 원했지만 결국 무역학과도 사회과학대학 소속으로 재편되는 것으로 결론이 났습니다. 둘째, 사회과학대학의 초대 학장은 경제학과 교수로 임명해 달라고 요구했습니다. 한심석 총장은 나를 사회과학대 학장으로 생각하고 있었지만, 나는 그렇게 하는 것은 나를 두 번 죽이는 일이라고 사양하면서, 다시 경제학과의 시니어 교수를 학장으로 해 달라고 요구했습니다. 이 요구도 받아들여졌습니다. 셋째, 경제학과의 학생정원을 증원해 달라고 요구했습니다. 당시 경제학과의 정원은 한 학년 당 55명이었는데 이를 75명으로 증원해 달라는 것이었습니다. 당시만 해도 대학, 특히 국립대학교 학생정원은 문교부와 청와대에서 엄격하게 관리하고 있었기 때문에 매우 어려운 문제였지만 결국 이것도 받아들여졌습니다. 넷째, 경영대학 초대 학장역시 서울상대 출신 시니어 교수로 해 달라고 요구했는데, 이것역시 그대로 받아들여졌습니다.

윤진호 이리하여 결국 멀리는 1899년 설립된 대한제국의 상공학교로부터 출발하여 경성고등상업학교와 경성경제전문학교 시절을 거쳐 1946년 국립서울대학교 상과대학으로 출범한 지 30년 만에 서울상대는 해체라는 비운을 맞이하게 됩니다. 선생님께서는 1945년에 경성경제전문학교에 입학하여 국립대학으로 개편에 따라 서울상대를 졸업하고 다시 대학원을 수료하였으며 1955년부터는 서울상대 강사로서 학생들을 가르치는 일을 시작하여 이후 전임강사, 조교수, 부교수, 교수를 거쳤고 학장으로서 6년간 봉직하는 등 그야말로 서울상대에서 일생을 보내다시피 한 전형적인 '상대 맨MAN'이었다고 할 수 있습니다. 결국 마지막 학장으로서 서울상대 해체 과정을 직접 겪으면서 남다른 느낌을 가졌을 텐데 당시의 심정은 어떠하셨나요?

변형윤 이루 말로 표현할 수 없을 정도로 괴로웠습니다. 서울상대 해체안이 확정된 뒤 사실은 교수직을 그만두려고 했습니다. 며칠을 고민했지만 교수로 정년을 마치겠다는 애초의 계획을 저버릴 수가 없었습니다. 서울대를 그만두고 다른 사립대로 갈 길도 얼마든지 있었지만, 서울대에 대한 나 자신의 애착이 컸기 때문에 결국 그대로 평교수로 남아 조용히 지내기로 결심하였습니다.

윤진호 서울상대 해체의 충격뿐만 아니라 물리적으로도 오랫동안 정들었던 종암동 캠퍼스를 떠나 낯선 관악 캠퍼스로 옮기는 것이 쉽지만은 않았을 것으로 짐작됩니다. 저도 종암동 캠퍼스의 마지막 졸업생으로서 학부를 졸업하고 대학원은 관악 캠퍼스에서 다녔는데 당시 캠퍼스가 매우 낯설고 살풍경해서 정이 안 갔던 기억이 납니다. 당시 관악 캠퍼스의 분위기는 어떠하였습니까?

변형윤 한마디로 썰렁하기만 했습니다. 학교 건물들은 마치

군 막사처럼 멋없고 일률적으로 지어져서 캠퍼스의 낭만은 찾아볼 수 없는 형편이었습니다. 당시 관악 캠퍼스 건설본부장은 육사 7기 출신의 장군이었을 뿐만 아니라 건설공기 역시 매우 짧아 애초부터 대학 캠퍼스다운 건물을 짓는 것이 불가능했습니다. 캠퍼스 곳곳은 공사가 계속되고 있어 공사판 같기도 하고 군부대 같기도 한 것이 당시의 관악 캠퍼스의 풍경이었습니다. 조림이나 조경작업 역시 아직 초기 단계여서 캠퍼스에서 푸른색을 찾기도 어려웠고요.

윤진호 사회과학대학 소속으로 된 뒤 서로 다른 학문을 전공한 교수들이 한 군데 모인 셈인데, 교수들 사이의 분위기는 어떠하였습니까?

변형윤 나는 평교수로서 학과 운영에는 일절 관여하지 않았을뿐더러 아예 교수휴게실에 잘 나타나지 않았기 때문에 교수들 사이의 분위기가 어떠했는지도 잘 알지 못했습니다. 학장 자리에서 물러나고 보니까 언제 보았느냐는 식으로 모른 체하는 교수도 있었는데 세상일이 다 그런 것이 아니겠습니까?

유신시대의 종식과 새로운 시련

유신시대, 막을 내리다

윤진호 서울상대 해체와 관악 캠퍼스로의 이전 이후 선생님께서는 평교수로서 조용히 지내기를 원하셨는지 모르지만, 시대가 선생님이 조용히 지내도록 내버려두지 않았던 것 같습니다. 1970년대 말기는 유신독재체제가 온갖 모순을 드러내는 가운데 이에 대한 민주 세력의 반독재 민주화 투쟁과 유신 정권의 강경 탄압으로 말미암아 사회 전체가 동요하던 시기였고, 이는 또 대학에도 많은 영향을 미쳤습니다. 바로 이러한 혼란한 시기를 선생님께서는 어떻게 겪으셨는지요?

변형윤 1970년대 후반의 한국 사회는 밖으로는 커다란 정치 경제적 격동의 영향을 받았고, 국내적으로는 그야말로 무시무시한 유신독재체제가 지속되던 시절이었습니다. 1975년에는 베트남이 패망하고 공산화가 되면서 국제사회뿐만 아니라 박정희 정권에게도 큰 충격을 주었습니다. 국내적으로는 1974년의 민청학련 사건과 동아일보 광고사태 등에 이어 1975년에는 고려대생들의 유신반대시위를 이유로 긴급조치 제7호가 선포되었으며 인혁당 관련자 8명에 대한 사형이 집행되어 국제적인 항의사태를 일으켰습니다. 또 1975년 5월에는 유신헌법 반대자에 대해 최고 사형까지 선고할 수 있도록 한 긴급조치 제9호가 선포되었습니다. 1976년 3월 1일에는 민주구국선언 사건(명동 사건)이 있었고 8월에는 판문점에서 북한군에 의한 도끼만행 사건이 일어났습니다. 10월에는 박동선 사건이 미국 언론에 의해 폭로되었습니다. 1978년에는 박정희 대통령이 통일주체국민회의 대의원 선거(이른바 "체육관 선거")를 통해 제9대 대통령에 당선되었고 그해 12월에 제2차 오일쇼크가 있었습니다.

　박 대통령은, 학생들과 재야인사들이 유신철폐운동을 계속하자 이를 탄압하기 위해 긴급조치를 잇달아 선포하였습니다. 모두 9호까지 발포發布된 긴급조치는 초헌법적인 것으로 대통령의 자의에 의한 것이었고 그 목적은 모든 비판 세력을 침묵시키기 위해서였습니다. 특히 1975년의 긴급조치 제9호는 문교부장관이 이를 위반한 학생에 대해 퇴학, 정학 처분을 내릴 수 있을 뿐만 아니라 그 소속 학교를 폐교 처분하고 위반자에 대해 사형까지 처할 수 있도록 하는 무시무시한 내용이었습니다.

　이러한 가운데 학교 내부의 상황도 매우 좋지 못했습니다.

1975년 신학기가 시작되자마자 유신독재에 저항하는 학생들의 투쟁이 벌어졌는데 특히 1975년 4월 11일에는 서울농대 4학년 김상진이 유신독재에 항거해서 자살하는 안타까운 사건도 있었습니다. 유신독재체제에 항거하는 학생들의 저항이 계속되자 정부는 학생시위와 민주화 운동을 원천적으로 봉쇄하고자 긴급조치 제9호를 발포하였습니다.

정부는 한심석 총장을 사퇴시키고 그 대신 Y 총장을 임명했는데 Y 총장은 모 국립대 총장으로 있으면서 학생시위의 진압에 큰 공을 세운 대가로 서울대 총장이 되었다는 소문이 나돌았습니다. 사실 서울대 교수 출신이 아니면서 서울대 총장이 된 것은 매우 이례적인 일이었습니다. Y 총장은 교수들에게 담당지역을 정해서 학생시위가 일어나지 않도록 지키라는 명령을 내리기도 했습니다. 그러나 나는 1975년 2월 28일부로 학장을 그만두고 평교수 신분으로 돌아왔기 때문에 별다른 일 없이 조용히 지냈습니다.

아무튼 1975년 이후 거의 매 학기마다 학생들의 시위가 개강하자마자 시작되고 이에 학교는 휴업을 하는 사태가 되풀이되었습니다. 캠퍼스에는 늘 형사들과 정보부 요원들이 상주하면서 학생들의 동태를 감시하고 있었습니다.

윤진호 이 시기에 선생님께서는 학교 밖의 재야인사들과 어울리지는 않았습니까?

변형윤 그때까지만 해도 나는 재야인사들과 별다른 면식이 없었습니다. 다만 한신대 안병무 교수 등 기독교 계통의 사람들과는 종종 어울려서 세상 돌아가는 이야기를 듣곤 하는 정도였습니다.

윤진호 박 정권의 강권 독재체제와 민주화 세력의 투쟁 사이의 모순이 점점 격화되는 가운데 드디어 1979년이 되면 그 모순이 폭발하면서 유신체제는 종식을 고하게 되는데 이에 대해 말씀해 주십시오.

변형윤 그렇습니다. 1979년이 되면 각종 대형사건이 빈발하면서 유신체제는 파국으로 치닫게 됩니다. 우선 1979년 4월 3일에는 크리스천 아카데미 사건이 터졌습니다. 이 사건에는 내가 알고 있던 사람들도 다수 관련되어 있었기 때문에 나중에 자세히 언급하도록 하지요. 또 8월 11일에는 YH무역 노동자들이 신민당사에 들어가서 농성하다가 경찰의 강제해산 과정에서 여공 1명이 사망하는 이른바 'YH 사건'이 발생하였습니다. 이 사건과 관련하여 10월 4일에는 김영삼 신민당 총재가 국회에서 제명되었으며, 곧이어 부산·마산에서 학생과 시민들에 의한 대규모 반정부 시위(부마항쟁)가 일어남에 따라, 정부는 이 지역에 비상계엄령을 선포하였습니다. 바로 이 사건의 해결을 둘러싼 여권 내부의 논쟁 과정에서 결국 박 대통령이 김재규 중앙정보부장에 의해 피격, 사망하는 10·26 사태가 일어남으로써 유신체제는 종말을 고하게 됩니다. 이후 전국에 비상계엄령이 선포되고 정승화 육군참모총장이 계엄사령관이 되었으며 12월 6일에는 통일주체국민회의 대의원대회에서 최규하 씨가 제10대 대통령으로 선출되었습니다. 그리고 12월 12일에는 다시 전두환 합동수사본부 본부장 세력에 의해 정승화 계엄사령관이 연행되고 군 내부에서 충돌이 일어나는 12·12 사태가 발생하였습니다.

　이러한 일련의 과정을 되돌아보면, 유신체제의 내부적 모순이 폭발하면서 필연적으로 붕괴될 수밖에 없었던 것으로 보입니다만, 아쉬운 것은 유신체제의 종식이 곧 한국 사회의 민주화로 이어지지 못하고 또 다른 군사 쿠데타에 의해 제5공화국 독재정권으로 이어지게 되었다는 사실입니다.

　윤진호 선생님께서 박정희 대통령을 마지막으로 만났던 것은 언제였습니까?

　변형윤 정확한 날짜는 기억나지 않습니다만 박 대통령이 사망하기 얼마 전인 1979년 10월 초였습니다. 당시 한국경제는 매우 심각한 경제위기를 겪고 있었습니다. 제2차 석유위기의 영향과 무리한 중화학공업화에 따른 부작용 등으로 말미암아 1979년 들어 경제성장률은 급속도로 낮아졌고 국제수지가 크게 악화되었으며 물가상승률이 18%에 달하는 등 심각한 상황이 계속되었습니다. 민심이 흉흉해지고 정부에 대한 신뢰가 크게 떨어진 것은 물론입니다. 이에 정부는 기존의 성장 중심의 경제정책을 재조정하여 물가안정을 중심으로 한 〈경제안정화 종합대책〉을 제시하였습니다. 이를 논의하기 위해 10월 초 박 대통령이 참석한 가운데 물가안정 보고대회가 열렸습니다.

나는 이 회의에 평가교수 자격으로 참가하여 물가부문에 대한 보고를 담당하였습니다. 나는 이 보고에서 고도성장보다는 물가와 국제수지를 고려한 안정성장전략을 택해야 한다고 주장하였고 또 일반물가보다는 주로 서민들의 생활과 직결된 물품의 가격(생활물가)을 잡는 데 주력해야 한다고 주장했습니다. 이에 대해 박 대통령은 묵묵히 경청하였을 뿐 별다른 코멘트는 하지 않았습니다. 이 날이 내가 박 대통령의 얼굴을 마지막으로 본 날이었습니다.

윤진호 크리스천 아카데미 사건에 대해서도 좀 자세히 말씀해 주십시오.

변형윤 강원룡 목사가 운영하던 크리스천 아카데미는 교회 및 각 기관과 연계하여 각계의 지도자를 양성하기 위하여 중간집단 육성 프로그램을 시행해 왔는데, 그 내용은 노동조합이나 농민단체, 여성단체 등을 대상으로 노동자, 농민, 시민의 의식 개발에 주력하는 것이었습니다. 그러나 이것이 당국에 의해 노동운동과 농민운동을 활성화하기 위한 의식화교육의 배후세력으로 지목되면서 그로 말미암아 크리스천 아카데미 간사들을 비롯한 다수 인사들이 용공 혐의로 대거 구속되었습니다. 그 가운데는 당시 여성사회 간사였던 한명숙(전 민주통합당 대표)을 비롯해서 이우재(전 국회의원), 황한식(부산대), 장상환(경상대), 김세균(서울대), 신인령(전 이화여대 총장) 교수 등이 포함되어 있었는데 대부분 내가 잘 알고 있는 사람들이었습니다. 이 가운데 황한식, 장상환 등은 서울상대 졸업생들이고 한명숙 씨의 부군인 박성준(전 성공회대) 교수도 역시 서울상대 졸업생입니다. 또 김세균 교수는 서울상대에 재직하고 있던 김진균 교수의 동생입니다.

그런데 한 달 이상의 수사 과정을 거친 뒤 이들은 "용공서클"로 발표되었는데 이들이 결코 공산주의자나 용공주의자가 아니라는 것을 나는 잘 알고 있었습니다. 결국 수사 과정에서 고문에 의해 강제진술을 받았다는 것이 나중에 확인되었습니다. 아무튼 이 사건의 재판이 열리면서 나는 피고 측 증인으로 채택되었습니다. 피고 측에서 신청한 여러 증인들이 모두 거부된 상태에서 나는 그래도 국립대학 교수이고 이 사람들이 학교에 다닐 당시 선생이었다는 점을 참작하여 피고 측이 신청한 증인 가운데 유일하게 채택되었던 것입니다.

그런데 재판 바로 전날 내가 심사위원장이었던 박사학위 취득자의 초청으로 성북동의 대원각이란 고급 요정에서 저녁을 잘 얻어먹고 집에 돌아오니 피곤해서 그만 잠이 들어버렸습니다. 결국 그 다음 날 아무런 준비도 하지 못한 채 재판정에 증인으로 참석하게 되었는데, 아침에 집에서 나오면서 불현듯 어떤 아이디어가 떠올랐습니다. 당시 담당 검사는 박 모 검사였는데 서울법대에 다닐 당시 나에게 강의를 들은 적이 있다고 말했답니다. 그런데 검사가 논고를 하면서 모리스 돕M. Dobb(영국의 마르크스주의 경제학자)의 책을 피고인들이 소지하고 있었다는 것을 근거로 해서 이들을 용공주의자로 몰았습니다. 그래서 아침에 떠올랐던 아이디어를 살려 새뮤얼슨의 《경제학Economics》 이야기를 증인석에서 꺼냈습니다. 새뮤얼슨은 가장 대표적인 신고전학파 주류경제학자로서 "자본주의의 수호신"이라 불리는 사람이 아닙니까? 그런 사람이 쓴 대표적인 교과서인 《경제학》의 첫 페이지를 보면 경제학의 3대 저서로서 애덤 스미스의 《국부론》, 케인스의 《일반이론》, 그리고 마르크스의 《자본론》을 들고 있습니다. 즉 경제학을 전공하는 사람이라면 이 정도의 저서는 필수적으로 읽어보아야 한다는 것입니다. 이렇게 대중적인 책이고 누구나 읽을 수 있는 책이 《자본론》인데 돕의 책은 그 《자본론》을 해설한 책이니, 이 책을 지니고 있다고 해서 피고들을 공산주의자로 모는 것은 어불성설이라고 증언했습니다. 그러면서 피고들 대부분은 내가 평소에 잘 알고 있는 사람들로서 결코 공산주의자가 아니라고 말했습니다.

결국 이 증언이 먹혀들어 갔는지 피고인들은 무죄 판결을 받았는데, 재판장이 실제로 판결에서 내 증언을 언급했습니다. 그런데 증언이 끝나고 재판정에서 나오니까 문익환 목사가 인사를 하면서 커피나 한잔 하자고 내 손을 끌었습니다. 그래서 정동에 있는 한일병원 입구의 어느 건물 2층에 있는 한일다방에서 커피를 마시면서 이야기를 나누었습니다. 문 목사는 지금까지 재판정에서 기독교계 인사가 피고 측 증인으로 나온 적은 많았지만 국립대학 교수가 증언을 한 것은 처음이라면서 무척 놀랐고 또 고맙다고 감사의 인사를 했습니다. 바로 이 증언으로 말미암아 기독교계 사람들이 나를 좋게 보는 계기가 되었고, 이 것이 또 김대중 씨와 연결되는 고리가 되리라고는 당시 나는 짐작도 못했던 일입니다.

김대중 대통령과의 첫 만남

윤진호 마침 이야기가 나왔으니 선생님께서 김대중 대통령과 어떻게 만나게 되었는지를 말씀해 주십시오.

변형윤 1979년 크리스마스이브 전날인 12월 23일로 기억하는데, 전부터 친분이 있었던 고려대 이문영 교수가 쌍문동으로 이사를 가서 집들이를 하는 데 오라고 해서 참석하게 되었습니다. 이 교수의 집에 가보니 이미 안병무 교수(전 한신대)와 문익환 목사가 와 있었습니다. 그리고 조금 있다가 김대중 씨가 참석했는데 이때가 그를 처음 본 자리였습니다. 그런데 참석자들 사이에 오고가는 이야기를 들으면서 나 자신이 부끄러워졌습니다. 이분들은 이미 민주화 운동으로 말미암아 여러 차례 감옥에도 갔다 오는 등 많은 고생을 했는데 나는 아무런 기여도 하지 못했다는 사실이 부끄러웠던 것입니다.

윤진호 1979년 12월 말이면 신군부가 정승화 계엄사령관을 체포한 12·12 사태가 일어난 지 얼마 지나지 않은 때이고, 김대중 씨도 아직 사면복권이 안 된 상태였을 때라 몹시 어수선하고 힘든 상황이었을 것으로 짐작됩니다만, 당시 김대중 씨의 첫인상은 어떠했으며 그 자리에서는 어떠한 이야기가 오고 갔습니까?

변형윤 사실 일반 사람들에게는 김대중 씨가 정치인으로서, 또 재야운동가로서 항상 악을 쓰고, 투쟁을 하는 모습으로만 비추어졌고 나도 그런 선입견을 가지고 있었는데, 막상 직접 만나고 보니 결코 악을 쓰는 사람이 아니고 상당히 부드러운 사람이라는 인상을 받았습니다. 그 자리에서는 별다른 심각한 이야기는 없었고 그저 상황이 시끄러운 때라 세상 돌아가는 이야기만 하다가 헤어졌습니다.

윤진호 그런데 김대중 씨가 1980년 이른바 '김대중 내란음모 사건'으로 수감 중일 때 가족에게 보냈던 편지를 묶은 《김대중 옥중서신》이란 책을 보면, 감옥에 차입을 부탁한 책 제목들이 나오는데 그 가운데는 선생님의 책도 포함되어 있습니다. 이것으로 보아 김대중 씨는 이미 선생님과 만나기 전부터 선생님에 대해 알고 있었던 것이 아닐까요?

변형윤 아마 내 이름을 이미 알고 있었을지도 모르지요. 그러나 그 자리에서 김대중 씨는 별다른 내색은 하지 않았습니다.

윤진호 이후에 김대중 씨 측으로부터 다시 연락이 온 것은 언제쯤이었습니까?

변형윤 그 뒤 1980년 5월까지 김대중 씨를 직접 만난 것은 한 번 뿐이었습니다. 김대중 씨가 대통령 선거를 준비하면서 그 일환으로 연구소를 만들었는데, 이문영 교수가 연구소 책임을 맡고 있었습니다. 그런데 1980년 3월경 이문영 교수로부터 연구소 관계로 만나자는 연락을 받고 나갔더니 이 자리에 김대중 씨가 와 있었습니다.

윤진호 그 자리에서는 어떤 이야기가 오고 갔습니까?

변형윤 김대중 씨가 본격적으로 경제 문제에 대해 물어보기 시작했습니다. 지금 경제가 상당히 어려운데 어떻게 했으면 좋겠느냐는 내용이었습니다. 나는 주로 박 대통령의 경제정책에 대해 비판하는 이야기를 했습니다. 그런데 이미 김대중 씨는 내가 그 전에 썼던 글을 읽어본 것 같아서 장황하게 설명할 필요가 없었습니다. 우리가 대화를 나눈 시간은 겨우 10~20분 정도였습니다. 이 자리에는 모두 약 열 명 정도의 각 분야 전문가들이 참석해 있었고 각자가 자기 전문분야에 대해 이야기를 하는 식으로 진행되었습니다.

　　윤진호 사실 김대중 대통령은 경제 문제에 대해 일가견이
있는 분이고 《대중경제론》이라는 책까지 쓴 적이 있는데 선생
님께서는 당시 이 책을 읽어 보셨습니까?

　　변형윤 읽어 보았습니다. 《대중경제론》의 내용에 대해서는
나와 매우 친한 사이인 박현채 교수가 상당한 아이디어를 제공
한 것이기에 잘 알고 있었습니다. 따라서 김대중 씨에게 긴 설
명을 할 필요가 없다고 판단했던 것입니다.

　　윤진호 당시 김대중 씨가 집권하면 선생님에게 경제부총리
직을 제안하려 했다는 것은 많이 알려진 사실인데, 그 자리에서
그런 이야기가 오고 갔습니까?

　　변형윤 그 자리에서 그런 이야기가 오고 간 적은 없고, 나
중에 학교 연구실로 여러 사람이 찾아와서 김대중 씨의 의사를
전달하였습니다. 그 내용은 대통령 선거 준비 진영에 들어오라
는 것이었습니다. 그러나 내 대답은 확고한 “아니올시다”(No)였
습니다. 이 사람 저 사람 보내도 안 되니까 마지막에는 서남동
(전 연세대) 목사가 찾아와 두 시간 정도나 권유를 하였습니다
만, 내 생각은 확고하였습니다. 사실 김대중 씨는 마지막까지도
경제부총리 후보로 나에 대한 미련을 버리지 못했다고 들었습
니다.

　　윤진호 선생님께서 그렇게 확고하게 거절을 한 것은 무슨 이유에서였습니까? 혹시 '뜻을 펼쳐 볼 좋은 기회'라고 생각하지는 않았는지요?

　　변형윤 그렇지 않습니다. 나는 교수로서 정년을 맞는 것을 지상목표로 하고 있었습니다. 게다가 혼자 선거 캠프에 들어가서는 아무 일도 할 수 없다고 생각했습니다. 나와 뜻을 같이 하는 팀을 4~5명 정도로 구성해서 들어오라면 들어갈 수도 있었을지 모릅니다. 그러나 이것은 어디까지나 구실에 불과했고 속마음은 '정치판에는 들어가지 않는다'는 것이었습니다. 그래서 적당한 구실을 붙여서 얼버무렸던 것입니다. 나중에 보니 결국 다른 사람의 이름이 언론에 오르내리더군요.

　　윤진호 선거 캠프 참여를 거절한 다음에는 김대중 씨 측으로부터 접촉이 없었습니까?

　　변형윤 그 뒤에도 이문영 교수로부터 연락이 계속 왔지만, 나는 계속 거절했습니다. 가능하면 정치권과 거리를 두려고 했습니다. 나는 정치가 생리적으로 싫었습니다. 교수로서 정년퇴임을 하는 것이 내 목표였습니다.

'서울의 봄'의 한가운데 서다

윤진호 선생님의 그러한 바람에도 불구하고, 결국 선생님께서는 1980년 이른바 '서울의 봄'으로 일컬어지는 민주화 격랑의 한가운데 서게 되고, 또 이로 말미암아 해직이라는 고초를 당하게 되는데, 우선 그 전에 10·26으로부터 5·17에 이르기까지의 서울대 학내 상황에 대해 말씀해 주십시오.

변형윤 박정희 대통령의 죽음으로 말미암아 영원할 것만 같았던 유신체제가 붕괴되면서 온 국민은 진정한 민주주의가 실현되기를 열망하였고, 교수나 학생 등 서울대 구성원들도 물론 같은 마음이었습니다. 그러나 현실은 녹록치 않았습니다. 12·12 사태 이후 신군부가 실권을 장악하면서 구체제를 복원시키려는 움직임이 나타났기 때문에 결국 민주화를 열망하는 국민 대다수와 구체제를 복원시키려는 신군부 세력 및 이에 기댄 유신잔존 세력 사이의 대결구도로 말미암아 정국은 한 치 앞도 알 수 없는 안개정국으로 들어가게 되었습니다.

서울대 학생들은 10·26 사건 발생 이후 내려진 휴교령이 해제된 11월 16일부터 아연 활기를 되찾고 민주화 운동에 나섰습니다. 아직 비상계엄령이 해제되기도 전인 11월 22일에 관악캠퍼스에서는 경제학과 김유선(한국노동사회연구소장) 등 일부 학생들이 〈학원민주화 선언〉을 발표한 뒤, "조기 개헌과 조기 총선을 단행하라"는 유인물을 배포하고 시위를 벌였습니다. 이러한 정국 변화에 따라 학교 측에서도 그동안 학생운동과 관련하여 제적되었던 학생들의 복교를 허용하고 학사조정위원회를 설치하여 대학 운영의 여러 가지 문제를 논의하는 등 변화의 조짐을 보였습니다. 특히 1980년 3월 신학기를 맞아 부활된 학생회를 중심으로 학생들은 본격적인 민주화 운동에 나섰습니다. 4월 11일에는 유신정권에 목숨을 바쳐 항거했던 고 김상진의 장례식이 거행되었고 4·19 기념행사 역시 대대적으로 치렀습니다. 학생들은 4월 16일 아크로폴리스 광장에서 자유토론회를 열고 계엄령의 즉각 해제, 언론자유의 보장, 구속 중인 양심수의 석방 등을 요구하는 결의문을 채택하였습니다.

윤진호 이러한 학생들의 민주화에 대한 열기 고조와 더불어 서울대학교 교수들도 민주화 운동을 벌이기 시작하였지요?

변형윤 그렇습니다. 신학기를 맞아 학생들의 움직임이 본격화하고 사회적으로도 국민들의 민주화에 대한 열망이 높아지게 됨에 따라 교수들도 "우리도 가만히 있을 수 없다. 민주화를 위해 무엇인가를 해야 한다"는 생각을 하게 되었고 평소에 민주화 운동에 적극적이었던 교수들을 중심으로 구체적인 방안을 논의하기 시작했습니다. 그 구체적인 결과물로서 나온 것이 바로 서울대 교수협의회의 활성화였습니다. 사실 유신 시절에도 교수협의회가 존재하기는 했지만, 당시에는 주로 교수들의 보수나 복지 문제 등만 다루는 유명무실한 존재였습니다. 그러다가 서울의 봄을 맞으면서 교수협의회도 활성화하기 시작하였습니다.

그러다가 4월 3일 교수협의회 정기총회가 있다고 해서, 나는 경제학과의 동료 교수 몇 사람과 함께 참석했습니다. 회의 순서 마지막에 신임 회장 선출 차례가 되었는데 뜻하지 않게 누군가가 나를 추천했고, 참석자들이 박수로 호응함으로써 전혀 뜻밖에 회장으로 선출되었습니다. 아무런 생각도 없이 참석했다가 엉겁결에 회장으로 선출되었으니 회장 인사는 "감사합니다. 앞으로 열심히 하겠습니다"는 말로 끝냈습니다. 이 회의에서는 총장선출권을 교수회에 부여할 것, 교수재임용제를 폐지할 것 등 학원민주화를 위한 요구들도 결의되었습니다.

윤진호 선생님께서 서울대 교수협의회 회장으로 선출된 뒤 어떠한 활동을 하였습니까?

변형윤 당시 1980년 봄의 혼미한 정국과 더불어 대학사회에서도 유신독재의 후유증을 앓고 있었습니다. 즉 족벌사학들의 비리, 어용교수, 군사훈련, 대학자율화 등의 문제로 진통을 앓고 있었습니다. 그런 가운데 나는 교수협의회 회장으로서 한편으로는 서울대 교수들의 의견을 모아 학원자율화와 사회민주화를 위한 선언서를 발표하고, 다른 한편으로는 다른 대학의 교수협의회 회장들과 연합하여 역시 선언문을 발표하는 일에 나섰습니다. 이 경우 역시 서울대 교수협의회 회장인 내가 항상 대표자로 나설 수밖에 없었습니다.

1980년 3월로 예정된 개학을 앞두고 서울 시내 중견교수 몇 분들이 민주화를 위한 교수들의 의사표시로서 성명서를 발표하자는 데 뜻을 모았는데, 나중에 나도 서울대를 대표해서 여기에 추진위원으로 참여하였습니다. 그 결과 1980년 4월 24일에 서울 시내 14개 대학 교수 361명이 〈최근 학원사태에 관한 성명서〉(재경 교수 361명의 학원민주화 선언)를 발표했는데 대표자 명단에는 나(서울대), 조기준(고려대), 길현모(서강대), 이우성(성균관대), 유인호(중앙대), 조요한(숭전대), 이효재(이화여대) 교수 등의 이름이 열거되었습니다만, 역시 서울대 교수협의회장인 내가 주도자로 되었습니다. 이 성명서에서는 "대학은 국가 사회 지성의 거점이며 정의 실현의 보루로서 대학의 민주화는 사회 각 분야 민주화의 선결요건"이라고 하면서 ① 대학을 족벌체제로 운영하면서 횡포를 자행한 경영자 퇴진 ② 대학 군사교육의 근본적 개선 ③ 교수재임용제 철폐 ④ 교수협의회의 민주적 기능 강화 ⑤ 대학민주화 추진을 위한 교수협의회 결성 등을 요구하는 결의문을 채택했습니다. 이후 연세대, 중앙대, 한국외대, 동국대, 이화여대, 숙명여대 교수들도 각각 독자적인 시국선언문을 발표했습니다.

이러한 가운데 정국은 점점 파국으로 치닫고 있었습니다. 특히 1980년 5월이 되자 민주화를 위한 열망이 전국의 모든 대학을 휩쓸었고 서울대에서는 거의 매일 아크로폴리스 광장에 학생들이 모여 토론, 집회, 농성, 시위 등을 벌였습니다. 5월 1

일에는 복학생을 중심으로 약 1천 명이 모여 민주화를 위한 시국성토대회를 열고 비상계엄의 해제, 양심수의 석방, 국가보위법의 폐지 등을 요구하는 결의문을 채택하였으며, 5월 2일에는 약 1만 명의 대규모 학생들이 운집한 가운데 제1차 민주화대총회를 열고 비상계엄의 해제, 유신잔당의 축출, 노동삼권의 보장, 정부개헌안의 철회 등을 요구하였습니다. 이 집회는 철야농성으로 이어져 4일까지 계속되었습니다. 또 5월 7일부터는 학생회 주최로 '민주화 트레이닝' 기간을 설정하여 각 단과대학이 순차적으로 학생총회와 철야농성 집회를 가졌습니다.

이러한 학생들의 민주화 요구에도 불구하고 정국은 좀처럼 개일 기미를 보이기는커녕 점점 국민들의 요구와는 반대로 신군부와 유신잔당 세력에 의한 쿠데타 집권 쪽으로 움직이고 있었습니다. 이에 학생들은 교내 시위에 머물지 않고 교문 밖으로 진출하여 민주화와 정치일정의 공개를 촉구하게 됩니다. 5월 13일에는 서울 시내 6개 대학 학생 2,500여 명이 세종로 일대에서 가두시위를 벌였습니다. 5월 14일이 되자 서울대생들은 오전부터 수업을 중단하고 아크로폴리스에서 비상학생총회를 개최한 뒤 거리로 진출하였습니다. 이날 서울 도심에서는 서울대생을 비롯하여 약 7만 명에 가까운 대학생들이 참여한 대규모 시위가 벌어졌고 이는 밤 늦게까지 이어졌습니다. 5월 15일에도 서울대생들은 아크로폴리스에서 학생총회를 연 뒤 10여 명씩 무리를 지어 서울역 앞으로 집결하였습니다. 이날 역시 약 7만 명의 서울 시내 대학생들이 서울역, 남대문 등 도심에 집결하여 계엄철폐 등의 구호를 외쳤습니다.

윤진호 당시 저는 서울역 앞의 대우빌딩에 있는 한 연구소에 근무하고 있었는데, 날마다 수만 명의 대학생들이 서울역 광장을 꽉 메운 채 집회를 열고 행진을 하던 모습을 한눈에 볼 수 있었습니다. 정말 대단한 민주화의 열기였습니다. 대학생들의 가두시위가 한참이던 5월 15일에는 〈지식인 134인 시국선언〉으로 불린 성명서가 나왔는데 이 선언은 5·17 비상계엄령 확대 직전에 발표되었을 뿐만 아니라 전두환 보안사령관 겸 중앙정보부장의 사임을 명시적으로 요구함으로써 사회 각계에 큰 영향을 미쳤습니다. 선생님께서는 이 〈지식인 134인 시국선언〉에도 주도적으로 참여하였고 바로 그 때문에 그 후 큰 곤경을 치렀는데 그 경과를 말씀해 주십시오.

변형윤 〈지식인 134인 시국선언〉의 경과에 대해서는 이미 여기에 참여했던 몇 사람이 자세한 내용을 글로 쓴 적이 있기 때문에 내가 아는 한도 내에서만 그 경과를 이야기하겠습니다. 사실 나는 이 선언을 준비하는 초기단계에는 참여하지 않았습니다. 내가 알기로는 3월 중순에 유인호(중앙대), 서남동(연세대), 장을병(성균관대) 교수, 송건호(언론인) 씨 등이 논의 초기단계에 참여하여 사회 각 부문에서 우리 사회의 민주화를 염원하는 지식인들이 함께 의사표시를 할 필요성이 있다는 데 뜻을 모았다고 합니다. 이 자리에서는 위의 네 사람을 포함하여 9명의 준비위원을 선정했는데 바로 이 단계에서 내가 준비위원으로 거명되었습니다.

그 결과 1980년 3월 28일에 서울시청 앞에 있는 세실 레스토랑에서 제1차 준비위원회가 열렸는데, 나도 연락을 받고 이 자리에 참석하였습니다. 여기서 시국선언을 발표하되 계엄 해제 후 적당한 시기에 하기로 하고 선언에 참여할 후보자 명단을 각 준비위원들이 작성하기로 하였습니다. 이후 모두 다섯 차례의 준비위원회와 선언문 기초위원회가 열려 선언문을 가다듬었습니다. 이 과정에서 가장 기억에 남는 것은 국군보안사령관인 전두환 장군의 중앙정보부장(서리) 겸직 문제였습니다. 준비위원회에서는 군부의 정치개입에 대한 반대를 어느 정도 수위로 표현할 것인가를 둘러싸고 토론 끝에 겸직이 위법이므로 제7항에 이 부분을 추가하였습니다. 결국 선언문 발표 뒤에 합수부에서 가장 문제로 삼았던 것이 바로 이 부분이었습니다. 자기들의 우두머리 격인 전두환 장군을 직접적으로 공격하였기 때문이었지요.

5월 15일 오전에, 시국선언문 서명자 대표 9명이 법원 기자실에서 〈지식인 134인 시국선언문〉을 발표하였는데 그 내용은 비상계엄령 즉각 해제, 평화적 정권이양 일정을 밝힐 것, 학원자유 보장, 언론 자유 보장, 노동기본권 보장, 민주인사 석방 및 복권, 국군보안사령관의 중앙정보부장 겸직 시정 등 모두 일곱 개 항목이었습니다. 그날 아침 모든 언론매체들이 이 시국선언을 경쟁적으로 취재하고 녹화했지만 계엄사령부의 보도금지 명

령으로 말미암아 단 한 줄도 언론에 보도되지 않았습니다. 그러
나 이 시국선언은 갖가지 경로를 통해 국민들에게 알려지게 되
고, 많은 사람들이 관심을 가지게 되어 당시의 안개정국에 큰
영향을 주었던 것이 사실입니다.

　　윤진호 이 시국선언에 참가했던 분들은 이후 상당한 고난의
세월을 겪게 되지요?

　　변형윤 그렇습니다. 이 시국선언에 참가했다는 이유로 대학
교수들을 비롯하여 많은 사람들이 직장에서 쫓겨났고 또 합수
부 등으로 끌려가 혹독한 취조와 모진 고문을 받고 이후 옥살
이를 해야만 했습니다. 나도 이로 말미암아 합수부로 끌려가 취
조를 받고 교수직에서 해직 당하는 아픔을 겪었습니다만, 지금
도 나는 이 시국선언에 참여했던 것을 전혀 후회하지 않습니다.
당시의 민주화 열기 속에서 유신독재체제로 회귀하려는 신군부
와 유신잔당 세력에 맞서 지식인들이 최소한의 사회적 책무를
다할 수 있는 길은, 이러한 선언문 발표밖에 없었기 때문에, 한
사람의 지식인이자 교육자로서 너무도 당연히 해야 할 일을 한
것뿐이라고 생각합니다.

5·17 조치와 남산 지하취조실

　　윤진호 바로 이 시국선언문 발표 이틀 뒤인 5월 17일, 비상

계엄을 전국으로 확대하고, 국회를 해산하며, 국가보위비상기
구를 설치하는 등을 내용으로 하는 이른바 '5·17 조치'가 발표
되었는데 이는 전두환 합수본부장이 주도하는 신군부 세력에
의한 군부 쿠데타였습니다. 선생님께서는 5·17 조치를 어떻게
당하셨나요?

변형윤 5월 17일은 토요일이었는데 서울대 교수협의회의
이름으로 월요일인 19일에 시국선언을 발표하기로 되어 있었기
에, 이를 논의하기 위한 교수협의회 이사회가 있었습니다. 이사
회를 마치고 봉천동 고개 입구에 있는 일식집에서 저녁을 먹고
있는데 6시경 누군가가 전화로 소식을 알려주었습니다. 비상계
엄이 전국으로 확대되고 김대중 씨 등 정치인이 잡혀갔다는 내
용이었습니다. 그러나 우리는 이와는 상관없이 이미 준비했던
대로 월요일 아침에 선언문을 발표하기로 의견을 모으고 헤어
졌습니다. 그런데 다음 날인 일요일 저녁에 다시 연락이 왔는
데, 이미 계엄군이 학교에 진주했으니 월요일에 학교에 나오지
말라는 내용이었습니다. 서울대에 진주한 부대는 정호용 씨가
지휘하는 특전단이었습니다. 따라서 선언문 발표는 자연히 무
산될 수밖에 없었습니다.

윤진호 학교가 문을 닫은 후 선생님께서는 집에 계셨습니
까?

변형윤 아니오. 주모자는 체포된다는 소문이 떠돌았기 때문에 우선 몸을 피하기로 했습니다. 그런데 이런 경우 행동요령에 대해 내가 알고 있던 사실이 하나 있었습니다. 즉 관할 경찰국의 관할구역 밖으로 피신하는 것이 좋다는 것입니다. 그래서 경기도로 피신하기로 했습니다. 마침 내 동생이 의정부 부근 수락산 바로 아래서 과수원을 하고 있어서 일단 이곳으로 피하기로 했습니다. 그런데 의정부 과수원에 가보니 그 동네 이장이 내가 왔다는 사실을 이미 알고 있었습니다. 좁은 동네이다 보니 외지인이 와 있으면 금방 눈에 뜨였던 것이지요. 그래서 이곳에 있는 동안 낮에는 집에 있지 않기로 했습니다. 새벽에 일어나서 수락산 근처에 가서 아침을 먹고 수락산 꼭대기까지 올라갔다가 점심때쯤 내려와서 점심을 먹은 다음 다시 수락산 꼭대기까지 등산을 하는 생활을 반복했습니다. 저녁이 되면 수락산에서 내려와서 버스를 타고 의정부까지 가서 저녁을 먹고는 신문을 사서 뉴스를 읽었습니다. 신문은 온통 김대중 씨 관련 뉴스로 시커멓게 도배를 하다시피 되어 있었습니다. 나는 당시 언론검열 때문에 5·18 광주민주항쟁이 일어났다는 사실조차 까맣게 모르고 있었습니다. 우선 살아야겠다는 생각밖에 없었습니다. 그러다가 1주일쯤 뒤에 이제 괜찮다는 누군가의 연락을 받고 다시 집으로 돌아왔습니다.

윤진호 선생님은 지식인 시국선언의 주도자로서, 또 김대중 씨 관련자로서 합수부의 체포 대상이었는데 5·17 직후에 선생님이 체포되지 않았던 것은 무슨 까닭에서였습니까?

　　변형윤 아마도 내 짐작으로는 합수부 측에서 사건을 조작하고 이른바 '그림'을 그리는 데 시간이 필요했던 것이 아닌가 생각합니다. 거기다가 5·18 광주민주항쟁이 발생하면서 사태수습에 신경을 쓰느라 늦어졌던 것인지도 모르지요. 김대중 씨와 그 측근들이 합수부에 잡혀가서 아무리 고문을 당해도 합수부 측에서 원하는 대답이 안 나오니까 시간이 걸릴 수밖에 없었던 것이지요. 이들이 그 그림을 그리는 데 약 2개월이 걸렸습니다.

　　윤진호 선생님도 결국 7월 중순경 잡혀가게 되는데 당시의 상황은 어떠하였습니까?

　　변형윤 5월 말에 집에 돌아온 뒤 경찰도 찾아오지 않고 아무런 일도 일어나지 않았기 때문에 나로서는 체포되리라고 생각하지도 않았습니다. 사실 지식인 시국선언에 참가한 것 외에는 별다른 활동을 한 것도 아니고 김대중 씨와도 그동안 딱 두 번밖에 만난 적이 없기 때문에 이른바 '김대중 내란음모 사건'에 내가 연루되리라고는 생각하지 못했던 것이지요. 계엄군이 학교에서 철수한 뒤에는 학교에 정상적으로 출근도 했습니다. 어떤 사람은 우리 집에 전화했다가 내가 직접 받으니까 놀라기도 했는데 으레 내가 잡혀갔을 것으로 짐작했던 것이지요. 지인들이 학교나 집으로 자주 찾아오기도 했습니다.

그런데 7월 15일에 제자인 H 군의 일로 부산에 내려가게 되었습니다. 부산에서 일을 마치고 자갈치 시장에 가서 소주 한 잔에 회를 먹은 뒤 밤차로 서울로 돌아왔습니다.

집에 온 다음 날 마침 글을 쓸 일이 있어 마무리 한 다음 저녁을 먹고 피곤해서 자리에 누웠는데, 저녁 8시 반쯤 초인종이 울렸습니다. 집사람이 나가 보더니 합수부에서 찾아왔다는 것이었습니다. 집사람은 사실 합수부가 무엇을 하는 곳인지도 몰랐기 때문에 어리둥절한 표정이었습니다. 나는 속으로 올 것이 왔구나 하고 생각했습니다. 두 사람이 들어와서는 합수부에서 왔으니 잠깐 같이 가자는 것이었습니다. 그러고는 나를 차에 태우더니 양쪽에서 팔짱을 꼈습니다. 당시 우리 집은 신대방동에 있었는데 나를 태운 차는 한강대교를 건너서 삼각지, 용산고를 지나 힐튼호텔 쪽으로 달렸습니다. 나로서는 어디로 가는지 짐작조차 할 수 없었습니다. 힐튼호텔 앞에 이르자 나에게 상의를 벗으라고 하더니 그 상의로 내 눈을 가리고 달리다가 어딘지 모르는 곳에서 잠시 정차했습니다. 문 열리는 소리가 나더니 다시 차가 우회전해서 그 문 안으로 들어가고 문이 잠겼는데, 그 "철컹" 하는 소리에 내 심장이 "쿵" 하고 내려앉는 듯했습니다. 아찔했습니다. '이제는 아무도 모르는 곳에서 죽는구나' 하는 생각이 머리를 스쳤습니다. 자동차는 어느 건물을 한 바퀴 돌더니 건물 앞에 섰고 나는 건물 안으로 들어가서 불이 환하게 켜 있는 방으로 인도되었습니다. 나중에 알고 보니 내가 끌려갔던 곳은 중앙정보부 남산분실의 지하 2층 취조실이었습니다. 그들의 입장에서 보면 나는 중요인물이었기 때문에 남산분실로 끌고 왔던 것이지요.

윤진호 남산분실에 있는 동안 어떤 취조를 받았습니까? 가혹행위는 없었습니까?

변형윤 지하 취조실에는 창문도 없고 늘 전등이 켜 있어서 낮인지 밤인지도 알 수 없었습니다. 화장실에도 문이 없어서 항상 감시당하는 상태였습니다. 그저 아침, 저녁 식사를 주는 것으로 밤낮을 구별할 수 있었을 뿐입니다. 처음에는 태어나서부터 지금까지 살아온 모든 내용에 대해 글을 작성하도록 했습니다. 특히 김대중 씨와 관련된 내용을 집중적으로 쓰라는 것이었습니다. 나로서는 별로 숨길 것도 없기 때문에 당당하게 썼습니다. 그러나 취조관들은 내가 글을 쓰면 찢어버리고 쓰면 찢어버리고 하면서 자신들이 요구하는 내용이 나올 때까지 계속 글을 쓰게 했습니다.

이들이 요구하는 것은 김대중 세력이 반란을 꾀했다는 내용이었습니다. 그러나 나는 계속 아니라고 대답했습니다. 그들은 김대중 씨와 가까운 이문영 교수가 운영하는 연구소에서 나에게 준 돈 봉투를 발견했다면서 계속 다그쳤지만 나는 결코 돈을 받은 적이 없기 때문에 그대로 말할 수밖에 없었습니다. 3박 4일 동안 남산분실에 있으면서 버틸 대로 버티다가 결국 그들이 원하는 대로 글을 써 준 뒤에야 취조가 끝났습니다. 취조가 끝나고 자려고 누웠는데 혹시 무슨 일이 있을까 해서인지 수사관 두 명이 양쪽에서 지키고 있는 바람에 자는 것도 힘들었습니다.

사실 나보다 앞서 끌려간 송건호, 유인호 씨 등 다른 사람들은 모두 육체적 가혹행위를 당했다고 합니다. 그러나 나는 이미 '그림'이 다 그려진 다음에 끌려가서인지, 아니면 육사 교관을 한 경력 때문인지 육체적인 가혹행위는 당하지 않았습니다. 그러나 물론 잠을 제대로 못 자고 수사관의 취조를 계속 받는 등 정신적으로는 몹시 힘들었던 것은 사실입니다. 마지막에 나를 담당했던 취조관은 비교적 부드러운 사람이었는데 취조가 끝난 뒤 "선생님은 별일 없이 석방되실 것입니다" 하고 나를 안심시켰습니다. 그런데 이 취조관이 상부에 보고하러 갔다 오더니 사색이 다 되어서 나를 서울대 교수직에서 해직시키기로 했다고 알려주었습니다. 그러면서 집사람에게 사직서에 도장을 찍어주라고 전하라는 것이었습니다. 이리하여 합수부 사람들이 내가 없는 사이에 집에 찾아가서 집사람으로부터 사직서에 도장을 받아 총장에게 제출하였습니다. 사실 내 도장도 아니고 집사람 도장이었습니다. 파면이나 해직이 아니라 자진 사직 형식으로 학교에서 쫓겨나게 되었던 것이지요. 결국 7월 19일에 방면이 되어서 차를 태워서 집 앞까지 데려다 주었습니다. 아무 연락도 못 받았던 집사람은 내가 갑자기 집에 들어가니까 깜짝 놀라더군요.

윤진호 선생님께서 갑자기 어딘지도 모를 곳으로 끌려가니까 가족들도 무척 놀랐을 것 같습니다.

변형윤 그렇습니다. 집사람은 말할 것도 없고 다른 가족들도 내 행방을 몰라서 애를 태웠다고 합니다. 당시 아들은 미국 유학을 가려고 준비 중이었는데 내가 해직된 뒤에 유학을 포기하겠다고 말했지만, 내가 강권을 해서 결국 유학을 떠났습니다.

제11장
해직교수가 되어 만난 새로운 세계

해직교수가 되다

윤진호 5·17 이후 선생님뿐만 아니라 다른 교수들도 많이
해직된 것으로 압니다만.

변형윤 그렇습니다. 5·17 이후 민주화 운동과 관련하여 공
식발표만으로도 전국적으로 86명의 교수들이 해직되었는데 그
가운데 서울대에서는 모두 네 명이 해직되었습니다. 즉 나와 한
완상(사회학과), 김진균(사회학과), 이명현(철학과) 교수 등이었습
니다. 공식발표된 것 외에도 사립대학 등에서는 평소 재단의 눈
밖에 나 있던 교수들이 이번 기회에 함께 해직된 경우도 많았
다고 합니다.

윤진호 학생들을 가르치고 글을 쓰는 것을 본분으로 하는
교수가 해직된다는 것은 단순히 일자리를 빼앗기는 것뿐만 아
니라 가르치고 글을 쓴다는 일생의 목적 자체를 빼앗기는 것이
나 다름없기 때문에 더 큰 충격이 될 수밖에 없었을 것으로 짐
작합니다. 해직 뒤의 선생님의 생활은 해직 전에 견주어 어떻게
달라졌습니까?

변형윤 해직 직후에는 전화도 많이 오고 찾아오는 사람도
많고 해서 거의 정신이 없었습니다. 그러다가 차츰 사람들의 발
길이 끊어지기 시작했습니다. 가깝다고 생각했던 사람들도 하
나둘 연락을 끊기 시작했고 대신 전혀 생각지 못했던 사람들이
찾아와서 위로를 하기도 했습니다.

당시의 내 심정에 대해서는 중앙일보사에서 발간하는《이
코노미스트》지에 연재한 〈나의 정치방학〉이란 제목의 칼럼을
통해 자세히 서술했습니다. 그 글에도 썼다시피 내가 교수직 해
임 발령을 받은 것은 8월 중순이었지만 사직원을 제출한 것은
7월 중순이었습니다. 그런데 8월 말까지는 내가 책임자로 되어
있던 행정개혁위원회의 연구 프로젝트 보고서를 마무리 짓느라
고 매우 바빴기 때문에 해직 사실에 대해 심각하게 생각해볼
정신적, 시간적 여유가 없었습니다. 게다가 연구실의 짐을 집으
로 완전히 옮기기 전까지는 학교에 계속 출근했기 때문에 그
당시에는 마치 현직에 있는 사람인 것 같은 착각에 사로잡혀
있었는지도 모릅니다.

　그러다가 정작 8월 말이 되어 퇴직금, 공제회비, 전별금 등을 받고 신분증, 의료보험카드 등을 반납하는 등 퇴직 절차를 밟다 보니 점차 '아, 내가 해직자가 되었구나!' 하는 것을 느끼기 시작했습니다. 그러나 무어라고 해도 나로 하여금 해직자라는 사실을 절감하게 만든 것은 그때까지 고문으로 있던 모 국책은행으로부터 고문 해촉 통보를 받은 데다가 행정개혁위원회 연구보고서에서 내 이름이 책임자 명단에서 빠지고 다른 사람 이름으로 교체된 사건이었습니다. 보고서를 마무리 하느라고 학교 근처 여관에서 숙식하기까지 했는데 막상 보고서가 나올 시점에서는 해직교수라는 이유로 연구책임자 이름을 교체하였던 것이지요. 마침내 학교 연구실까지 비우고 출근을 안 하게 되니 해직자임을 실감할 수 있었습니다.

　특히 프랑스의 액상 프로방스에서 개최된 제4차 세계계량경제학회 총회에 참석이 불허된 것은 나로서는 견디기 힘든 일이었습니다. 1965년 이탈리아 로마에서 열린 제1차 대회에 참석한 것을 시작으로 1970년 영국 케임브리지대에서 열린 제2차 대회, 1975년 캐나다의 토론토에서 열린 제3차 대회에 나는 모두 참석하여 수많은 저명 학자들과 친교를 맺었을 뿐만 아니라 경제학계의 최근 동향과 앞으로의 추세 등에 대해 파악할 수 있는 매우 귀중한 기회로 삼았습니다. 그런데 해직교수라는 이유만으로 회의 참석이 막히고 만 것입니다.

　한번은 이런 일도 있었습니다. 모 대학의 신문에 8월 1일자로 써 준 글이 해직교수의 글이라는 이유 때문에 그 대학 교수의 이름으로 바뀌어 버렸습니다. 말하자면 내 글이 딴 교수가 쓴 글로 둔갑해버린 것이지요. 이미 내가 쓴 글이 편집부 이름으로 바뀌거나 혹은 '전 서울대 교수' 대신에 '무슨 무슨 위원'이라는 직함으로 바뀐 것을 경험한 적은 있었지만 이렇게 완전히 다른 교수의 이름으로 둔갑해버린 일은 처음 겪는 일이었습니다. 뒤에 안 일이지만 이것은 전적으로 그 대학의 학장으로 있는 사람의 정부에 대한 아부에서 빚어진 일이었습니다. 참으로 불쾌하기 짝이 없었습니다.

또 한번은 비행기를 타고 제주도에 갈 일이 있었는데 탑승 수속을 하면서 서류에 직업을 무엇이라고 적어야 할지 몰라 끙끙대다가 '자유업'이란 말을 생각해내고 혼자 좋아한 적도 있습니다. 자유업! 얼마나 멋지고 당당한 직업입니까? 그 어디에도 구애받지 않고 일하고 싶을 때 일하고 놀고 싶을 때 놀고 여행 가고 싶을 때 여행갈 수 있는 멋진 직업이 아닙니까?

윤진호 해직교수 신분이 되면서 경제적으로도 어려움이 있었을 텐데 어떻게 꾸려 가셨나요?

변형윤 나는 한편으로는 친척, 친지, 선배, 동료, 제자 등의 방문이 계속되고 점심이나 저녁식사에 초대도 계속되는 통에 한동안 바쁘게 지냈습니다만 마음 한구석에는 과연 앞으로 집안 살림을 어떻게 꾸려가야 할 것인가, 앞으로 어떻게 소일을 하고 무슨 책을 읽으며 무엇을 연구하면 좋을 것인가, 무엇보다도 앞으로 어떤 자세로 인생을 살아가야 할 것인가 등 생활에 대한 불안과 걱정이 자리 잡고 있었습니다.

집안 살림을 꾸려가는 것과 관련해서는 사표를 제출한 직후에 이미 집사람과 작은 딸에게 종전대로 지속하도록 하겠으니 조금도 동요하지 말라고 당부한 일이 있기는 하지만, 사실은 막막하기 짝이 없었습니다. 그러나 다행히도 평소 소박하고 절제된 살림을 살아왔기 때문에 우리 집 살림살이 규모 자체가 작은 데다가 자녀들도 모두 이미 고등교육을 마쳤기 때문에 교육비가 별로 들지 않았습니다. 당시 우리 가족은 집사람, 아들, 큰 딸, 작은 딸 해서 모두 다섯이었지만 아들은 군 복무 중에 있었고 큰 딸은 출가했기 때문에 결국 집에는 집사람과 작은 딸만 있었습니다. 그런데 작은 딸도 이미 대학을 졸업하고 대학원 조교로 있었던 터라 큰 걱정이 없었습니다. 그래서 퇴직금의 일부로 매달 생활비를 충당하고 나머지는 상호신용금고에 예치하여 그 이자로 나머지를 보충하였습니다.

얼마 뒤 아들은 제대를 하여 미국 유학을 위한 수속을 밟으면서도 동시에 모 대기업에 입사를 해서 집 살림을 일부 도와줄 수 있었기에 나에게는 큰 힘이 되었습니다. 몇 달 지나면서 오래 전부터 몸이 나빴던 집사람의 건강이 혹시 악화되어 의료비가 크게 들면 어떡하나 하는 걱정 외에는 그런대로 살림을 꾸려갈 수 있을 것 같아 어느 정도 마음의 안정을 되찾을 수 있었습니다.

윤진호 해직되신 뒤 책을 읽을 시간도 많아졌을 텐데 이 기간에 읽은 책 가운데 혹시 기억에 남는 책이 있다면 말씀해 주시겠습니까?

변형윤 나는 해직된 후 앞으로 어떤 자세로 살아갈 것인가를 결정하기 위해 동서양을 가리지 않고 여러 유명 인사들의 행적을 알아보기로 했고 또 여러 책을 읽어보기도 했습니다. 그 가운에 내게 가장 큰 감명을 주었던 것은 야나이바라 다다오矢內原忠雄(1893~1961, 전 동경대 총장) 선생과 장이욱張利郁(1895~1983, 전 서울대 총장) 선생의 책이었습니다. 우연인지 필연인지 두 사람 모두 비슷한 시대를 살아가면서 자신의 신념으로 말미암아 교직에서 해직당한 경험이 있었고 이를 글로 남겼습니다.

먼저 야나이바라 선생은 무교회주의자로 유명한 우치무라 간조內村鑑三의 제자로서 독실한 기독교 신자였는데 일제시대에 동경제대 교수로 재직할 당시 일본의 군국주의와 식민지 침략을 비판하다가 1937년 교수직에서 해임된 분입니다. 해직된 후에도 성서 연구와 집필로 소일하면서 꼿꼿한 자세로 살아오다가 1945년 일본이 제2차 세계대전에서 패망하자 동경대학 경제학부 교수로 복직되었고 나중에는 동경대학 총장을 지낸 일본의 최고 지성인의 한 사람으로서 "일본의 양심"으로까지 불리게 됩니다. 특히 교수직에서 해직되고부터 복직되기까지 8년 동안의 선생의 생활 자세는 나로서는 정말 본받을 만한 것이었습니다.

　　한편 장이욱 선생은 자신의 경험을 책으로 남겼는데 그것이 바로《나의 회고록》이란 책입니다. 장이욱 선생은 평안남도 출신으로 미국 유학 시절 안창호 선생을 만나 감화를 받고 홍사단에 입단하여 활동하였으며 1928년 유학을 마치고 귀국하여 평안북도 선천에 있는 미션스쿨인 신성학교의 교장으로 취임합니다. 그런데 1937년 5월 신사참배 거부가 발단이 된 이른바 '동우회 사건'으로 일제 식민지 경찰에 체포되었다가 이듬해 8월에 보석으로 석방됩니다. 해방 후에는 국립서울대 창설에 따라 초대 사범대 학장을 거쳐 1948년 5월 제3대 서울대 총장에 취임하였지만 정부 수립 후 이승만 정권으로부터 사직을 강요받고 같은 해 11월에 총장직에서 물러나게 됩니다. 그 뒤 홍사단 활동에 주력하다가 1960년 장면 정부 시절 잠깐 주미대사로 활동하였지만 5·16 군사 쿠데타가 일어나자 쿠데타를 비난하는 성명서를 발표하고 대사직을 사임하였습니다. 장이욱 선생은 민족 독립과 민주주의에 대한 신념 때문에 투옥과 해직을 당하면서도 흔들림 없이 꼿꼿한 자세를 유지했던 점에서 역시 나에게 큰 감명을 주었습니다.

　　그런데 장이욱 선생의 회고록을 읽어보면 이런 부분이 나옵니다. 즉 선생이 일경에 의해 투옥되었다가 1년여 만에 석방되어 학교에 돌아와 보니 신성학교 정문에는 "무운장구武運長久" "내선일체内鮮一體" 등의 구호가 적힌 커다란 현수막이 드리워져 있었고 친했던 동료들마저 자신을 죄인처럼 보거나 위험인물로 보았다는 것입니다. 그렇다고 이들을 나무랄 수는 없었는데 인간사회란 언제나 그랬던 것이 아닌가 하는 생각으로 선생은 아무런 불평 없이 외로운 나날을 보냈다고 합니다. 그런데 과거에 그냥 알고 지내던 사람들은 말할 것도 없고 종교계나 교육계에서 여러 해 동안 친하게 지내던 사람들 가운데에서도 남이 보는 자리에서 선생을 만나기를 꺼리는 사람도 많았다고 합니다.

나는 이 두 분의 글을 읽으면서 문득 나도 비슷한 처지에 있는 것이 아닌가 하는 생각을 하게 되었습니다. 나의 경우에도 해직 후에 보니 과거에 친하게 지내던 사람들 가운데서도 만나기를 꺼리는 사람이 있는가 하면, 전혀 생면부지의 사람들로부터 뜻하지 않게 격려를 받거나 도움을 받는 일도 생겼습니다. 그러기에 나는 어떠한 어려움이 있더라도 이 두 분 선생들처럼 꼿꼿한 자세로 살아가기로 결심을 했으며 또 평소에 가깝거나 내가 혜택이나 도움을 주었다고 생각하는 사람들이 전혀 연락을 주지 않더라도 조금도 섭섭하게 여기지 않기로 작정을 했습니다. 이로 말미암아 마음의 평정을 찾았음은 말할 나위도 없었습니다.

윤진호 해직 후 생면부지의 사람들로부터 격려를 받거나 도움을 받은 일이 있다고 하셨는데 그 가운데 기억나는 일이 있으면 말씀해 주십시오.

변형윤 우선 해직된 뒤 당장 시급한 일 가운데 하나가 의료보험 문제였습니다. 의료보험증을 학교에 반납하고 보니 집사

람이나 내가 큰 병에 걸리게 되면 그 치료비를 어떻게 감당하
나 하는 생각이 나를 무겁게 짓눌렀습니다. 그러던 차에 나와
평소 친분도 별로 없었던 사업가 S 씨가 자신의 회사 임원으로
내 이름을 등록시키고 의료보험 혜택을 받을 수 있도록 해주었
을 뿐만 아니라 복직할 때까지 매월 기본식대를 보조해 주었습
니다. 이로 말미암아 나중에 이분은 경찰에 불려가서 심문도 받
았다고 합니다. 나로서는 매우 고마운 분이 아닐 수 없습니다.

또 하나 생각나는 것은 이른바 '원고지 사건'입니다. 하루
는 우리 집에 난데없이 발송인을 밝히지 않은 우편물이 도착했
는데 꾸러미를 열어보니 그 안에는 원고지 한 권이 들어 있었
습니다. 아마도 내가 해직되었으니 좋은 글을 열심히 쓰라는 무
언의 충고였겠지만 나로서는 좋은 글을 써야 한다는 무거운 책
임감도 느꼈고 다른 한편으로는 이제 고정적 수입도 없는 판에
원고지를 메워서라도 생계를 유지해야 한다는 절박감도 느꼈습
니다. 아무튼 이 사건은 나로 하여금 새삼 열심히 글을 쓰기로
굳게 결심하게 만드는 계기가 되었습니다.

'거시기 산악회'와의 만남

윤진호 선생님은 해직 전까지 학자로서의 외길을 걸어왔기
때문에 사회적 활동이나 교우범위가 제한적일 수밖에 없었을
것으로 짐작합니다만 해직을 계기로 해서 이러한 틀에서 크게
벗어나게 되시지요? 이것은 해직으로 말미암아 선생님 생활에

일어난 가장 큰 변화라고도 할 수 있는데, 여기에 대해 말씀해 주십시오.

변형윤 해직 후 고마운 사람들이 많이 나타났지만 역시 그 가운데서도 가장 고마운 사람들을 꼽으라면 나와 고락을 같이 했던 '거시기 산악회' 사람들이라고 할 수 있습니다. 그 다리를 놓은 사람은 다름 아닌 제자인 박현채 교수였습니다. 해직된 뒤 내가 집에 있으니까 제자들이 여러 사람 찾아왔는데 이 사람들은 하나 같이 집에만 있으면 잡생각만 하게 되니까 밖으로 나가서 사람들과 어울려 등산이나 낚시 등을 하자고 권유하였습니다.

그 가운데 박현채 교수는 등산을 권했고 홍익대의 정윤형 교수는 낚시를 권했습니다. 그래서 양쪽에 다 몇 번 따라가기도 했습니다. 그런데 낚시는 너무 찌를 노려보느라 눈이 아프고 해서 안 하기로 했습니다. 그래서 그 다음부터는 박현채 교수를 따라서 등산을 다니기 시작했습니다. 박 교수와 나는 전부터 매우 친밀하게 지내던 사이였습니다. 특히 1979년 시국사건으로 박 교수가 재판을 받고 있을 때 변호하는 글들을 모아서 내가 재판장에게 직접 전달한 일도 있었습니다. 내가 해직되자 박 교수는 본격적으로 나를 억지로 끌다시피 해서 산으로 데리고 다니기 시작했습니다.

그러면서 만난 사람들이 바로 거시기 산악회 사람들입니다. 그 회원으로는 나와 박현채 외에도 이돈명(전 조선대 총장),

송건호(언론인), 백낙청(서울대), 이경의(숙명여대), 이호철(소설가), 김영덕(화가), 조태일(시인) 씨 등이 포함되어 있었습니다. 말하자면 누구보다 시대를 아파하고 또 시대로부터 아픔을 당한 지식인들이자 야인들이었고 시대의 양심과 같은 사람들이 모인 곳이었습니다. 이런 사람들이 함께 모여 암울하고 답답한 세월을 견디기 위해 산행을 하면서 울분을 뿜어내고 산의 맑은 공기를 마시면서 내공을 쌓아가던 곳이 곧 거시기 산악회였습니다. '거시기'란 명칭 자체는 아무런 의미도 없습니다. 우리 일행이 어느 날 북한산 일선사 뒤의 양지바른 바위에서 점심을 먹다가 산악회 이름을 짓자는 의견이 나왔는데 그때 이돈명 변호사가 좋은 이름이 생각이 나지 않아서 전라도 사투리로 "거시기, 거시기……"만 되풀이하니까 누군가가 따로 이름을 지을 것 없이 '거시기'를 따서 '거시기 산악회'로 하자고 해서 만장일치로 그 이름을 쓰게 되었습니다. 참으로 분위기를 구수하게 돋우어 주는 이름이 아닙니까?

윤진호 그렇게 해서 선생님께서 거시기 산악회 회원이 되신 거군요.

변형윤 그렇습니다. 그런데 회원들 가운데는 나보다 앞서 같이 어울려 산행을 한 사람들이 있었습니다. 나는 그 전에 등산을 별로 다닌 경험이 없었고 오히려 "더운데(혹은 추운데) 무슨 산에 올라가는가. 미친놈들 아니냐"고 욕도 한 적이 있어 속으로 뜨끔했지만 이제 내가 미친놈이 된 셈이지요. 그저 가자는 대로 죽으나 사나 소처럼 따라가서 등산을 하기 시작했습니다. 해직이 되고 집에 있다 보니 답답하던 차에 낚시도 가고 산행도 하니까 참 좋았습니다. 특히 산은 힘들게 올라갔다가 내려오니 처음에는 온몸이 아팠지만 정신적으로는 참 후련하고 속이 뻥 뚫리는 느낌이 들어 답답한 신세를 잊기에 좋았습니다.

윤진호 당시의 여러 산행 가운데 가장 기억에 남는 산행은 어느 것인지요?

변형윤 역시 거시기 산악회를 따라 맨 처음 갔던 지리산 등반이 가장 기억에 남습니다. 1980년 9월 중순경 박현채 교수와 동행하여 지리산 노고단 산행을 하였습니다. 잘 알려져 있듯이 박 교수는 소년 시절에 지리산에서 '소년 빨치산'으로 활동한 바 있어 이번 산행은 단순한 산행이 아니라 박 교수의 당시의 활동을 더듬으면서 본인의 입으로 직접 당시의 상황에 대해 설명을 듣는 역사적 의미도 있었습니다. 우리는 2박 3일의 일정으로 서울을 떠나 남원을 거쳐서 구례 화엄사 입구까지 갔습니다. 그곳에 도착하니 마침 비가 오기 시작했고 시간은 이럭저럭 오후 4시 무렵이 되었습니다. 우리 일행은 나, 박현채, 권광식(조선대 해직교수) 및 안내인 등 모두 4명이었는데 나로서는 처음으로 높은 산을 오르는 데다 우중이어서 걱정도 했습니다만 저녁 8시경 마침내 정상의 산장에 도착할 수 있었습니다. 이 과정에서 고생도 많이 했습니다. 특히 플래시 라이트도 없이 캄캄한 산길을 걸어가는데 비는 내리지, 눈은 나빠서 앞이 잘 보이지 않지, 땀과 비가 뒤섞여 안경을 가리니까 안경을 수시로 벗어서 닦아야지, 참 힘들었습니다. 나는 그저 일행에 뒤처지지 않으려고 발버둥을 치면서 이를 악물고 산길을 올랐습니다. 고생고생해서 산장에 오르니 이미 비를 피해 온 많은 등산객들로 산장은 만원이었습니다. 다행히 우리는 산장관리자 앞으로 보내는 소개장을 미리 받아두었기 때문에 저녁식사 준비와 잠자리를 큰 어려움 없이 해결할 수 있었습니다.

다음 날에도 비가 계속 내렸기 때문에 우리는 예정을 바꾸어서 천은사 쪽으로 하산했습니다. 일단 그 절 근처의 여관에서 하룻밤을 지내고 다음 날 일찍 일행인 권광식 교수의 안내로 근처에 있는 매천 황현黃玹(1855~1910, 조선 후기의 학자이자 우국지사) 선생의 사당을 찾았습니다. 근처에는 국민학교가 있었는데 그 교정에 선생의 시를 새긴 비석이 있었습니다. 그 시는 참으로 인상 깊었습니다.

秋燈掩卷 懷千古 難作人間 識者人

바로 이것이 우리나라가 일본에 의해 망하는 것을 보고 스스로 목숨을 끊기 직전에 황현 선생이 읊은 절명시絶命詩입니다. 이를 풀이하면 "가을 등불 아래 책을 덮고 옛 고사를 생각하니, 지식인 노릇을 하기가 참으로 어렵구나"라는 내용입니다. 이 얼마나 난세에 처한 지식인의 고민을 잘 표현해주고 있는가 하고 감탄을 금치 못했습니다. 그러면서 현재의 내 처지와 견주어 보기도 했습니다.

또 기억나는 산행은 광주·전남지역 해직교수들의 초청으로 갔던 또 다른 지리산 등반입니다. 당시 이 지역 해직교수 가운데 산악반 지도교수가 있어서 이 사람들은 거의 전문가 수준으로 지리산 등산을 여러 차례 한 경험이 있었습니다. 그런데 이 사람들이 우리 거시기 산악회를 초청한 것입니다. 초청 목적은 서로 친분을 다지자는 데 있었지만 다른 한편으로는 서울지역 해직교수들을 초청해서 지리산의 진짜 매운 맛(?)을 보여줌으로써 코를 납작하게 만들겠다는 다소 장난스러운 생각도 있었나 봅니다. 그래서 택한 코스가 지리산 등반 코스 가운데서도 가장 난코스라고 하는 대성골로 올라갔다가 칠선계곡으로 내려오는 코스였습니다.

나를 포함한 거시기 산악회의 몇몇 사람은 등산 초보자에 지나지 않았지만 우리는 오기로 똘똘 뭉친 사람들이었습니다. 세석평전에 저녁 6시쯤 도착해서 텐트를 친 다음 캠프파이어를 했습니다. 우리는 만취가 되도록 술을 마시고 새벽 1시 무렵이 되어서야 잠자리에 들었습니다. 현지 교수들은 "그러면 그렇지. 내일 아침 등산은 글렀고 여기서 끝나겠지" 하고 생각하면서 잠자리에 들었습니다. 그러나 웬걸. 새벽 6시에 모두 일어나 천왕봉까지 올라간 다음 칠선계곡으로 내려왔습니다. 특히 이틀 전에 비가 많이 와서 길이 미끄러웠기 때문에 혹시 낙오자나 사고자가 나오지 않을까 하는 염려에서 등산반 학생들까지 동원했다고 합니다. 여차하면 낙오자를 업고 내려올 생각이었다고 합니다. 그러나 결국 거시기 산악회 전원이 모두 자력으로 천왕봉까지 오른 다음 하산하여 저녁 8시 무렵에 마을에 도착했습니다. 자그마치 14시간이나 걸린 산행이었습니다. 박현채 교수는 너무 무리를 했으니 이 마을에서 숙박하자고 말했지만 나는 "무슨 소리야! 애초 계획대로 남원까지 가자"고 주장해서 마침 기다리고 있던 차를 타고 남원행 버스를 탈 수 있는 곳까지 가서 여관을 정한 다음 또 나가서 막걸리를 잔뜩 마셨습니다. 이렇게 되니 처음에는 우리를 깔보았던 광주·전남지역 해직교수들도 완전히 두 손 다 들었다고 실토를 했습니다.

이때 나는 비록 등산 경력은 얼마 되지 않았지만 기를 쓰고 따라갔습니다. '이 산에서 나를 도울 사람은 아무도 없다, 오직 나밖에 없다'는 생각으로 악으로 버티었습니다. 사람이란 참 신기한 존재여서 그렇게 하다 보니 또 그런대로 따라갈 수가 있었던 것입니다. 이 일을 계기로 해서 나는 등산에 어느 정도 자신이 붙었고 그 뒤 매주 일요일마다 열심히 거시기 산악회 회원들을 따라 산을 다녔습니다. 이렇게 해서 해직교수 4년 남짓 동안 약 200회 정도 등산을 했는데 지리산을 비롯해서 치악산, 한라산, 설악산, 오대산, 월출산, 점봉산, 계룡산, 대둔산, 주왕산, 무등산, 소백산, 덕유산, 태백산 등 웬만한 명산이란 명산은 거의 다 오르게 되었습니다.

윤진호 소설가 이호철 선생이 쓴 글을 보면 거시기 산악회 이야기가 나오는데 특히 그 가운데서도 비 오던 날에 선생님과 함께 북한산을 등반했던 이야기가 인상 깊었습니다. 선생님도 그 일을 기억하고 계신지요?

변형윤 그럼요. 1981년 여름으로 기억합니다만 매주 일요일마다 거시기 산악회에서 등산을 하는데 마침 그 전날 밤부터 비가 억수같이 오더니 새벽까지 계속되었습니다. 그날은 북한산 등산을 하기로 약속되어 있었는데 이런 날 누가 등산을 할까 하는 생각도 들었지만 어쨌든 다짐을 해놓은 바라 일단 약속장소까지 나가기로 했습니다. 그 장소는 구기터널 근처인데 원래 우리는 다방 같은 데를 약속장소로 정하지 않고 길에서 만납니다. 그러고는 10분 지각까지만 봐주고 더 늦으면 그냥 가버리는 것이 관례입니다.

나는 새벽 4시에 신대방동 집을 나와 약속장소에 도착했는데 비가 억수같이 쏟아지고 있어서 그런지 그곳에 가보니 아무도 없는 게 아니겠어요? 그래서 너무 비가 많이 와서 아무도 안 왔나 보다, 이왕 온 김에 나 혼자라도 올라가야겠다고 생각했습니다. 그런데 북한산 대남문 쪽으로 슬근슬근 올라가다 보니 저 위에서 누가 내려오는 것이 아니겠습니까? 이 빗속에 등산을 하는 나 같은 바보가 또 있나 보다 하고 생각하면서 가까이 가 보니 바로 이호철 씨와 이돈명 변호사가 아니겠어요? 알고 보니 내가 약속시간보다 좀 늦게 도착했는데 안 오는 줄 알고 두 사람이 먼저 산으로 올라가다가 세찬 비로 계곡물이 불어나 건널 수 없게 되자 도로 내려오는 길이었습니다. 그래서 우리는 서로 마주보고 한바탕 웃고는 다시 산행을 시작했습니다. 그러나 결국 불어난 계곡물로 말미암아 산 위로 올라가지는 못했습니다. 아무튼 이 일을 계기로 하여 거시기 산악회의 분위기가 잡히게 되었습니다.

윤진호 이호철 선생은 어떠한 상황에서도 약속은 지키고 마는 선생님의 성품을 가리켜 "크고 작은 일을 막론하고, 맡은 일에 대한 치열성, 철저성이 특색이다. 무슨 일이건 뜨뜻미지근한 법 없이 끝장을 보고야 만다. 이 점은 범황해도적 성격과도 통한다"고 서술하고 있는데 아마도 이러한 선생님의 성격에 깊은 인상을 받았나 봅니다.

변형윤 사실 거시기 산악회 회원들의 면면을 살펴보면 글 쓰는 사람들이 많고 야인 생활을 오래한 사람들도 많아서 시간 관념이 다소 불철저한 경우가 많았어요. 이러한 사람들 사이에서 나는 다소 이색적인 존재였습니다. 내가 워낙 확고하게 약속이나 시간을 잘 지키니까 다른 사람들도 자연히 따를 수밖에 없었고 그 뒤에는 우리 거시기 산악회에서는 늘 약속시간 10분이 지나면 무조건 출발하는 것이 불문율로 되었지요.

술 권하는 사회

윤진호 해직 후 선생님의 생활에서 달라진 것 가운데 술을 즐기게 된 것도 큰 변화의 하나가 아니겠습니까?

변형윤 그렇습니다. 해직됨으로써 내 인생에 또 하나 큰 변화가 따랐는데, 술맛을 알게 되었고 쇠고기 맛을 알게 된 것도 그 가운데 하나지요. 나는 그 전에는 고기를 별로 좋아하지 않았습니다. 그러다가 산악회 회원들을 따라 마포 주물럭집을 드나들면서 쇠고기 맛을 알게 되었지요. 처음에는 '주물럭집'이란 이름 때문에 오해를 해서 안 가겠다고 버텼던 일도 있습니다만 알고 보니 양푼에 고기를 손으로 주물러서 양념을 한다고 해서 붙인 이름이었습니다. 지금은 이런 옛 방식으로 고기를 주무르는 집은 많이 없어졌지요.

해직 전에는 술도 별로 좋아하지 않아서 그저 제자들이나 친한 사람들과 같이 가서 소주 한두 잔 하는 정도였습니다. 그러다가 해직이 되면서 여러 사람들과 어울려 술자리를 가지는 기회가 늘게 되었고 차츰 가장 대중적인 술인 소주와 막걸리를 좋아하게 되었지요. 사실 입맛도 바뀌었고 세상을 보는 눈도 바뀌어 더 넓은 세상을 보게 되었습니다. 술 먹는 자리에서는 맹물을 마시더라도 다른 사람들과 즐기다 보면 나도 취하게 됩니다. 때로는 맥주를 마시고는 빈 맥주 캔을 밟아 찌그러뜨리면서 "전두환 죽어라!"고 소리를 치기도 했지요.

윤진호 선생님은 맥주를 마실 때도 꼭 1천cc 컵을 고집하는 것으로 유명하신데요. 특히 제자들이 5백cc 컵으로 마시면 "쩨쩨하다"고 놀리곤 하시지요.

변형윤 그렇습니다. 이왕 마시는 김에 1천cc로 마셔야지 5백cc 컵은 보기에도 쩨쩨하지 않아요? 소주도 마찬가지입니다. 나는 소주를 마실 때도 늘 맥주잔을 따로 가져오라고 해서 거기에다 부어 마십니다. 조그만 소주잔은 보기만 해도 쩨쩨합니다. 그리고 산에서는 양주는 절대 안 마십니다. 한번은 거시기 산악회에서 북한산으로 산행을 했는데 겨울이라 추우니까 대남문 태고사 자리에서 불을 피워 불고기를 굽고 양주 한 병을 5~6명이 나누어서 마셨습니다. 그런데 산에서 내려올 때 모두들 뒤뚱뒤뚱 하는 것이 아니겠습니까? 그래도 길을 찾아 잘 내려왔습니다만 그 뒤에는 양주는 절대 금지로 되었습니다.

윤진호 해직기간 동안 거시기 산악회 회원들 외에 달리 자주 어울린 분들은 누구입니까? 또 해직기간 동안에 하신 일은 어떤 것들이 있습니까?

변형윤 물론 제자나 지인들은 자주 찾아왔고 특히 설이나 추석 등 명절에는 해직 전에 못지않게 많은 사람들이 찾아와서 나를 감격시켰습니다. 제자이자 서울대 경제학과 동료교수인 안병직 교수와 정기준 교수, 그리고 같은 해직교수 신분인 서울대 사회학과 김진균 교수 등은 특히 해직기간에도 자주 어울렸습니다. 그 밖에는 주로 기독교 계통의 사람들과 자주 어울렸는데 조승혁 목사와 연세대 신학과의 여러 교수들이었습니다. 그러면서 한신대 안병무 교수 등의 추천에 의해 한국신학연구소에서 발행하는 계간지인 《신학사상》의 기획위원회 멤버가 되었고 또 조승혁 목사의 추천으로 기독교 계통 연구소인 한국기독교사회문제연구원에서도 나를 출판자문위원으로 위촉해 주었습니다. 이 모두는 내가 해직생활로 말미암아 생긴 소외감을 느끼지 않도록 정기적으로 모임에 참석하게 하려는 깊은 배려에서 나왔던 것으로, 실제 정기적으로 모임에 참석하다 보니 많은 위로를 받을 수 있었습니다.

그런가 하면 뜻밖에도 서울대학교 행정대학원의 정책발전연구 과정의 특강은 계속할 수 있었습니다. 특강 제목은 〈시장경제와 계획경제〉였고 수강자는 정부의 국장급 이상, 국영기업체의 이사 이상, 군의 장성급 등이었습니다. 전두환 정권에 의해 해직당한 교수가 전두환 정권 아래 고급관료와 군 장성들을 가르치는 것 자체가 매우 아이러니컬한 일이었습니다만 나에게 유일하게 주어진 강의 기회였기 때문에 열심히 했습니다.

그 밖에도 좋은 책을 내기 위해 노력하는 10개 출판사가 힘을 합쳐 만든 '오늘의 책 선정위원회'의 위원장으로 위촉을 받아 3개월에 한 번씩 좋은 책을 선정하는 작업에 참여하기도 했고 종종 신문에 칼럼도 기고하면서 나름대로 바쁜 생활을 보낼 수 있었습니다.

윤진호 해직기간 동안에 저술 활동도 활발하게 하셔서 몇 권의 책을 출간하기도 했는데 이에 대해 말씀해 주십시오.

변형윤 나는 해직되기 전부터《앨프리드 마셜의 경제학 연구》라는 책을 쓰기로 계획하고 있었으므로, 해직 뒤에는 그의 주저들을 읽으며 그의 경제학을 연구하고 이 연구결과를 담은 책을 쓰기로 했습니다. 그러나 여러 가지 현실적인 사정으로 말미암아 이 계획은 실현되지 못하고 말았습니다. 그 대신《한국경제의 진단과 반성》(1980),《반反주류의 경제학》(1981, 편역서),《분배의 경제학》(1983) 등의 책을 출간하게 되는데, 그 대부분은 이미 내가 여기저기 썼던 글을 모은 것이거나 혹은 경제발전론, 한국경제론 등을 강의하면서 교재로 썼던 글들을 번역 또는 편집한 것입니다.

특히《반주류의 경제학》은 내가 비교적 심혈을 기울여 만든 책이었다고 말할 수 있습니다. 해직 후 무엇을 할 것인가 하고 고민하고 있던 참에 뜻밖에도 청람문화사에서 경제학 책을 내자는 제의가 왔습니다. 그래서 나는《마셜의 경제학 연구》는 일단 제쳐 놓고 이 책의 출간에 전력투구를 하기로 했습니다. 책의 내용은 경제학 전공자보다는 비전공자에게 경제학의 내용과 흐름을 쉽게 알릴 수 있는 것이 되었으면 한다는 출판사의 의사를 살리기로 했습니다. 학교 밖에 나와 있는 나로서는 일반 대중이 쉽게 읽을 수 있는 경제학 책을 씀으로써 경제학에 대한 일반인의 관심을 높이는 것이 결국 경제학 전공자에게도 도움이 될 수 있다는 생각이었습니다.

나는 학생들에게 강의할 때도 늘 어느 한 쪽에 치우친 공부를 지양하고 기본적인 책을 고루고루 읽고 이를 통해 예리한 판단력을 기를 것을 강조해 왔습니다. 따라서 청람문화사에서 내는 책도 이러한 뜻에 따라 평소 주류경제학에서 접하기 힘든 비판적 입장에 서 있는 사람들의 생각을 담은 글을 모으기로 했습니다. 이렇게 해서 여러 가지 입장을 가진 사람들의 글을 고루고루 읽고 배우는 가운데 자기 나름의 판단력에 따라 취사선택을 할 수 있도록 하자는 것이 내 취지였습니다. 책은 1981년 12월에 발간되었는데 책 제목은 여러 가지 궁리 끝에 《반주류의 경제학》으로 하기로 했습니다. 제목에서 알 수 있듯이 이 책은 주류경제학에 비판적인 입장에 서 있는 사람들의 글을 모음으로써 주류경제학을 보완해 주는 것이라 할 수 있습니다. 글의 대부분은 직접 번역한 것이지만 국내학자들이 쓴 것을 원용한 것도 있었습니다. 당시 이런 종류의 책이 드물었던 시절이라 이 책은 출간된 뒤 비교적 많은 관심을 받기도 했습니다.

이 책의 교정을 보고 있을 때 뜻밖에도 한국경제신문사로부터 새해 첫날판에 실릴 원고를 부탁받게 되었습니다. 그동안 일부 대학신문을 제외하면 종합잡지는 물론이고 일간신문에 내 글이 실린다는 것은 생각할 수도 없는 일이었기에 나로서는 뜻밖이었습니다. 요청받은 글의 내용은 마침 새해부터 제5차 5개년계획이 시작되는 관계로, 그것의 기본 전략에 관한 것이었습니다.

제12장
학현연구실의 개설과 교수 복직

학현연구실의 개설

윤진호 선생님은 1982년 '학현연구실'이라는 이름의 개인연구실을 열게 되고 이는 나중에 '서울사회경제연구소'로 발전·개편됨으로써 '학현학파'로 알려진 경제학계의 하나의 커다란 흐름을 만들게 됩니다만, 그 시초가 되었던 학현연구실의 개설 과정에 대해 말씀해 주십시오.

변형윤 나는 해직 후 1년이 지난 뒤부터 학교 복직에 대한 희망을 접었습니다. 해직 6개월이 지난 1981년 1월 무렵 신학기 개학 직전에 기관원으로부터 만나자는 연락이 왔습니다. 그러고는 찾아와서 하는 말이 학생들이 좀 조용해지면 신학기에 학교로 돌아갈 수 있다는 것이었습니다. 그러나 막상 3월이 되어

290

도 아무런 말도 없었습니다. 6월 말~7월 초에 똑같은 현상이
되풀이되었습니다. 이들의 속셈은 그저 해직교수들 입을 막아
한 학기를 조용히 보내고자 하는 수작에 지나지 않다는 것을
알았습니다. 이런 일을 세 번쯤 겪고 나서는 복직을 아예 포기
하였습니다. 이제 하루아침에 복직되지는 못하겠구나, 내 나이
를 생각하면 영영 학교에 복직하지 못한 채로 끝날 수도 있겠
구나 하는 생각을 하게 된 것입니다.

그렇게 되자 이제 집에서만 있을 수는 없다, 개인연구실이
라도 마련해야 하겠다는 생각이 들었습니다. 마침 주위의 지인
들이나 제자들도 비슷한 권유를 하였습니다. 그러던 차에 제자
인 (주)수국의 이종태 회장(당시 전무)을 만나 사정을 이야기하
고 연구실 마련을 위한 자금조달을 부탁하였습니다. 이 회장이
이러한 제안에 흔쾌하게 응해서 연구실 마련을 도와주었습니
다. 그러면서 이 회장이 내건 조건은 절대 구질구질한 데는 얻
지 말고 교통이 편한 곳을 얻으라는 것이었습니다. 그렇게 해서
광화문 세종회관 뒤편에 있는 영진빌딩의 5층에 아담한 연구실
을 마련하고 1982년 5월에 개소식을 하게 되었습니다. 연구실
의 가구, 집기 등도 모두 이 회장이 도와주어서 마련할 수 있었
습니다. 그리고 연구실을 개설하는 데는 안병직, 정기준 교수
(서울대 명예교수)의 도움도 큰 힘이 되었습니다.

윤진호 서울사회경제연구소에서 발간한 〈서울사회경제연구
소 20년의 발자취〉라는 글에 보면 이종태 회장이 선생님의 연

구실 개설을 도와준 것은 단순한 스승에 대한 제자의 도리를 넘어서서 상당한 뜻을 가졌기에 가능한 일이 아니었나 하고 생각합니다. 그 글에서 선생님이 연구실을 만든 것은 첫째, 지식인이 불의와 정치권력에 굴복하지 않는다는 선언이었고, 둘째, 어려움에 처한 양심적 지식인들에게 버팀목 구실을 하겠다는 선언이었으며, 셋째, 아무리 어렵더라도 경제학자로서 궁극적 목적인 국가와 민족을 위한 연구 활동을 중단하지 않겠다는 선언이었기에, 자신은 이에 공감하여 도움을 드렸다고 이 회장은 서술하고 있습니다.

변형윤 이 회장이 그러한 깊은 뜻을 가지고 있었다는 사실은 몰랐군요. 아무튼 당시로서는 기업인으로서 쉽지 않은 일을 한 셈인데 이로 말미암아 이 회장도 하루 24시간 경찰의 감시를 받았던 것으로 알고 있습니다. 지금도 나는 이 회장에 대해 감사한 마음을 갖고 있습니다.

윤진호 '학현연구실'이란 이름은 어떻게 짓게 되었습니까?

변형윤 내 아호雅號가 '학현學峴'입니다. 나이가 들면서 호를 가져야겠다고 생각하던 차에 마침 좋은 기회가 있었습니다. 1981년 봄, 나와 같이 서울대에서 해직된 김진균 교수 댁에서 막걸리 파티가 열렸습니다. 당시 김 교수는 평택에 농장을 갖고 있었으므로 좋은 막걸리를 담아가지고 아는 사람들끼리 한자리에 모여 회식이나 하자는 내 말이 결국 이런 자리를 낳았던 셈입니다.

그런데 이 자리에는 다른 대학의 해직교수들도 몇 사람 어울리게 되었는데 이 자리가 그만 나에게는 호號를 짓는 모임이 되어 버렸습니다. 참석자들 가운데는 이미 호를 가진 사람도 있어서 각자 어떤 호가 어울릴까 하고 이야기가 오고 가다가 내 차례가 되었습니다. 그런데 나는 이에 대해 별달리 생각해 본 일이 없으므로 이것저것 생각하다가, 마침 한말 의병대장인 의암 유인석 선생의 문집인 《의암집毅菴集》에 나오는 내 고조부에 관한 글 가운데 '학현鶴峴'이란 동네 이름이 나오는 것이 기억이 났습니다. 의암은 내 증조부와 과거科擧 동기이고 조부가 의암 휘하의 의병 간부였으므로 아마 이 이름이 《의암집》에 등장한 것이 아닌가 하고 짐작합니다. 그래서 이것이 호로서 어떻겠냐고 물었더니, 참석자 가운데 한학에 능한 사학자인 성균관대의 이우성 교수가 '鶴'을 '學'으로 바꾸는 것이 좋겠다고 했고 참석한 사람들도 모두 이에 동조하는 바람에 그대로 받아들여 '학현學峴'으로 하기로 했습니다. 이 교수의 설명에 따르면 퇴계退溪라는 호도 이황 선생의 향리가 토계土溪인 데서 지어진 것이니, 동일한 'ㅎ' 자 발음이면 된다는 것이었습니다.

나의 호를 학현으로 정한 것은 한편으로는 내 뿌리를 찾으려는 생각도 포함되어 있었고, 다른 한편으로는 죽을 때까지 '학문의 고개'를 허우적허우적 올라가려는 내 생각과도 잘 맞아서 참으로 잘 지었다고 생각합니다. 이렇게 해서 지어진 호는 그해 12월에 발간된 나의 편저인 《반주류의 경제학》 서문에서 처음으로 쓰기 시작했는데, 그 글에는 "연구실에서" 대신에 "학현헌學峴軒에서"로 했기 때문입니다.

　　윤진호 영진빌딩 시절 학현연구실에서는 주로 어떠한 일을 하였습니까?

　　변형윤 나는 연구실을 조그만 규모로 시작하려 했고 이 회장에게도 그렇게 말했습니다. 처음부터 크게 출발하면 유지비가 버겁고 한번 문을 닫으면 다시 열기는 어렵기 때문입니다. 그보다는 처음에 조그맣게 시작해서 점점 이를 키워가는 것이 더 보람 있는 일이라고 생각했습니다. 그래서 초기의 학현연구실은 개인연구실과 같은 형태였습니다. 그저 방 한 칸에 여직원 한 명을 둔 연구실이었고, 나는 1주일에 사흘만 연구실에 출근했습니다. 이것은 학교에 재직하던 때도 마찬가지였습니다. 따라서 나는 재직 시절의 생활 리듬을 그대로 유지하는 기분이었습니다.

　　처음에는 나 혼자 앉아 있는 개인연구실이었지만 차츰 마땅히 갈 데가 없던 해직교수나 해직언론인들이 교통이 편한 이 연구실에 모여들기 시작하여 이들의 사랑방 구실을 하게 되었습니다. 따로 세미나 등 연구모임을 열지는 않았습니다만, 내 지도를 받아 서울대에서 박사학위논문을 쓰고 있던 윤진호(인하대), 황현기(전 경기대) 교수 등 제자들이 학현연구실에 자주 드나들었습니다.

윤진호 선생님께서 정부 부처들과도 지리적으로 가까운 광화문 요지에다 연구실을 내니까 자연히 경찰이나 정보기관에도 그 소식이 포착되었을 것으로 생각되는데, 영진빌딩 시절 그에 관한 일화는 없습니까?

변형윤 물론 정보기관에서도 당연히 관심을 가지고 주시했을 것으로 생각합니다. 나중에 들은 이야기입니다만, 기관원이 매일 영진빌딩에 들러 연구실 소식도 물어보고 전화도 자주 했다는 이야기를 내 방에 드나들던 구두닦이로부터 들었습니다. 역시 이런 방면으로는 박현채 교수가 빨라서 내 연구실을 방문하는 사람들을 보호하고자 손님 얼굴이 밖에서 안 보이도록 좌석을 배치하라고 나에게 권고하기도 했습니다.

해직교수 모임의 활동

윤진호 1980년대 초의 군부 쿠데타와 뒤이은 제5공화국의 출범, 그리고 민주화 운동에 대한 강경한 진압 등으로 말미암아 일시적으로 침체 상태에 빠졌던 민주화 운동은 1983년 들어 다시 기지개를 켜기 시작합니다. 5공 정권은 그 태생적 한계 때문에 국민들의 지지를 받지 못하고 있었고 특히 학생들과 비판적 지식인들은 산발적인 저항을 계속하였는데 1983년 무렵부터 이

것이 조직화되었습니다. 이리하여 1983년 3월에 민주통일민중운동연합(민통련)이 창립되었고 다시 1983년 9월에는 민주화운동청년연합(민청련)이 창립되었는데 이는 하루아침에 이루어진 것이 아니라 여러 부문과 지역에서 활발하게 이루어졌던 조직건설 논의가 결실을 맺은 결과로 이해됩니다. 이러한 흐름 가운데서 해직교수들도 1983년 8월 모임을 갖기 시작하여 활발하게 활동을 벌이기 시작하였는데 선생님께서는 여기서도 핵심적인 구실을 하였습니다. 이에 대해 말씀해 주십시오.

변형윤 1983년 들어 해직 생활도 어느덧 만 3년이 되어 가고 있었지만 해직교수 복직 문제에는 하등의 변화도 없었습니다. 이번 학기만 지나면 만 3년이 된다는 생각을 하니 좀 허전한 생각이 들면서 이제 조기복직의 희망을 버리고 지구전을 펴야 하겠다는 생각을 하기 시작했습니다. 나뿐만 아니라 다른 해직교수들도 마찬가지 심정이었던 것 같습니다. 따라서 자연히 해직교수들끼리 서로 만나서 이야기도 나누고 외로움도 달래고 할 필요가 생겼습니다. 뿐만 아니라 당시 몇몇 사립대학에서는 해직교수들이 개별적으로 힘겨운 복직투쟁을 벌이고 있었는데 여기에 힘을 주기 위해서라도 해직교수들의 통합적인 조직이 필요하다는 생각도 있었습니다. 이에 따라 주로 연로한 편에 속하는 몇몇 해직교수들과 한 달에 한 번씩 만나서 식사라도 하기로 의견을 모았습니다. 그런 가운데 상대적으로 나이가 젊은 교수 몇 사람도 이미 비슷한 모임을 가지고 있다는 것을 알게 되었습니다. 그렇다면 별도로 모일 것이 아니라 합치는 것이 좋겠다는 의견도 있고 해서 1983년 5월 무렵부터는 함께 모이기 시작했습니다.

그런데 여기에 앞서 1983년 1학기 초로 기억됩니다만, 당시 청와대 경제수석비서관으로 있던 사공일 박사로부터 점심을 사겠다는 연락이 왔습니다. 그는 서울상대 졸업생으로서 내 제자일 뿐만 아니라 내가 결혼식 주례도 섰었고, 또 한국개발연구원에 재직하던 시절 서울상대에 강사로 출강하기도 해서 나와는 가까운 사이였습니다. 약속장소인 삼청동 밥집에서 점심을 같이 하면서 그는 나에게 학교 복직을 권유했습니다. 그러면서 현재 청와대에서 실제 힘을 쓸 수 있는 사람은 이학봉 민정수석비서관이니 한번 만나보는 것이 어떻겠냐고 제안을 했습니다.

나로서는 매우 망설여졌지만 그의 제안을 무작정 거부할 수도 없는 일이어서 일단 만나기로 승낙을 했습니다. 그런 뒤 다시 연락이 와서 약 1주일 뒤에 사직동인가 내자동인가의 한 음식점에서 사공일, 이학봉 두 수석비서관과 나, 이렇게 세 사람이 자리를 같이 하게 되었습니다. 이 비서관은 나와는 초면이고 또 해직교수들에 대한 선입견도 있어서, 처음에는 나에게 말을 걸기도 조심스러워 하다가 술잔이 오고 가면서 차츰 선입견을 깨게 된 것 같았습니다. 말하자면 그 사람 생각으로는 해직교수들이 굉장히 과격하고 말이 안 통하는 사람으로 여겼는데 그렇지 않다는 것을 알게 된 것이지요. 결국 나중에 관계기관회의를 통해 해직교수들의 복직 방침이 정해진 것으로 알고 있습니다.

　윤진호 정부가 이러한 태도 변화를 드러내기까지는 해직교수들의 노력과 민주화 운동 세력의 정부에 대한 압력도 작용했겠지요?

　변형윤 물론입니다. 1983년 들어 학생들의 줄기찬 반정부 투쟁에 조금씩 밀리기 시작하던 5공 정권은 유화정책을 펴기 시작했는데 해직교수들의 복직조치도 그 일환이었습니다. 그러나 1983년 8월 16일에 발표된 정부의 해직교수 복직조치 내용은 원상복직과는 거리가 먼 것이었습니다. 즉 해직교수들을 복직시키되 원래 재직하던 대학으로 복직은 허가하지 않고 다른 대학으로의 복직만 허용한다는 내용이었습니다. 결국 복직을 해직교수 개인과 대학에 떠넘김으로써 실질적인 원상회복이 불가능하도록 만든 셈입니다. 내가 이 사실을 처음 전해들은 것은 1983년 6월 중순 무렵이었습니다. 당시 광주 전남대학교와 조선대학교의 해직교수들의 요청으로 광주 무등산과 화순의 적벽赤壁 등을 둘러보고 광주의 해직교수들과 점심을 함께 했는데 이 자리에서 전남대와 조선대 해직교수들이 문교부의 특별방침에 따라 전남과 제주 외의 다른 지역에 있는 대학으로 가도록 한다는 말을 들었습니다. 원적대학 복직을 강력하게 바라고 있던 나로서는 큰 충격이었습니다.
　그 후 8월 17일에 김진균 교수와 함께 소백산 등산을 위해 청량리역에 나갔는데 갑자기 두 해직교수가 정부의 원적대학 복직불허 방침 기사가 실린 그 전날자의 모 석간신문을 들고 와서는 이에 대한 대책을 협의할 필요가 있으니 산행을 뒤로 미루자고 했습니다. 결국 그날 산행을 취소하고 우리 네 사람은 곧장 안암동 5가 로터리 근처에 있는 한국신학연구소로 갔습니다. 이 연구소는 한신대 안병무 교수가 운영하던 곳으로서 해방신학, 민중신학 연구의 중심이자 우리나라 민주화 운동의 중요한 근거지이기도 했던 곳입니다. 이 자리에서 넷이 내일 12시에 서소문에 있는 남강에서 우선 연락이 닿는 재경在京 해직교수들이 모이자는 데 의견을 같이 하고 각기 분담을 하여 연락할 수 있는 데까지 연락하기로 하고 헤어졌습니다.

다음 날인 8월 18일 12시에 놀랍게도 25명에 달하는 해직교수가 모였습니다. 역시 그동안 접촉은 없었지만 자기 자신의 진로에 대해 모두들 궁금하게 여겨왔던 만큼 많이 참석하였던 것입니다. 이 자리에서 합의된 사항은 두 가지인데 첫째는, 원적대학으로 전원을 즉시 돌려보내야 한다는 것이고, 둘째는, 앞으로 한 달에 한 번씩 만나서 식사를 하면서 의견을 나누기로 한 것입니다. 그리고 이와 아울러 운영위원 3명과 연락간사 5명을 선출했습니다. 운영위원으로서는 안병무(한신대), 이효재(이화여대) 교수와 내가 선출되었고 연락간사(실무위원)로서는 김진균(서울대), 서광선(이화여대) 교수 등이 선출되었습니다.

8월 말쯤에는 우연히 김상협 국무총리로부터 초청을 받아 고려대 해직교수인 조 교수와 함께 중앙청 후생관에서 오찬을 나눌 기회가 있었습니다. 그때 나는 해직교수들의 합의사항을 전달했는데, 김 총리는 전남대와 조선대의 해직교수들을 포함해서 해직교수 전체 문제에 대한 해결방안을 정부에서 연구·검토 중에 있다고 말했습니다. 그 당시만 해도 고위공직자가 해직교수들을 만난다는 것은 어려운 일이었는데도 그런 기회를 만들어 준 김 총리에 대해서는 지금도 고맙게 생각하고 있습니다.

윤진호 그해 9월 이후의 해직교수들의 활동에 대해서 말씀해 주시겠습니까?

변형윤 첫 번째 모임의 합의사항에 따라 9월의 제2주 월요일 오전 11시에 평창동에 있는 평창면옥에서 두 번째 해직교수 모임이 있었습니다. 이 날도 참석률은 매우 높아서 나올 수 있는 사람은 거의 모두 나온 것 같았습니다. 여기서도 서로 그동안의 소식을 나누고 지난번의 합의사항을 재확인하였습니다.

세 번째 모임은 10월 10일에 있었습니다. 나는 그 이틀 전인 10월 8일 지난번 못 갔던 소백산 등산을 가서 1박 2일의 원행을 마치고 10월 9일 돌아오던 길에 기차 안에서 미얀마에서 일어난 아웅산 사건 소식을 들었습니다. 매우 충격적이었습니다. 여객전무 등 승무원이 찻간을 왔다 갔다 하면서 수선을 떨어서인지 승객들이 곧 남북 간의 전쟁이 일어난다는 인상을 받은 것 같았습니다. 차에서 내려서 청량리 역사까지 플랫폼을 걸어오는 동안 사람들이 나누는 대화 가운데서도 "전쟁이 또 나면 어떻게 하지, 이제는 피난갈 수도 없고" 등의 말을 들을 수 있었습니다.

10월의 모임에서는 문교부장관에게 우리의 합의사항을 알리고 몇 가지 질의를 하기로 의견을 모았습니다. 이에 따라 문교부장관에게 서신을 보내는 한편, 국무총리, 국가안전기획부장, 국회 문공위원장에게도 참고로 동일한 서신을 보냈습니다. 그러나 총리실에서만 회답이 왔고 막상 주무부처의 장인 문교부장관이나 그 밖의 다른 부처의 장으로부터는 아무런 회답도 없었습니다.

11월에도 해직교수들은 제2주 월요일에 같은 시간과 같은 장소에서 모였습니다. 여기서는 지난번 결의사항의 실천 경과에 대한 보고가 있었고 해직교수들의 생각에는 추호도 변함이 없음을 재확인했습니다. 그러나 해직교수들의 이러한 바람과는 달리 12월 6일에 발표된 정부의 해직교수 문제 해결방안은 그동안 우려했던 대로 원적대학으로는 못 돌아가고 다른 대학으로 가는 것은 허용한다는 것이었습니다.

이에 따라 12월의 제2주 월요일의 모임은 험악한 분위기에 휩싸이지 않을 수 없었습니다. 각자의 솔직한 의견개진이 있었는데 정부의 결정에 따르겠다는 사람은 소수였고 대다수는 여전히 원적대학으로의 복귀를 주장했습니다. 나도 물론 원적대학 복귀 고수파였습니다. 해직교수 모임을 실질적으로 이끌고 있던 나로서는 다른 대학으로 간다는 것은 결코 허용될 수 없는 선택이었습니다. 김진균 교수 등 서울대에서 함께 해직되었던 나보다 젊은 교수들이 한결같이 원적대학 복직을 강경하게 주장하고 있는 터에 나이든 내가 어떻게 다른 이야기를 할 수 있었겠습니까?

윤진호 정부의 해직교수 원적대학 복직불허 방침과 해직교수들의 원적대학 복직고수 방침이 정면으로 충돌할 수밖에 없는 상황이었는데, 결국 정부에서 원적대학 복귀를 허용하게 됩니다. 어떠한 과정을 거쳐 그러한 정부의 방침 변화가 이루어졌습니까?

변형윤 12월의 모임을 계기로 해서 이제 더 이상 동일한 형식의 모임을 가지는 것은 의의가 없게 되었습니다. 이에 따라 원적대학 복귀의사의 강도를 높이면서 지방의 해직교수들도 본인의 희망에 따라 회의에 참가시키기로 결정했습니다. 1984년 1월의 모임에서는 전남대의 송기숙 교수 등 6명을 모임에 참가시키기로 했습니다. 2월의 모임에는 이들 6명이 직접 새벽기차를 타고 올라와 모임에 참석하여 더욱 뜻 깊은 자리가 될 수 있었습니다. 이 모임에서는 우리의 주장을 밝히는 글을 낼 것, 대통령에게 건의서를 최단 시일 안에 전달할 것, 앞으로 해직교수 아카데미를 운영할 것, 전북대와 영남대의 해직교수들도 본인의 희망에 따라 참석시킬 것 등을 결의하고 다음 모임은 광주에서 열기로 결정하였습니다. 대통령에 대한 건의서는 즉시 실천에 옮겨졌습니다.

1984년 3월 신학기가 되자 다른 대학으로 가는 교수들의 명단이 밝혀졌는데, 이는 우리들이 예상했던 대로였습니다. 3월의 모임은 광주에서 가졌습니다. 이 자리에는 서울에서 내려간 해직교수들뿐만 아니라 전북대와 영남대의 해직교수들도 각각 한 명씩 참석했습니다. 그날 저녁에는 광주의 민주화 운동, 인권 운동의 대부인 홍 변호사가 호스트가 되어 해직교수들을 위한 환영 만찬회가 열렸지만 나는 다른 약속이 있어서 참석하지 못했습니다.

그런데 다음 날, 모임을 마치는 자리에서 발표된 〈광주총회 성명서〉는 매우 의미 있는 내용을 담고 있었습니다. 즉 교수를 포함한 지식인들은 학문과 지식을 바탕으로 현실을 비판하고 국가와 사회가 나아갈 방향을 제시해야 한다는 것, 대학은 단순히 지식만을 생산하고 전수하는 곳이 아니라 비판적 의식을 일깨워주는 곳이며 따라서 대학은 어떠한 정치권력으로부터도 자유로워야 한다는 것, 사회의 민주화를 위해 최소한의 정론을 펴왔던 교수들의 해직은 공권력에 의한 폭력적 처사였으며, 특히 5·17 조치 이후 대학은 어느 때보다도 심각한 위기에 처해 있다는 것 등이었습니다. 말하자면 교수들은 실천적 학문을 바탕으로 사회민주화의 주체로 나서야 한다는 것을 선언하는 한편 5·17의 불법성과 폭력성을 처음으로 제기한 것이었습니다. 특히 해직교수들은 광주가 아닌 외지 인사로서는 처음으로 망월동 묘지를 참배함으로써 이후 민주인사들의 망월동 묘지 참배의 선례를 남기게 되었습니다. 이 〈광주총회 성명서〉는

1984년 3월 21일 한국기독교교회협의회 인권위원회 사무실에서 가진 기자회견을 통해 전 세계에 알려지게 되었습니다.

한편 이 모임에서는 해직교수 아카데미에 대한 구체적인 운영방안도 논의되었습니다. 애초에 이 이야기가 나온 것은 정권에 의해 강제로 가르칠 권리를 빼앗긴 해직교수들이 직접 학생, 시민, 노동자, 농민들을 대상으로 해서 가르치고 토론하는 마당을 만들자는 제안에서 비롯된 것이었습니다. 그러나 현실적으로 돈과 장소가 없는 해직교수들이 독자적으로 아카데미를 운영한다는 것은 거의 불가능하다는 결론 아래 기독교 단체의 지원을 받기로 했었는데 다행히도 이에 대한 호응도가 높았습니다. 가장 먼저 호응한 곳은 인천의 가톨릭센터였습니다. 이에 따라 이 센터에 민중대학을 개설하고 해직교수들이 강의를 맡기로 하였는데 그것이 확정된 것은 4월 초였습니다.

윤진호 해직교수 등이 공개적인 활동을 시작한 것은 정부로서도 상당한 부담이 되었을 것으로 짐작됩니다만 해직교수들에 대한 정부의 탄압이나 회유 등은 없었습니까?

변형윤 물론 있었지요. 정부에서는 나를 서울대로 복직시키지 않으려고 여러 가지 공작을 했습니다. 한번은 안기부 서울지부장으로부터 만나자는 연락이 왔습니다. 약속 장소인 시청 앞 플라자 호텔에 가서 만나보니 결국 고집을 부리지 말고 다른 대학으로 가 달라는 부탁이었습니다. 물론 나는 일언지하에 이

를 거절했습니다. 또 같은 경제학을 전공했고 평소에 잘 알고
지내는 Y 대의 P 부총장으로부터도 비슷한 제의를 받았습니다.
P 부총장은 정부로부터 변 교수를 Y 대에서 받아 달라는 부탁
을 받았다면서 자기 대학으로 복직하지 않겠느냐고 제의했습니
다. 나는 아는 사람의 부탁이고 해서 면전에서 거절은 하지 못
하고 일단 생각해보고 전화하겠다고 응답했습니다. 그리고 그
다음 날 전화를 걸어 못 가겠다는 사실을 알렸습니다.

감격스러운 서울대 복직

윤진호 해직교수들의 복직은 어떻게 이루어졌습니까?

변형윤 1984년 4월 무렵 이학봉 민정수석비서관으로부터
다시 전화가 왔습니다. 종로경찰서 뒤 한식집에서 이학봉 수석
비서관과 해직교수 모임 운영위원 3명이 함께 만나 솔직한 이
야기를 나눈 결과, 결국 해직교수들의 주장대로 다음 학기에 원
적대학에 복직하는 것을 허용하기로 원칙적 합의를 했습니다.
이 오찬모임은 그 전에 해직교수들이 대통령에게 낸 건의서에
대한 답변의 한 형태였다고 할 수 있습니다. 그런데 바로 같은
날 오후 4시에 해직교수들의 4월 정기모임이 있었습니다. 따라
서 이 모임에서는 주로 이학봉 민정수석비서관과의 오찬모임에
서 논의된 이야기에 대한 보고와 질의가 행해졌습니다. 그런데
이 수석비서관과 나눈 오찬을 가리켜 정권과 야합한다고 비판

하는 일부 해직교수들도 있었지만 여기에 대해 크게 개의하지
는 않았습니다. 이 모임에서는 또 4월 하순경에 우이동으로 소
풍을 가기로 결정했고 인천의 민중대학은 6월 중순부터 시작하
기로 되었다는 보고도 있었습니다.

　나는 5월 초순에 우리나라를 방문한 로마교황 요한 바오로
2세에게 인사를 드리는 기회를 가질 수 있었습니다. 이것은 해
직교수에 대한 가톨릭교회 측의 특별한 배려에서 나온 것이었
습니다.

　5월 모임과 6월 모임은 역시 같은 요일과 시간에 안국동
로터리 근처에 있는 음식점에서 열렸습니다. 이 모임들에서는
우리의 주장을 확인하는 한편, 민중대학의 강의에 대한 보고와
합의가 있었습니다. 6월 모임은 6월 11일에 있었는데 바로 사흘
뒤인 6월 14일 마침내 국회에서 야당의원의 질의에 대한 답변
형식으로 해직교수들의 원적대학으로 복귀, 즉 진정한 의미에
서의 복직을 허용한다는 정부의 발표가 있었습니다. 해직된 지
꼭 3년 11개월, 다시 말하면 47개월 만의 일이었습니다. 참으로
감개무량한 일이 아닐 수 없었습니다.

　정부 발표 후 6월 21일에 해직교수들의 특별 모임이 소집
되었는데 이 모임에서는 정부 발표 뒤의 각 대학의 반응에 대
한 보고가 있었고 또 모든 해직교수들이 복직할 수 있도록 공
동노력을 하자는 합의가 있었습니다.

　7월 1일에 고려대에서 가장 먼저 해직교수들에 대한 복직
발령이 난 것을 시작으로 다른 대학들에서도 속속 복직 발령이

났습니다. 서울대에서는 가장 마지막으로 복직 발령이 났는데 이것은 국립대학의 특성상 대통령이 내리는 발령이기 때문에 다른 대학에 견주어 다소 시간이 더 걸렸던 것으로 보입니다.

　7월과 8월에도 해직교수들의 모임은 있었는데 역시 예상대로 조선대와 영남대에서 복직에 가장 큰 문제가 있는 것으로 드러났습니다. 나는 대학에 복직하기 전에 이미 약속했던 글을 쓰고 강의를 하느라고 바빴습니다. 6월 22일과 25일에는 인천의 민중대학에서 강의를 했고 23일에는 한국무역학회 창립 10주년 기념 심포지엄에서 〈자유시장경제와 개입주의〉라는 제목으로 기념강연을 했습니다. 그런 가운데서도 그동안 미처 가보지 못한 산을 복직하기 전에 등정해야 하겠다는 생각에, 산악회 멤버들과 함께 덕유산과 태백산 등산을 하기도 했습니다.

　윤진호 선생님께서는 1980년 8월 말 서울대 교수직에서 해임된 뒤 1984년 9월 4일에 복직될 때까지 만 4년 남짓을 해직교수라는 이름으로 지내셨는데 이 기간이 선생님의 일생에서 어떤 의미를 지닌다고 생각하시는지요?

　변형윤 나는 평생 교수로서 학생들을 가르치고 책을 읽고 글을 쓰는 것을 내 일생의 유일한 목표로 생각해 왔습니다. 그런데 뜻밖의 일로 교수직에서 해임됨으로써 4년 동안 교육과 연구의 시간을 타의에 따라 단절 당할 수밖에 없게 되었다는 것이 무엇보다도 큰 고통이었습니다. 특히 방학이 끝나고 새 학기가 되어 다른 교수들은 학교에 출근해서 새로운 학생들과 만나겠지 하는 생각이 들 때는 내 처지가 원통하기까지 했습니다. 또 한 가정을 이끄는 가장으로서 가족들에게 물질적, 정신적으로 안정된 생활을 보장해줄 수 없게 된 것도 나로서는 큰 고통이었습니다. 안정된 직장을 잃어버림으로써 가족들이 입은 경제적 고통은 물론이고 의료보험을 비롯한 각종 혜택에서도 소외됨으로써 생활에 큰 불안을 느끼기도 했습니다.

그러나 모든 일이 그렇듯이 잃는 것이 있으면 얻는 것도 있는 법입니다. 고통스러운 기간이긴 했지만 5공 정권의 온갖 회유에도 해직교수들이 일치단결하여 투쟁함으로써 결국 애초의 주장대로 원적대학에 복직한다는 원칙을 관철할 수 있었습니다. 이는 해직교수들만의 승리가 아니라 전체 민주화 운동을 위해서도 큰 상징성을 가지는 승리였습니다.

한편 해직 기간 동안 주위의 도움으로 학현연구실을 열게 되었고 이것이 결국 이른바 "학현학파"로 불리게 되는 비판적 경제학자들의 모임으로 성장하게 된 것도 내가 의도했던 바는 아니지만 큰 의미를 지니는 사건이었습니다. 내가 해직되지 않고 계속 현직교수로 머물러 있었더라면, 학현연구실과 학현학파는 탄생되지 못했을지도 모를 일입니다.

또 내 개인적으로 보면 해직 기간 동안은 인간적으로 폭이 넓어지고 생각이 깊어진 시기이기도 합니다. 원래 나는 학교 연구실과 집밖에 모르는 좁은 세계 속에서 살아왔습니다. 그런데 해직을 계기로 하여 거시기 산악회를 비롯한 여러 모임에서 폭넓은 배경을 가진 사람들과 어울리면서 많은 위안을 받았을 뿐만 아니라 이들로부터 많은 가르침을 받았습니다. 술도 잘 못마시던 내가 소주와 막걸리 맛을 알게 되었고, 노래 한마디 못부르던 내가 주흥이 오르면 애창곡을 부르게 되었고, 등산 다니는 사람을 비웃던 내가 국내의 명산이란 명산은 모두 오르면서 건강에 큰 자신을 가지게 되었습니다. 국내 방방곡곡을 여행하면서 힘들게 생활을 영위해 가고 있는 서민들의 삶을 알게 되었고, 소설가, 시인, 화가, 종교인 등 평소에 만날 기회가 없던 각 분야의 최고봉들과 사귀면서 지식과 지혜를 넓히게 되었습니다. 생각해보면 해직기간은 참으로 돈 주고도 살 수 없는 경험과 사유를 가능하게 해 주었던 소중한 기회였다고도 할 수 있습니다.

복직 후의 마음가짐

윤진호 1984년 9월 신학기를 맞으면서 선생님께서도 정식으로 복직 발령을 받고 드디어 첫 강의를 하게 되었는데 그때의 감회를 말씀해 주십시오.

변형윤 나의 경우에는 해직교수들 가운데 가장 늦게 9월 4일에 복직 발령을 받고 9월 8일에 첫 강의를 했습니다. 복직 후 첫 학기에는 경제학부 3학년의 '경제변동론'과 대학원 석사과정의 '경제발전론연구'를 강의하게 되었는데, 첫 강의는 학부 3학년의 경제변동론 강의였습니다. 뭐 특별한 감회는 없었고 마치 4년 1개월의 공백 기간이 전혀 없었다는 듯이 담담하게 강의했습니다.

그런데 강의를 끝내고 연구실로 돌아오니 꿈만 같았습니다. 그러면서 지난 만 4년 1개월 동안 제자들을 포함해서 물심양면으로 많은 도움을 준 사람들, 걱정과 격려를 아끼지 않은 사람들, 언제나 어려움을 함께 해 온 친구, 동료들에 대한 북받쳐 오르는 고마움, 또 그동안 용케도 버티었구나 하는 신기함을 새삼 느낄 수 있었습니다. 그리고 앞으로도 이제까지의 자세를 그대로 유지해야지, 해직 전보다 더 열심히 연구하고 가르치기 위해서 노력해야지 하고 굳게굳게 다짐을 했습니다. 그때 마침 신문기자가 집으로 찾아왔기에 내 솔직한 심정을 밝힌 것이 당시 언론에도 보도가 된 적이 있습니다.

그때 대담에서도 이야기했습니다만, 당시 나는 복직의 기쁨보다는 오히려 걱정이 앞섰고 마음이 편치 않았던 것이 사실입니다. 일단 해직교수의 신분으로부터 벗어나 복직이 되기는 했지만, 내 자세나 행동은 해직교수 때와 마찬가지여야 한다고 생각했습니다. 앞으로도 무슨 일이 또 생길지 모른다, 잘못하면 또 해직될지도 모른다는 각오를 하고 있었습니다. 실제로도 후에 몇 차례 그런 위기가 닥쳐온 적이 있었습니다. 정치적 상황과 관련하여 교수들의 서명이 있을 때마다 항상 내가 그 '수괴'(?)로서 명단의 첫머리에 이름이 오르곤 했습니다. 그런 까닭에 나는 항상 당국의 주목과 감시를 받고 있었습니다. 이런 사실을 서울대에 출입하고 있는 기자들이 와서 귀띔해준 적도 있습니다.

윤진호 선생님께서는 해직 기간 동안 그 어떤 때보다도 저술활동을 활발히 하셨고 선생님의 저서 가운데 가장 대표적인 것에 속하는 저서들도 이 시기에 내셨습니다. 이와 관련하여 이전에 선생님께서는 이 시기를 회상하면서 처음에는 경제학 방법론을 주로 공부했고 다음에는 경제발전론, 경제변동론으로 주 분야가 바뀌었다가 해직 기간 동안에는 정치경제학이나 종속이론 쪽으로 학문적 관심사가 이동했다고 술회하기도 했습니다만, 이에 대해 좀 자세히 말씀해 주시겠습니까?

변형윤 그것이 사실입니다. 시기적으로도 당시 종속이론이 대두되고 있었고 현실적으로도 이 이론은 당시의 중남미의 실정을 반영한 것이었다고 보고 있습니다. 나는 미국 경제학의 강한 영향 아래 있는 한국에서도 한국 실정에 맞는 이론이 필요하다는 생각으로 종속이론을 연구하기도 했고 또《반주류의 경제학》이란 책에서 이를 소개하기도 했습니다.

윤진호 당시 종속이론 가운데 어떤 책을 주로 보셨는지요?

변형윤 주로 종속이론 가운데 대표적인 책들, 예컨대 프랑크A. G. Frank나 아민S. Amin 등의 대표적인 책들은 모두 섭렵했습니다. 나뿐만 아니라 당시 학현연구실에 출입하던 학자들도 종속이론에 대한 관심이 많았습니다.

윤진호 특히 《반주류의 경제학》(1981)이란 책은 종전의 선생님의 책과는 좀 다르게 비판적 경제학의 흐름을 소개하면서 뚜렷한 이념적 색채를 지니고 있었는데 이는 선생님의 생각이 반영된 것입니까?

변형윤 《반주류의 경제학》에 대해서는 앞에서도 설명했습니다만, 이 책은 주로 종속이론을 비롯한 주류경제학에 비판적인 외국 학자들의 글을 번역하기도 하고 국내 학자들이 발표한 글을 싣기도 했는데, 편집 자체는 내가 한 것이 아니라 청람출판사에서 했습니다. 청람출판사는 나중에 한겨레신문사 사장이 된 권근술 씨가 동아일보에서 해직되면서 만든 출판사인데 당시 사회의식이 강한 책들을 많이 출판했고 《반주류의 경제학》도 그 일환으로 출판사에서 기획한 것이었습니다. 물론 내가 편집자로 되어 있으니 내 생각도 반영되었던 것은 사실입니다. 누가 그러더군요. 왜 하필이면 '반反'주류의 경제학이냐고. 그런데 이 제목은 내가 지은 것이 아니라 출판사에서 지은 것입니다.

윤진호 한길사에서 나온 《분배의 경제학》(1983)은 선생님 저서 가운데 가장 많이 인용된 책인데 이는 어떻게 해서 나오게 되었나요?

변형윤 《분배의 경제학》은 한길사에서 나왔는데 역시 해직 기자 출신이었던 김언호 사장의 아이디어로 출판되었습니다. 김 사장은 책의 기획에 대한 센스가 남다른 것으로 잘 알려져 있는데 이 책 역시 상당히 많이 팔린 것으로 알고 있습니다. 또 《한국경제의 진단과 반성》이란 책은 나의 해직 기간인 1980년에 출판되었지만, 그 속에 있는 글들은 주로 1970년대에 쓴 것입니다. 이 책은 전부터 오래 알고 지내던 지식산업사의 김경희 사장의 권유에 따라 출판되었습니다. 사실 김 사장은 책 제목을 좀 더 자극적인 것으로 하면 몇 배 더 팔릴 것 같다고 나에게 책 제목을 바꾸자고 권유를 했습니다만 나는 굳이 내용을 과대 포장하여 책 제목을 붙일 필요가 있는가 하고 생각해서 다소 진부한 제목으로 출판되었습니다.

그런데 이 책과 관련하여 재미있는 일화가 있습니다. 당시 전두환 대통령은 군인 출신 대통령으로서 한계를 극복하기 위해 국정 운영에 필요한 지식을 속성으로 습득하느라고 애쓰고 있었습니다. 그 한 수단으로 신간서적 가운데 화제가 된 책의 저자를 선정하고 청와대로 초청해서 전 대통령이 강의를 듣는 프로그램이 있었습니다. 그런데 이 '어전강의御前講義'의 첫 번째 주자로 선정된 사람이 바로 《한국경제의 진단과 반성》의 저자인 나였습니다. 그때 나에게 연락한 사람은 청와대 교육문화수석비서관 이상주 씨 아래에서 일하고 있던 C 국장이었는데 서울법대 재학 당시 내 강의를 들었다고 합니다. 어느 날 C 국장으로부터 연락을 받고 시내 모 호텔에 갔더니 바로 첫 번째 어전강의를 부탁하는 것이 아니겠습니까? 그래서 일언지하에 거절했습니다. 물론 어전강의를 받아들였더라면 내가 억울하게 해직되었다는 이야기를 전 대통령에게 직접 할 수 있는 좋은 기회가 되었을 터이고 이로 말미암아 복직이 빨라졌을지도 모르지요. 그러나 나는 설혹 복직이 될 수 있다 하더라도 전 대통령에게 부탁해서 학교로 돌아가고 싶은 생각은 추호도 없었고 따라서 전 대통령에게 어전강의를 할 생각도 전혀 없었기 때문에 일언지하에 거절했던 것이지요.

그런데 그 일이 있은 약 2주일 뒤에 이번에는 당시 보안사령관으로 있던 노태우 씨 쪽에서 연락이 왔습니다. 아마도 청와대 어전강의를 한 사람들의 명단을 입수하여 자기도 비슷한 프로그램으로 학자들을 초청하고 있는 것 같았습니다. 노태우 씨 쪽에서 보낸 사람은 육사 출신 장교로 서울상대 경제학과에 학사 편입하여 나로부터 강의를 들은 바 있는 K 소령이었습니다. 그는 보안사령관 비서관이었습니다. 그러나 이 부탁 역시 거절할 수밖에 없었습니다.

마르크스, 마셜, 박현채

윤진호 어떤 인터뷰에서 선생님은 해직 기간 동안 정치경제학, 마르크스 경제학 쪽으로 관심을 넓혔다고 밝힌 바 있는데, 여기에 대해서도 말씀해 주십시오.

변형윤 원래 경제학은 주류경제학과 마르크스 경제학 두 가지가 아닙니까? 따라서 경제학을 제대로 하려면 주류경제학뿐만 아니라 마르크스 경제학도 알아야 한다는 것이 변함없는 내 생각이었습니다. 이는 해직되기 전부터 갖고 있던 생각이었는데, 다만 그 전에는 관심은 있어도 시간적 여유가 없어서 마르크스 경제학 관련 책들을 읽을 수 없었는데 해직 후 시간적 여유가 생기니까 그쪽 책을 더 많이 읽을 기회가 생겼던 것뿐입니다.

윤진호 1980년대 초의 한국 사회에서는 민주화 과정의 좌절과 신군부의 집권 이후 종래의 시민민주주의 운동에 대한 반성과 비판이 증대되는 가운데 지식인과 학생들 사이에서는 마르크스 이론에 대한 관심이 높아지고 있는 상황이었습니다. 또 서울대에서도 그때 유럽에서 마르크스 이론에 관한 논문으로 박사학위를 받고 막 귀국한 김수행(전 서울대 교수), 정운영(전 한신대 교수) 박사 등 젊은 학자들이 경제학과 강사로서 대학원생들에게 마르크스 이론을 가르치기 시작하던 때였는데, 저도 당시 박사과정 대학원생으로서 이분들의 강의를 들었던 것이 기억납니다. 선생님의 학문적 경향도 이러한 추세와 맞물려 있었던 셈이 아닌지요?

변형윤 그렇습니다. 당시 경제학자들 사이에 정치경제학, 마르크스 경제학에 대한 관심이 상당히 높아지고 있었던 것이 사실입니다. 그런데 1988년에 노태우 대통령이 집권하면서 분위기가 완전히 바뀌어 마르크스 경제학에 대한 억압이 거세지고 관심이 약해지게 되었습니다.

마르크스의 《자본론》을 한국어로 번역한 김수행 교수가 1989년에 서울대 경제학과 교수로 임용될 당시에는 분위기가 매우 어려웠습니다. 1987년 민주화 투쟁 이후 서울대 경제학과에서도 학부생들과 대학원생들이 학문의 민주화를 요구하기 시작했고 그 일환으로 1988년부터 정치경제학 전공 교수를 채용해 달라고 학교에 요구하기 시작했습니다. 그러나 기존 교수들의 반대로 1988년에는 이 요구가 받아들여지지 않았습니다. 그 뒤 다시 대학원생들과 학부생들의 강력한 요구로 정치경제학 전공 교수를 채용하기로 학생들에게 약속은 했지만 교수들 사이에서는 이에 대해 절대 반대를 외치는 교수들이 많았습니다. 워낙 미국에서 주류경제학을 배운 교수들이라서 정치경제학에 대해 태생적인 거부감을 가지고 있었던 것이지요.

나는 학문적 다양성을 위해서는 서울대 경제학과에도 정치경제학을 전공한 교수가 한 사람쯤은 있어야 하는 것이 아니겠느냐고 학과의 후배교수들 한 사람 한 사람을 설득하였지만, 완강하게 거부하는 교수들이 몇 명 있어서 정말 힘들었습니다. 과내에서 나를 도와주는 사람은 안병직 교수를 제외하고는 거의 없었습니다. 결국 나 혼자서만 계속 주장과 설득을 해야 했습니다. 결국 내가 끝까지 버티어서 김 교수가 임용되기는 했지만요 몇 년 전 김수행 교수가 정년퇴임한 뒤에는, 다시 정치경제학 전공 교수를 임용하지 않음으로써 서울대 경제학과에서 정치경제학의 전통이 단절된 것은 아쉬운 일이지요.

윤진호 화제를 좀 바꾸어서 앨프리드 마셜에 대해 여쭈어 보도록 하겠습니다. 선생님은 마셜 연구를 일생의 과제로 생각하고 계십니다만, 특히 해직기간 동안에 마셜을 본격적으로 연구하기로 결심했고 그 결과를 책으로 내려고 계획하였는데 이에 대해 말씀해 주십시오.

변형윤 그렇습니다. 원래 계획은 해직 기간 동안 마셜을 본격적으로 연구하고 책을 출판하기로 했습니다만 결국 책은 출판하지 못했습니다. 나는 1979년에 〈마셜경제학에 대하여〉라는 논문을 쓴 적이 있는데 이를 더 보완하면 책으로 낼 수 있겠다고 생각했던 것이지요. 그러나 이후 여러 가지 사회적 요구가 많아서 끌려다니다 보니 결국 책을 내지 못하고 일단 중단한 상태입니다. 그 뒤에도 논문 형식으로 마셜에 대해 몇 편을 쓰기는 했는데 앞으로 이를 보완해서 책으로 출판하겠다는 생각은 여전히 가지고 있습니다.

윤진호 이병천 교수(강원대)가 쓴 〈학현 경제학의 한 해석〉이란 글을 보면, 이와 관련하여 재미있는 지적을 하고 있는데요. 즉 앨프리드 마셜은 신고전파 주류경제학의 완성자이자 케인스에게 이를 물려주는 계승자(마셜 A)인 동시에, 그것과는 전혀 다른 비주류경제학자(마셜 B)라는 두 얼굴을 가지고 있는데 선생님께서는 이 가운데 두 번째 측면을 많이 받아들였다는 것입니다. 이에 대해 선생님께서는 어떤 생각을 가지고 계신지요?

변형윤 그렇습니다. 마셜은 경제학에 대해 "부의 축적에 관한 연구인 동시에 인간에 관한 연구의 일부"라고 정의한 바 있습니다. 이와 관련하여 마셜은 경제기사도經濟騎士道 정신을 주장했고 그의 강의를 듣는 학생들에게 "냉철한 머리와 따뜻한 가슴"(cool heads but warm hearts)을 가지도록 촉구하지 않았습니까? 그런데 그 뒤 새뮤얼슨 등의 신고전파 주류경제학자들은 마셜의 이 두 가지 측면 가운데 '인간 연구'의 측면을 쏙 빼버린 것이지요. 이것이 새뮤얼슨의 경제학 교과서를 통해 광범하게 보급됨으로써 마셜의 두 가지 측면 가운데 한쪽은 완전히 무시되었던 것입니다. 나로서는 바로 이렇게 해서 빠져버린 마셜의 인간 연구의 측면을 강조해야 한다고 생각하고 있습니다.

윤진호 선생님께서는 정치경제학 외에도 경제발전론에 대해서도 많이 연구하셨고, 특히 뮈르달K. G. Myrdal(노벨경제학상 수상)을 자주 인용하기도 하고 영향도 받았다고 말씀하셨는데, 뮈르달과 종속이론과의 관계는 어떻게 보고 있습니까?

변형윤 결국 종속이론도 뮈르달의 영향을 많이 받은 것입니다. 뮈르달이란 사람은 원래 신고전파 주류경제학자이긴 하지만 미국의 흑인 문제를 연구하면서, 그들의 생활을 보고는 자신이 그동안 했던 주류경제학에 큰 문제가 있음을 깨닫게 됩니다. 그때부터 뮈르달은 신고전파 경제학에 대해 비판적 입장을 취하게 되고 제3세계의 빈곤연구에 몰두하게 됩니다. 이것이 결국 종속이론과 유사한 입장을 취하게 되는 계기가 되었습니다.

윤진호 선생님의 학문적 경향과 관련해서 마지막으로 여쭐 말씀은 박현채 교수의 《민족경제론》에 대한 것입니다. 선생님은 개인적으로 박현채 교수와 가까웠을 뿐만 아니라 학문적 경향 면에서도 민족경제론과 유사한 시각을 보인 적이 많은데, 이와 관련하여 선생님은 민족경제론에 대해 어떻게 생각하고 있으며 선생님에게는 '민족'이란 어떤 의미를 가지는 것입니까? 특히 민족이란 개념의 이중적이고 모순적인 의의, 즉 한편으로는 대내적으로 자주성을 가지고 통일적인 민족국가 건설을 지향한다는 긍정적 의미를 지니고 있는 반면, 다른 한편으로는 대외적으로 배타적이고 국내적으로는 지배층의 이념으로 이용될 수 있다는 부정적 의미를 가지고 있는데, 이에 대해 어떤 생각을 가지고 있습니까?

변형윤 박현채 교수의 민족경제론은 일단 마르크스 경제학에 기초를 두고 있으면서도 이를 교조적으로 해석하는 것이 아니라 한국의 현실에 적응시키려는 노력으로 이해하고 있습니다. 그러나 나 자신은 '민족'이란 개념을 그다지 중시하지는 않습니다. 오늘날 한국의 현실에서는 오히려 '계층'이나 '계급'이란 개념이 더 중요합니다. 특히 여유가 있는 사람보다는 스스로 자신의 문제를 해결하지 못하는 사람, 빈곤한 사람들의 문제를 어떻게 해결할 것인가가 핵심적 과제라고 생각하고 있습니다. 이 경우 '민족' 개념은 그것이 가진 모호성으로 말미암아 오히려 이러한 문제의 해결을 방해하는 경우도 있을 수 있습니다. 그렇기 때문에 나는 민족이란 단어를 잘 쓰지 않습니다.

제13장
반주류의 경제학

학현연구실의 새로운 출범

윤진호 선생님께서는 1984년 9월에 서울대 교수직에 복직하면서 학현연구실을 연구자들의 정식 연구공간으로 출범시키게 되는데, 여기에 대해 말씀해 주십시오.

변형윤 광화문 시절의 학현연구실은 내 개인의 공간이자 해직교수들의 사랑방으로 활용되었지만 연구모임은 없었습니다. 당시에도 일부 제자들은 학현연구실을 드나들고 있었고 또 이들로부터 세미나 모임을 가지자는 제안도 있었지만 대부분 현직교수인 제자들이 해직교수인 나로 말미암아 자칫 불이익을 받지 않을까 우려해서 세미나 모임을 만들자는 제안을 거절하였습니다. 그러다가 1984년 9월 4일부로 교수직에 복직하면서 학현연구실 문을 닫을 생각도 했습니다. 그런데 주위에서 일단 연구실 문을 닫으면 다시 열기 어렵다는 이야기를 하고 또 제자들이 찾아와서 세미나 모임을 만들고 싶다는 이야기도 하고 해서 결국 학현연구실을 이전하면서 학자들의 연구공간으로 재출범하기로 결심했던 것이지요. 이리하여 1984년 11월 서울대에서 가까운 관악구 신림동의 시장통 안에 있는 조그만 건물 2층으로 학현연구실을 이전하고 정식으로 연구자들이 모이는 공간으로 재출범하게 됩니다.

윤진호 학현연구실 초창기에는 다수의 젊은 연구자들이 연구실에 모여들었던 것으로 기억하는데, 당시의 상황에 대해 말씀해 주시겠습니까?

변형윤 1980년대 중반의 시절이었으니까 사회과학을 전공하는 젊은 연구자들 사이에는 한창 5공 정권에 대한 비판의식이 높았고 이에 따른 비판적 연구의욕이 높았을 때입니다. 따라서 5공 정권의 폭압으로 말미암아 교수직에서 해직되었던 내가 다시 복직하게 되니까, 젊은 연구자들이 자연히 우리 학현연구실로 모여드는 분위기가 만들어졌습니다. 처음에는 50여 명의 젊은 학자들이 모여 경제발전론 분과, 현대사 분과, 정치경제학 분과, 한국자본주의론 분과 등 4개의 분과모임으로 나뉘어 세미나를 했기 때문에 거의 매주 토요일마다 학현연구실에서는 세미나가 열렸습니다. 그러다가 얼마 동안 시간이 지난 뒤 현대사 분과는 안병직 교수가 주도하는 낙성대연구실 쪽으로 이전하였고 정치경제학 분과와 한국자본주의론 분과는 좀 더 있다가 1987년 무렵 방배동 연구실로 이전하였는데 이곳은 나중에 한국사회경제학회를 창립하게 됩니다. 결국 학현연구실에는 경제발전론 분과만 남아서 매월 1회씩 세미나를 열었습니다. 그러나 방배동 연구실 팀이 이사를 간 뒤에도 늘 학현연구실과는 연대 관계를 가지면서 여러 가지 활동을 같이 하곤 했기 때문에 하나의 자매 연구실이라고 해야 하겠지요.

윤진호 선생님께서 학현연구실을 정식 연구공간으로 출범시킬 당시 향후의 연구 방향이나 지향점에 대해 어떠한 생각을 하고 있었습니까?

변형윤 무엇보다도 일단 연구실을 설립한 이상 계속해서 유지해야 하겠다는 생각을 가지고 있었고, 특히 경제발전론을 전공하는 젊은 학자들을 위한 연구공간으로서의 기능을 충분히 해야 하겠다는 생각이었지요. 당시는 사회분위기 전체가 어려운 시절이었고 비판적 생각을 가진 젊은 학자들이 그 비판적 연구를 이어간다는 것이 어려운 상황이었기 때문에 내가 미약하나마 이들을 위한 병풍 노릇을 해주어야 한다는 생각을 하고 있었지요. 또 우리 연구실이 지향하는 방향은 '인간 중심의 경제학'이 되어야 한다고 생각했습니다. 앞에서도 말했듯이 주류 경제학에는 '인간'이란 요소가 결여되어 있습니다. 따라서 우리 연구실은 주류경제학과는 좀 다른 생각을 가진 사람들, 즉 빈곤하고 소외된 계층에 대해 따뜻한 시선을 가진 연구자들을 육성하고 지원하는 곳이 되어야 한다고 생각했습니다. 이것은 지금도 변함없이 지니고 있는 생각입니다.

윤진호 초창기 학현연구실의 주요한 참가자들은 누구였습니까?

변형윤 당시 세미나에 참여했던 학자들은 주로 주류경제학의 현실 설명력에 대해 비판적이거나 비非주류경제학을 연구하는 사람들이었습니다. 우선 당시 내가 서울대 대학원에서 지도하고 있던 석사, 박사과정 제자들이 많이 참여했습니다. 생각나는 대로 거명한다면 강남훈(한신대), 김견(현대자동차), 김기원(한국방송통신대), 김용복(서울사회경제연구소), 김윤자(한신대), 김형기(경북대), 박동철(현대자동차), 양우진(한신대), 윤진호(인하대), 이병천(강원대), 이재율(계명대), 이재희(경성대), 장지상(경북대), 정일용(한국외대), 홍장표(부경대), 황현기(전 경기대) 교수 등이 자주 세미나에 나왔습니다.

그 뒤 외국 유학을 마치고 귀국한 제자들과 새로 서울대에서 학위를 받은 제자들도 속속 학현연구실에 합류했는데, 대표적으로 강명헌(단국대), 강신욱(한국보건사회연구원), 강철규(우석대 총장), 김대환(인하대), 김태동(성균관대 명예교수), 김혜원(한국교원대), 남기곤(한밭대), 박복영(대외경제정책연구원), 박순일(전 한국보건사회연구원 원장), 배영목(충북대), 신상기(경원대), 원승연(명지대), 유재원(건국대), 윤건수(전 서울사회경제연구소), 윤원배(숙명여대), 이근식(서울시립대), 이상철(성공회대), 이은우(울산대), 이정우(경북대), 이제민(연세대), 이진순(숭실대), 이채언(전남대), 장세진(인하대), 조우현(숭실대), 황신준(상지대) 교수 등을 들 수 있습니다.

윤진호 학현연구실 초기의 세미나 분위기는 무척 뜨거웠던 것으로 기억하는데 선생님께서는 당시의 분위기에 대해 어떻게 느꼈습니까?

변형윤 매월 둘째 주 토요일에 정기 세미나를 열었는데 세미나 때면 보통 10~20명 정도의 연구자들이 모여 열띤 토론을 벌이곤 했습니다. 학현연구실 초기에는 주로 종속이론이나 한국경제론 등을 많이 다루었는데, 특히 1984년부터 1987년 사이는 정치적 격동기였기 때문에 세미나 참가자들 사이에 구체적인 정치적 이슈나 경제정책 이슈 등을 둘러싸고 격론이 벌어진 적도 많았습니다.

학현연구실 멤버들은 신고전파 주류경제학자로부터 마르크스 경제학을 전공한 사람까지 그 학문적 스펙트럼이 매우 다양했습니다. 따라서 어떤 구체적인 이슈를 놓고 입장이 다를 수밖에 없었습니다. 또 하나 국내(서울대)에서 박사학위를 받은 연구자들과 해외(주로 미국)에서 박사학위를 받은 연구자들 사이에도 상당한 간극이 있었습니다. 평소에는 잘 굴러가다가도 어떤 특정한 이슈가 제기되면 격렬한 논쟁을 벌이곤 했는데, 김태동, 조우현 교수 등이 열심히 논쟁에 참가했던 것이 생각납니다. 그럼에도 전체적으로 주류경제학보다는 비주류, 반주류 경제학에 호감을 가진 사람이 많았다는 것, 그리고 무엇보다도 소외계층을 위한 인간 중심의 경제학을 해야 한다는 데 동의하는 사람이 많았다는 것이 공통점이라면 공통점이었습니다.

물론 시간이 지나면서 세미나 참가자들 가운데는 학현연구실의 지향점이 자신의 학문적 성향과 잘 맞지 않아서 스스로 불참하게 된 사람도 있고, 또 학현연구실의 정신에 동참하고자 새로 가입한 사람도 생기면서 자연스럽게 학현연구실의 정체성이 이루어져 갔던 것 같습니다. 학현연구실 초기에는 연구자들이 현실에 대해 깊이 알고 또 현장에 있는 사람들과 교류하여야 한다는 생각도 강해서, 난곡의 빈민촌을 방문하기도 했고 노동운동을 하는 사람을 초청하여 세미나를 갖기도 했습니다.

윤진호 당시 5공 정권의 살벌한 분위기 아래에서 민주화 운동과 학문적 자유에 대한 탄압이 심할 때였는데, 비판적 경제학자들이 함께 모여 세미나를 벌이는 것 자체가 정부 당국의 처지에서 보면 불온한 행동으로 비쳤을 수도 있겠습니다.

변형윤 바로 그 때문에 나로서는 항상 살얼음을 걷는 기분이었습니다. 복직한 뒤 언론에서 인터뷰나 글을 써 달라는 요청이 굉장히 많이 들어왔는데 그 내용은 자연히 5공 정권에 대한 비판이 될 수밖에 없었습니다. 따라서 나는 항상 교수직에서 다시 쫓겨날지도 모른다는 생각을 가지고 있었습니다. 특히 연말이 되면 각종 사회단체나 지식인들에 의한 서명이나 성명서 발표 등이 많이 있었는데, 그럴 때마다 늘 나에게 큰 짐이 집중되곤 했습니다. 나는 서명에서 한 번도 빠져본 적이 없습니다만 그 때문에 늘 살얼음을 걷는 기분이었습니다. 더구나 방배동으로 이사 간 정치경제학 분과의 연구실은 경찰서 바로 앞에 있었기 때문에 언제라도 경찰이 들이닥칠지 모른다고 생각해서 문제가 될 만한 내용의 책들은 사무실에 남겨 놓지 말도록 늘 제자들에게 당부하곤 했습니다. 실제로 학현연구실이 신림동에 있을 당시의 건물 주인은 우리에게 "밤에는 조심하라"는 말을 전하기도 했고, 때로는 아침에 연구실에 출근해보면 간밤에 캐비닛이 수색당한 흔적을 발견하거나 일부 금품이 없어진 적도 있습니다.

윤진호 연구실을 마련하기까지 경비나 연구실 운영을 위한 재정 등은 어떻게 충당하였습니까?

변형윤 우선 연구실 마련을 위해 기본적으로 우리 회원들이 능력대로 부담을 하였습니다. 그리고 서울상대 졸업생들에게도 모금을 부탁하여 기수별로 모금활동을 하였는데 일부 능력이 되는 제자들은 기부금을 내기도 했습니다. 나와 관련이 있는 몇

몇 단체에서도 도움을 주었습니다. 이분들에 대해서는 늘 감사하다는 생각을 하고 있습니다.

복직 후의 학문적 경향 변화

윤진호 복직하신 뒤 선생님의 학문 경향이나 강의 내용에 어떠한 변화가 있었는지요?

변형윤 강의는 학기별로 다르지만 학부에서 경제발전론, 경제변동론, 한국경제론, 그리고 대학원에서 경제변동론, 경제발전론을 담당하였습니다. 담당과목 그 자체는 해직 전과 별다른 차이가 없었지만 강의 내용에는 아무래도 차이가 좀 있을 수밖에 없었습니다. 해직 전과 견주어 정치경제학 쪽의 내용을 많이 강조했는데, 예컨대 경제변동론에서는 콘드라티예프N. Kondratiev 의 장기파동론을 강조하였고 그 밖에 칼도어N. Kaldor와 칼레키 M. Kalecki의 포스트 케인지언 경기순환이론, 스위지P. M. Sweezy 의 과소소비론 등을 강조했습니다. 대학원 강의에서는 그때그때 학술지에 나오는 논문을 소개하였습니다. 특히 박사과정 강의에서 그러했습니다.

윤진호 선생님께서는 해직 기간 동안 해외여행이 불가능해짐으로써 그때까지 쭉 참석해왔던 세계계량경제학회 회의 참석도 하지 못하게 되었는데 복직 후 다시 참석하셨습니까?

변형윤 그렇습니다. 1985년 2월 김세원 교수(서울대 명예교수)의 주선으로 프랑스 정부의 초청을 받아 파리를 방문한 것이 복직 후 첫 해외여행이었고, 이어서 같은 해 8월에 미국 보스턴에서 세계계량경제학회 제5차 대회가 열렸는데 여기에 참석하였습니다. 그 뒤 일본 측에서 세계계량경제학회 극동대회를 1991년에 서울에서 주최할 것을 요청하여, 그 준비 차 1990년 스페인 바르셀로나에서 열린 세계계량경제학회 제6차 대회에도 참석하였습니다. 그런데 캐나다 토론토에서 열렸던 제3차 대회에서부터 이미 계량경제학이 경제학인지 수학인지 모를 정도로 분위기가 바뀌었다는 것을 느꼈는데, 제5차 대회에서는 더욱 그 느낌을 심하게 받게 되었습니다. 말하자면 현재의 계량경제학의 시작이 이 대회부터였는지도 모르겠습니다. 이미 이 대회에는 과거처럼 거물급 계량경제학자들은 참여하지 않게 되었습니다.

윤진호 선생님께서는 1986년에 한국계량경제학회 창립과 함께 초대 회장이 되었는데 이것은 선생님으로서는 학회 회장직을 처음으로 맡게 되었던 셈입니까?

변형윤 그렇습니다. 당시 계량경제학자들이 한국경제학회 안에서 제대로 대접을 받지 못하고 있다는 여론이 많았습니다. 계량경제학자들은 한국경제학회에 독자적으로 참여하지 못하고 통계학회의 한 분과로서 참여하였는데 사실상 홀대를 받는 셈이었습니다. 이에 따라 종전에 계량경제학회를 따로 만드는 것을 반대하던 사람들도 찬성으로 돌아서 한국계량경제학회가 1986년 창립되었습니다. 일부에서는 분파주의라고 비판하였지만 나로서는 한국계량경제학회를 따로 만든 것은 잘한 일이라고 생각합니다.

민주화 운동에 참여

윤진호 서슬이 시퍼렇던 5공 정권도 1980년대 중반 이후가 되면 차츰 힘이 빠지게 되고, 이와 달리 민주화 운동은 점점 고조되어 갑니다. 이러한 분위기가 결정적으로 폭발한 것이 1987년의 민주화 대투쟁입니다만, 이 과정에서 선생님도 전반적인 정치, 경제, 사회민주화 운동과 일정하게 관련을 맺게 됩니다. 이것을 몇 가지로 나누어서 보면 먼저 학문적인 측면에서는 한국사회경제학회의 창립과 그 초대 회장으로서의 활동을 들 수 있고, 대학민주화 및 사회민주화 측면에서는 서울대 교수협의회 회장 및 전국국립대학교 교수협의회(국대협, 이하 국립대학 교수협의회) 회장단 의장으로서 활동을 들 수 있습니다. 마지막으로 정치적 측면에서는 1987년 대통령 선거 과정에서 활동을 들수 있겠습니다.

이 가운데 먼저 한국사회경제학회의 창립에 대해 여쭈어 보겠습니다. 학현연구실 시절의 주요한 공적의 하나로서 한국사회경제학회의 창립을 들 수 있습니다. 1987년 창립된 한국사회경제학회는 당시 주류경제학 일색이던 상황에서 무언가 새로운 대안을 모색하던 젊은 경제학자들이 집결하여 만든 학회였습니다. 이 학회가 창립될 당시의 억압적인 정치적 분위기로 말미암아 주위에서 걱정도 많이 했습니다만 선생님께서 선뜻 초대 회장을 맡아 후배들의 병풍 노릇을 해주신 것이 기억납니다. 한국사회경제학회의 창립과 관련하여 생각나는 일이 있으면 말씀해 주십시오.

변형윤 나는 사실 제자들이 한국사회경제학회를 창립하는데 그 초대 회장을 맡아달라고 찾아왔을 때 그다지 적극적이지 않았습니다. 당시 사회분위기로 볼 때 자칫하면 젊은 학자들이 많이 다칠 것 같았기 때문입니다. 그러나 젊은 교수들의 거듭된 요청으로 내가 총대를 메고 나설 수밖에 없었습니다. 당시 한국사회경제학회 창립을 주도했던 사람들은 김기원(한국방송통신대), 김수행(전 서울대, 성공회대 석좌교수), 김윤자(한신대), 윤소영(한신대), 윤진호(인하대), 이병천(강원대), 정일용(한국외대) 교수 등이었는데 학회 창립을 위해 학현연구실에 자주 모여 토론을 하곤 했습니다. 원래 학회 명칭은 '한국정치경제학회'였는데 내가 반대하여 '한국사회경제학회'로 이름을 바꾸었습니다. '정치경제학'이란 용어를 마르크스 경제학으로만 해석하는 사람도 있었고 반대로 정치학에서도 전혀 다른 내용인데도 '정치경제학'이란 용어를 사용하기도 해서 혼동을 줄 우려가 있다는 이유에서였습니다.

윤진호 한국사회경제학회는 어떠한 활동을 벌였습니까?

변형윤 한국사회경제학회는 비판적 경제학자들의 총집결체
로서 성격을 가진 까닭에 현실사회와 관련한 깊은 주제를 많이
다루었고 회원들이 매우 젊었던 것이 특징이었습니다. 특히 학
회 안에 한국경제론, 노동, 재벌, 국제경제, 가치론 등 다양한
연구분과를 두고 매우 활발한 연구활동을 벌였습니다. 이 학회
는 오늘날 대표적인 진보적 경제학자들의 집단으로 성장했습니
다만 학현연구실이 이에 기여한 데 대해서는 자부심을 느끼고
있습니다. 물론 한국사회경제학회의 창립과 더불어 학회 사무
실이 독립해서 나가고 일부 회원들도 떨어져 나가면서 학현연
구실이 일시적으로 침체되었던 것도 사실입니다.

윤진호 다음으로 서울대 교수협의회 회장으로서 활동은 어
떠하였습니까?

변형윤 사실 나는 1980년 서울대 교수협의회 회장으로 있다
가, 교수직에서 해직되면서 자동적으로 교수협의회 회장직에서
도 밀려났던 적이 있으니까, 복직 후 교수협의회 회장직을 다시
맡게 된 것은 자연스러운 일인지도 모르지요. 그런데 돌아와서
보니 서울대 교수협의회는 죽은 조직이 되어 있었습니다. 5공
정권의 폭압적인 대학 탄압 속에서 교수들은 비판과 저항보다
는 순종하는 쪽을 택하였고 이에 따라 교수협의회도 소극적 활

동을 할 수밖에 없었던 것입니다.

그러다가 1987년 전국적인 '6월 민주화 운동'의 여파가 '7~8월 노동자 대투쟁'으로 이어지면서 사회 각계에 민주화 열기가 확산되었고 이에 자극을 받아 1987년 9월 서울대 교수협의회가 부활되었습니다. 나는 9월 4일 열린 교수협의회 임시총회에서 교수들의 직접선거에 따라 교수협의회 회장으로 선출되었지만 실은 이 과정도 순탄한 것만은 아니었습니다. 나를 반대하는 측에서는 5공 정권과 가까운 사범대학의 C 교수를 회장으로 밀었지만 결국 내가 회장에 당선되었습니다. 아무튼 이를 계기로 하여 다른 대학들에서도 속속 교수협의회가 창립되었으며 1988년 2월에는 국립대학 교수협의회 회장단이 결성되어 내가 그 의장이 되었습니다. 각 대학의 교수협의회와 그 전국조직은 대학의 민주화와 교수들의 권익 향상을 위해 많은 활동을 벌였을 뿐만 아니라 사회민주화에도 큰 기여를 하였습니다.

윤진호 그 당시 서울대 교수협의회는 주로 무슨 활동을 하였습니까?

변형윤 아무래도 교수들의 조직이다 보니까 우선 학내 민주화에 주력하였고 학교 밖의 정치적, 사회적 이슈에 대해서는 직접적으로 개입하기보다는 주로 성명서 발표 등을 통해 우리의 입장을 사회에 전달하는 데 주력하였습니다. 내가 서울대 교수협의회 회장으로 뽑힌 뒤 학원자율화추진분과위원회를 두어 대학의 자율화를 위한 여러 방안을 검토케 하였습니다.

그리하여 1988년 3월 서울대 교수협의회는 정치적 통제로부터 대학의 자율성을 높이기 위한 제도적 장치로서 가칭 '국가대학교육위원회'의 설치를 요구하는 〈서울대학교 자율화 지침〉을 발표하였습니다. 이 지침에서는 또 대학의 자율을 "대학 밖의 정치적 타율로부터 자유로운 상태에 이르는 것, 대학 안에 웅크리고 있는 타율적 습성으로부터 벗어나는 것"이라고 규정하였습니다. 그러면서 현행 대학본부를 집행기구로 축소하고, 의결기구로서 전체 교수를 대표하는 교수대의회, 단과대학 교수회, 학과 교수회를 두도록 제안하였습니다. 그 밖에도 법인이사회의 구성, 대학기구의 개편, 총장 직선제 및 인사권 조정, 교수재임용제의 철폐, 교수 신규임용의 학과 자율화 등 광범한 내용의 대학자율화를 위한 방안들을 제시하였습니다.

그러나 1988년 서울대의 총·학장 선출 문제가 이슈로 떠오르자, 문교부는 서울대 교수협의회의 직선제 제안을 받아들이지 않고 그 대신 '국·공립대 총·학장 추천위원회'를 구성, 운영한다는 내용의 시안을 발표하였습니다. 이에 대해 서울대 교수협의회는 직선제 관철방침을 재확인하고 이를 총장에게 통지하였습니다. 결국 서울대 총·학장을 교수 직선으로 뽑는 방안이 확정되었는데 이는 교수협의회의 활발한 활동이 있었기 때문에 가능한 일이었습니다.

교수협의회는 또 그 산하에 교수권익증진분과위원회를 두어 교수의 권익과 복지·후생에 관한 사항을 다루도록 하였는데 여기서는 정액연구비 인상 추진, 정년퇴직교수의 명예교수 발령, 교수 해외여행 절차의 간소화 등을 중점 추진사업으로 결정하였습니다.

한편 서울대 교수협의회는 1987년 민주화 투쟁 이후 사회 전체에 확산되고 있던 민주화 열기에 적극 동참하여 학교 밖의 정치적, 사회적 이슈들에 대해서도 성명서 발표 등을 통해 주장을 펼쳤는데 지금 기억나는 것으로는 박종철 사건, 이한열 사건, 호헌 선언, 6·29 선언을 들 수 있습니다.

윤진호 이러한 교수협의회의 활동에 대해 선생님은 어떻게 평가하시는지요?

변형윤 당시 급변하고 있던 정치적, 사회적 환경 속에서 한편으로는 우리 사회의 대표적인 지식인 집단인 서울대 교수들이 민주화 과정에 기여해야 한다는 요구가 높았고 다른 한편으로는 그동안 억압과 굴종 상태에 있던 대학의 민주화를 달성해야 한다는 요구도 높았습니다. 이러한 상황에서 교수협의회는 최선의 활동을 전개하였다고 봅니다.

우선 교수협의회의 대학자율화 요구에 따라 결국 1988년 2월 서울대가 제시한 학칙 개정안을 문교부가 수정 없이 승인함으로써 대학자율화에 큰 진전이 있었습니다. 개정된 학칙의 내용은 학사제명제도의 폐지, 학생 정치활동의 금지조항 폐지, 교수회의 의결기관화, 평의원회 조직 기능의 강화 등 이전의 내용에 견주어 크게 진전된 것이었습니다. 또 교수협의회가 주장했던 총·학장 직선제의 도입 역시 당장은 이루어지지 못했지만, 1988년 4월 보건대학원에서 최초의 직선제 원장이 탄생한 것을 필두로 하여 각 단과대학에서 속속 교수들의 직선투표로 학·원장이 선출되었고, 드디어 1991년에는 교수들의 직접투표에 의해 김종운 교수가 총장에 선출됨으로써 총장 직선제 역시 안착되었습니다. 이러한 학칙 개정과 총·학장 직선제 도입은 대학의 민주화, 자율화의 구체적인 내용을 이루는 것으로 큰 의의를 지니고 있다 하겠습니다.

한편 교수협의회의 다양한 성명 발표와 학교 밖의 단체들과의 연대활동 참여 등을 통해 대표적 지식인 집단인 서울대 교수들이 전체 정치, 사회의 민주화에 힘을 실어준 것도 우리 사회의 민주화에 기여하였다고 봅니다.

윤진호 대학의 민주화를 추진해 온 또 다른 단체로서 '민주화를 위한 전국교수협의회'(민교협) 및 각 대학의 지부를 들 수 있는데 선생님께서는 민교협 활동에는 얼마나 관여하셨나요?

변형윤 1985년 실시된 2·12 총선에서 야당이 대승을 거두고 이를 계기로 국민들의 민주화에 대한 열망이 높아짐에 따라 각 계각층은 '5공 정권의 교체, 대통령 직선제로의 개헌'을 요구하기 시작합니다. 그러나 1986년 1월 10일 5공 정권은 임기 내 개헌 불가의 입장을 밝히는 이른바 '호헌 선언'을 함으로써 국민들의 열망을 짓밟아 버렸습니다. 이렇게 되자 이에 반대하는 각 대학 교수들의 시국선언문 발표가 잇따르게 되는데, 5공 정권은 1986년 5월 3일 일어난 '5·3 인천사태'를 계기로 하여 공안정국을 조성하고 민주화 진영에 대해 대대적인 탄압을 하기 시작합니다. 이렇게 되자 시국선언에 참여했던 교수들에 대해서도 보직 사퇴, 승진 보류, 해외출장 금지, 연구비 지급 유보, 교수재임용 탈락 압력 등 다양한 형태로 불이익을 주게 됩니다.

이러한 정부 당국의 압력과 교권에 대한 위협에 교수들이 공동 대응을 하기 위해서는 전국적인 조직화가 필요하다는 인식이 퍼지게 되고 그 결과로 탄생한 것이 바로 민교협이었습니다. 민교협 탄생까지는 몇 갈래의 개별적인 그룹들의 움직임이 있었는데, 즉 과거 해직되었다가 복직한 교수, 각 지역의 젊은 교수들, 진보적인 학회 활동을 통한 소모임 등이 그것입니다.

나는 민교협의 자문위원으로 참여하는 한편, 교수 서명이 있을 때마다 빼놓지 않고 참가하였습니다. 그러나 민교협을 이끄는 역할 자체는 더 젊은 교수들이 주역으로 나섰기 때문에 나는 뒤에서 돕는 일에 만족하였습니다.

'87년 대통령 선거와 김대중 후보

윤진호 그러는 가운데 드디어 1987년의 대통령 선거가 다가오게 됩니다. 이 선거에서는 국민들의 야당후보 단일화 여망에도 불구하고 결국 김영삼 후보와 김대중 후보가 단일화에 실패하여 각기 독자적으로 출마하게 되고, 그 결과 여당의 노태우 후보가 당선됨으로써 민주화 세력에 큰 충격을 주었는데, 이 과정에서 선생님은 김영삼, 김대중 후보 양 진영으로부터 참여를 권유받은 것으로 알고 있습니다. 이에 대해 말씀해 주십시오.

변형윤 나는 이미 1979년에 김대중 씨 진영과 관계를 맺은 적이 있었고 김대중 씨 주변에 아는 사람도 많았기 때문에 이번에도 대선 진영에 참여해 달라는 부탁을 받았습니다. 이와 동시에 김영삼 씨 쪽에서도 연락이 왔습니다. 개인적으로는 김대중 씨 쪽에 더 마음이 갔던 것이 사실입니다. 그러나 이번에도 나는 양쪽의 제안을 모두 거절했습니다.

그러나 나의 거절에도 불구하고 양쪽 진영에서는 서로 내가 자기들 쪽을 지지하고 있다고 홍보하였습니다. 내가 5공 정권에 의해 피해를 본 해직교수들의 대표이고 또 서울대 교수협의회 회장 및 국립대학 교수협의회 회장단 의장직을 맡고 있으니까 나를 끌어들이면 마치 많은 교수들이 그쪽 후보를 지지하는 듯한 홍보 효과를 거둘 수 있었기 때문입니다. 나로서는 정치적 욕심이 전혀 없었기 때문에 그대로 내버려 두었습니다.

그런데 갑자기 김대중 씨를 지지하는 교수들의 지지성명이 신문에 실렸는데 나와는 아무런 사전 상의도 없이 내 이름이 그 명단 첫머리에 등장한 것이 아니겠습니까? 나로서는 이런 형태로 내 이름이 신문에 나올 줄도 몰랐고 사전 상의도 없이 대외적으로 이름이 공개되었기 때문에 사실 기분이 안 좋았습니다. 그러나 내가 김대중 씨 쪽을 지지하고 있는 것은 사실이었기 때문에, 내 이름이 다소 정치적으로 이용되었다 하더라도, 크게 항의할 생각은 없어서 그저 묵묵부답으로 침묵만 지켰습니다.

윤진호 대통령 선거 결과 노태우 후보가 당선되었을 때 실망이 컸겠습니다.

변형윤 물론 실망했지요. 그러나 다른 한편으로는 야당 후보들의 단일화 실패에도 책임이 컸기 때문에 스스로도 일말의 책임을 느꼈습니다. 아무튼 나는 노태우 씨가 대통령에 당선된 뒤 정부와 완전히 인연을 끊었습니다. 노 대통령 시절 나는 딱 한 번 대통령과 만난 적이 있습니다. 즉 1989년 2월 한국경제학회 회장 자격으로 청와대 오찬 모임에 참석한 때입니다. 나로서는 어쩔 수 없이 나간 것이었기 때문에 편치 않은 자리였습니다. 이 자리에서 사회자가 나에게도 한 말씀 하라고 권유하기에 딱 한 가지 이야기를 했습니다. 즉 시중에 떠도는 부동자금이 100조 원에 달한다고 하니 이를 잡아야 한다는 이야기였습니다. 그러나 나중에 신문에 난 기사를 보니, 내가 말한 것과는 다르게 보도되었더군요.

《한겨레신문》의 창간과 이사 취임

윤진호 이번에는 화제를 좀 바꾸어 선생님과 한겨레신문사의 인연에 대해 듣고자 합니다. 잘 아시다시피《한겨레신문》은《동아일보》,《조선일보》 등에서 해직된 기자들을 중심으로 하여, 전 국민을 대상으로 주식을 공모하여 모은 자본금으로 창간된 ‘국민주 신문’이며 이후 우리 사회의 진보적 여론을 대변해 온 신문인데, 선생님께서는《한겨레신문》의 창간 초기부터 이에 참여하였습니다. 어떠한 계기로《한겨레신문》 창간에 참여하였는지요?

변형윤 기존 언론들이 보수화의 길을 걸어온 데다가 더욱이 5공 정권 들어 군부독재 정권에 충성을 함으로써 언론의 참 사명을 다하지 못했다는 비판을 받고 있었습니다. 따라서 국민들의 의사를 제대로 전달하고 대변하는 신문이 필요하다는 생각은 늘 하고 있었습니다. 그러던 차에《동아일보》,《조선일보》 등에서 해직된 해직기자들 중심으로 언론탄압에 굴하지 않고 투쟁을 계속해오던 언론인들이,《동아일보》 출신 송건호 씨를 사장으로 내세워 새로운 신문을 창간한다는 소문을 듣게 되었습니다. 아는 사람을 통해 나에게도 창간위원회 위원으로 참여해 달라는 부탁이 들어와서 나는 처음에는 가벼운 기분으로 창간위원회 위원 겸 고문직을 수락하였습니다. 이리하여 내가《한겨레신문》 발기인 번호 1번을 맡았습니다. 당시 나는 진정

으로 국민들의 의사를 대변할 수 있는 신문을 만드는 데 도움
이 된다면 기꺼이 동참하겠다는 생각을 가지고 있었습니다.

윤진호 그러다가 차츰 선생님께서는 한겨레신문사 이사, 한
겨레통일문화재단 이사장 등으로 《한겨레신문》에 깊이 관여하
게 되는데 그 과정을 말씀해 주십시오.

변형윤 《한겨레신문》이 처음에 발족할 때에는 《동아일보》
와 《조선일보》의 해직기자 중심으로 구성되었지만 차츰 출신
지역별로 그룹이 생기면서 갈등이 나타나기 시작합니다. 대체
적으로 편집국은 영남 출신이, 판매국은 호남 출신이 잡고 있었
고 독자 분포는 호남 쪽이 많았습니다. 그런데 나중에는 이러한
출신지역별 갈등이 심각한 상황에까지 이르게 되었고 이를 내
부적으로 해결하기 곤란한 지경에 이르렀습니다. 이렇게 되자
외부 인사를 영입하여 갈등을 해소하기로 하였고 이에 따라 이
돈명 변호사와 내가 한겨레신문사 이사로 영입이 되었던 것이
지요.

우리 두 사람은 《한겨레신문》의 내부적 갈등을 봉합하기
위해 많은 노력을 기울였고 그 결과 그럭저럭 해결을 보았습니
다. 그런데 《한겨레신문》은 해직기자 출신 언론인들이 주도하
여 국민주주들의 참여로 창간되기는 했지만 기존의 거대 신문
들과 경쟁하기에는 자본력이나 판매망이 턱없이 부족했고, 게
다가 참여인사들이 대부분 경영 경험이 없어서 적자가 누적되

었습니다. 1993년 무렵에는 경영 적자가 심각해져서 더 이상 《한겨레신문》이 유지되기 어려울 정도가 되었습니다. 이렇게 되자 신문사 측에서는 경영 위기를 해소하기 위해 나를 사장으로 영입하려고 했습니다. 나는 몇 차례 이 부탁을 거절하였지만 한겨레 측에서는 끈질기게 사장직 수락을 부탁했습니다. 심지어 내가 등산을 갔다가 밤늦게 집에 와보니 그때까지 신문사 사람들이 계속 기다리고 있었던 적도 있습니다. 그러나 결국 학교 외부의 상임직 자리는 맡지 않겠다는 내 결심이 확고했기 때문에 이 일은 없었던 일로 되었습니다.

당시 《한겨레신문》에서는 1년에 한 번 꼴로 사장이 바뀌는 등 혼란이 계속되었습니다. 그러다가 1995년 권근술 사장 때에 와서 비로소 경영이 비교적 안정되었습니다. 나는 이 기회에 이 사직을 사임했습니다. 그러나 그 대신 한겨레통일문화재단 이 사장직을 맡아 달라는 부탁은 뿌리칠 수가 없어서 수락했고 이후 2006년까지 10년간 이사장직을 맡았습니다. 이 자리는 비상임직이기 때문에 별다른 부담 없이 맡았던 것이지요. 아무튼 나로서는 《한겨레신문》의 창간과 위기 극복 과정에서 작으나마 힘을 보탬으로써 언론민주화 운동에 기여할 수 있었다는 사실에 대해 뿌듯함을 느끼고 있습니다.

경실련 공동대표로서의 활동

윤진호 이번에는 대표적인 시민운동단체인 경제정의실천시

민연합(경실련) 활동에 대해 여쭈어 보겠습니다. 선생님께서는 1989년 경실련 창립과 더불어 인권변호사인 황인철 변호사와 함께 공동대표를 맡게 되는데 이것을 쉽게 수락하셨습니까?

변형윤 쉽게 수락했다기보다는 수락할 수밖에 없는 상황이었습니다. 여기서 잠깐 경실련이 창립되었던 1989년 당시의 한국의 경제상황을 살펴보면 1986년부터 1988년까지 '저금리, 저환율, 저유가'라는 이른바 '3저 현상'에 힘입어 우리 경제는 '3저 호황'을 누리고 있었습니다. 경제성장률이 연평균 10% 이상에 달하고 국제수지가 만년적자에서 흑자로 전환되는 등 전례 없는 호황을 누리고 있던 상황이었습니다. 그러나 이러한 3저 호황은 우리 경제의 튼튼한 체질 때문이 아니라 거의 전적으로 외부 요인에 의존하고 있었던 까닭에 1989년 외부환경이 바뀌면서 경제는 순식간에 불황에 빠지고 맙니다. 그런 가운데 물가가 폭등하고 땅값이나 집값이 천정부지로 솟으면서 서민들의 삶이 파탄 상태에 빠지고 말았습니다. 이런 상황에서 집값, 땅값을 잡아 경제정의를 실현하겠다는 경실련의 창립목표는 대의명분에 합당한 것이었고 서민들의 요구에 부응하는 것이었기 때문에 거절할 수가 없었던 것입니다.

경제학은 사회과학의 한 분야인 만큼 궁극적으로는 사회적 실천을 목표로 하는 것입니다. 당시 한국경제의 상황을 보면 경제정의 및 분배적 형평을 실현하지 않고서는 더 이상의 성장과 발전은 기할 수 없는 상황에까지 와 있었습니다. 이것이 경실련의 공동대표직을 맡은 이유라 할 수 있습니다. 나는 평소 학생들에게 강의에 앞서 "냉철한 머리, 따뜻한 가슴"이라는 마셜의 말을 인용하여 경제학을 하는 태도를 가르쳐 왔습니다. 경실련을 통한 사회활동은 나의 그러한 의지를 실천에 옮기려는 노력의 하나라 할 수 있습니다.

또 하나의 요인은 경실련을 만든 사람들의 인적 구성 때문이었습니다. 경실련 창립의 주요 멤버들은 강철규(우석대 총장), 김태동(성균관대, 전 청와대 경제수석비서관), 이근식(서울시립대) 교수 등, 그전부터 내가 잘 알고 지내던 사람들이었습니다. 그래서 그들이 "경실련이라는 시민운동단체를 만드는데 선생님께서 대표를 맡아주십시오" 하고 요청했을 때 거절할 수 없었던 것이지요.

윤진호 경실련은 그 발족 초기에 신선한 시민운동이라는 찬사도 많이 받았지만, 때로는 부동산 문제나 금융실명제 등 주로 중산층의 관심사항을 다루었기 때문에 소시민 운동이라거나 심지어 부르주아적 운동이라는 비판도 받았는데, 여기에 대해서는 어떻게 생각하십니까?

변형윤 당시 경실련 공동대표를 맡고 나서 욕을 많이 먹었습니다. 일각에서는 "체제를 바꾸어야 하는 판에 중산층 시민운동이 웬 말이냐"고 비판하는 사람들도 있었습니다. 나는 이에 대해 "체제를 바꾸자는 말도 좋다. 그러나 당장 전셋집에서 쫓겨나서 길거리에 나앉은 사람을 보고 체제를 바꾸어야 문제가 해결된다고 말할 수 있는가? 이 사람들의 문제를 해결하기 위해 당장 할 수 있는 일부터 하자. 개량주의자라는 말을 들어도 할 수 없다"고 생각했습니다.

윤진호 경실련 활동에 대한 국민들의 호응은 어떠했습니까?

변형윤 의외로 호응이 좋았습니다. 처음에는 경실련 활동에 대해 운동권 사람들의 위험한 행동이 아닌가 하고 색안경을 끼고 보는 사람들도 있었지만, 우리들이 토지공개념이나 금융실명제 등 구체적 대안을 가지고 하나하나 문제를 해결하고자 하는 노력을 보이자 차츰 시민들의 신뢰와 호응이 높아져 갔습니다. 처음에는 온갖 일이 많았습니다. 산적해 있던 사회 문제가 한꺼번에 터져 나오고 어디 가서 호소할 길이 없는 사람들이 경실련 사무실에 직접 찾아와서 사정을 이야기하기도 했습니다. 그런 가운데 토지공개념이나 금융실명제 등은 경실련이 주도하여 결국 실현된 대표적인 정책들이라 할 수 있습니다. 물론 아쉬움도 많이 있었습니다. 이들 제도가 도입되기는 했지만 빠져 나갈 수 있는 구멍이 너무 많아서 실효성을 떨어뜨리고 있는 것이지요.

윤진호 경실련 활동 가운데 그 밖에 기억나는 일은 어떤 것이 있습니까?

변형윤 나는 경실련 공동대표로서 할 수 있는 일은 무엇이든 다했습니다. 물론 실무적인 일에 직접 관여는 하지 않았지만 공동대표로서 최종책임이 있으니까 간접적으로는 관여한 셈입니다. 어쨌든 내가 직접적으로는 관여하지 않았다고 하더라도 공동대표인 내 이름을 간판으로 내걸고 활동을 했고 경실련 안팎에서 나를 믿으니까 일이 수월하게 진척된 측면도 있겠지요.

윤진호 이 운동은 실패할 수밖에 없는 운동이었다고 말하는 사람들도 있는데 선생님은 어떻게 생각하십니까?

변형윤 경실련은 발족 이래 외부로부터 여러 가지 비판을 받아왔고 또 내부적으로도 분규를 겪기도 했는데, 그 가운데 하나는 경실련 출신 인사들이 정치적 야망을 가지고 정치권으로 옮겨가기 위한 발판으로 경실련 활동을 하고 있다는 것이고, 다른 하나는 당시 경실련 사무국을 이끌고 있던 사무총장에게 지나치게 권한이 집중되어 있었으며 일부 리더들의 도덕성 문제가 제기되었다는 것 등이었습니다. 나도 이 문제를 심각하게 생각하고 있었기 때문에 공동대표직을 4년간 맡은 다음 사임 의사를 밝혔습니다. 그러면서 나도 공동대표를 그만둘 테니까 사무총장도 그만두라고 요구하였습니다.

전환기의 사회주의국가 여행

윤진호 1980년대 말~1990년대 초는 세계사적으로도 매우 중요한 시기였습니다. 1990년에 독일 재통일이 이루어졌고 1991년에는 구소련이 붕괴되면서 동구권 사회주의국가들에 체제 전환과 민주화의 바람이 불었습니다. 그런가 하면 1980년대부터 시작된 중국 경제의 개혁·개방 역시 이 시기에 한층 꽃을 피우게 됩니다. 바로 이러한 중요한 시기에 선생님께서는 체제전환기에 있는 옛 사회주의국가들을 손수 방문하여 보고 느낄 수 있는 기회를 갖게 되는데 여기에 대해 말씀해 주십시오.

변형윤 그렇습니다. 우선 그에 앞서 1991년 6월에 서울에서 세계계량경제학회 제3차 극동회의가 개최되어 대성공을 거두었습니다. 원래 극동회의는 일본의 제안으로 만들어져 일본에서만 열리다가 처음으로 서울에서 개최되었는데 노벨경제학상 수상자인 애로우K. Arrow 등 유명 학자들이 참가하였고 일본 학자들도 깜짝 놀랄 정도로 회의 수준이 높았습니다.

1991년 7월에는 연강재단 연구기금의 지원을 받아 중국, 구소련, 헝가리, 독일 등 옛 사회주의국가들을 방문할 수 있는 기회가 주어졌습니다. 당시 경실련 활동을 하고 있던 김태동, 강철규, 이근식 교수 등과 동행하였습니다. 당시에는 아직 중국과 외교관계가 수립되기 전이어서, 우선 홍콩으로 가서 중국 입국 비자를 받아야만 했습니다. 홍콩으로부터 상해와 서안西安을 거처 북경까지 가는 일정이었습니다. 상해에서 호텔에 묵었을 때 종업원들의 서비스가 서툰 것을 보고 아직 자본주의화가 충분히 안 이루어져 있다는 것을 느꼈습니다. 당시 포동浦東 지구는 막 개발을 시작한 단계였는데 몇 개월 뒤에 다시 가보니 엄청나게 달라져 있어 깜짝 놀랐던 기억이 납니다. 북경에 가서는 자금성, 만리장성, 유리창, 명13릉 등 유명 관광지를 둘러보았습니다.

그런 다음 모스크바로 가는데 북경 공항에서 탄 비행기에는 지정석도 없었고 화물 넣는 곳에 뚜껑도 없었습니다. 좌석 사이로 개가 돌아다니는가 하면 승객들은 담배를 마구 피워대곤 했습니다. 7~8시간 걸려 모스크바에 도착하였는데 삼성의 모스크바 주재 박철원 상무의 주선으로 공항 귀빈실로 안내를 받았습니다. 모스크바에서는 그 유명한 코스모스 호텔에 머물면서 크렘린 궁, 궁내 박물관, 대통령 집무실이 있는 건물, 크렘린 밖에 있는 러시아정교회 사원, 모스크바 대학, 외무성, 레닌의 미라를 안치한 혁명열사 묘, 마르크스 연구소, 의사당 등을 관광했고 자유시장 거리도 걸었습니다. 또 모스크바 강의 유람선도 탔습니다. 특히 의사당 건물은 우리가 방문하고 나서 약 1개월 뒤 반혁명 쿠데타 사건이 발생하여 탱크 포의 집중사격을 받게 됩니다.

모스크바에서 2박을 한 뒤 밤 12시에 모스크바 공항을 출발하여 레닌그라드(상트페테르부르크)에 다음 날 새벽에 도착했습니다. 이때 백야白夜 현상을 체험했는데 동틀 때의 모습을 연상하면 될 것 같습니다. 레닌그라드에서는 에르미타주 국립미술관, 역사박물관, 니콜라이 성당, 일곱 개의 다리, 네바 강 등을 구경했습니다. 레닌그라드에서 역시 2박을 한 후 공항으로 나가 바르샤바 경유 헝가리의 부다페스트행 비행기에 올라탔습니다.

윤진호 저도 비슷한 시기에 모스크바를 방문했던 것이 기억나는데 선생님께서는 러시아 혁명의 요람이었던 구소련의 수도를 둘러보면서 어떤 느낌을 받았습니까?

변형윤 어떻게 해서 이 지경이 되었나 하고 한탄했습니다. 국영상점은 텅텅 비어 있는데 자유시장 거리는 없는 물건이 없을 정도로 풍성했습니다. 그리고 사람들이 줄 서 있는 집은 무엇인가 했더니 아이스크림 가게였습니다. 붉은 광장으로 들어가는 지하도에는 물가 폭등으로 생활이 어렵게 된 할머니, 할아버지 등 연금생활자들이 집안의 온갖 물건들을 들고 나와 한푼 두푼 팔아서 그 돈으로 어렵사리 생활하는 모습을 볼 수 있었습니다. 그러면서 조제스큐-로젠 교수가 갈파했던 계획경제의 실패 원리를 다시 한번 되새겼습니다.

윤진호 바르샤바를 경유해서 헝가리 부다페스트에 도착하셨는데, 그곳의 분위기는 어떠하였습니까?

변형윤 바르샤바 공항에 도착하자 나는 폴란드 땅을 밟고 싶어서 공항의 땅이라도 밟으려고 비행기의 승강계단 끝까지 내려갔으나 안 된다고 해서 실패했습니다.

비행기는 바르샤바 공항을 이륙해서 헝가리의 부다페스트에 도착하였습니다. 부다페스트는 도나우 강을 사이에 두고 마주 보고 있는 부다와 페스트의 두 도시로 이루어진 곳입니다. 관광을 했습니다. 그리고 특별히 부탁해서 헝가리 출신의 유명한 경제학자 칼도어N. Kaldor의 자취를 찾아서 헝가리 대학을 방문하였습니다.

관광을 통해서 부다페스트가 매우 아름다운 도시라는 인상을 받았으며 부다와 페스트가 매우 밀접하게 얽혀 있는 교통시스템을 갖고 있음을 알 수 있었습니다.

헝가리까지 오니까 비로소 자본주의 냄새가 나기 시작했습니다. 그러면서 다른 한편으로는 역시 옛 사회주의권 국가는 아직 자본에 물들지 않은 까닭에 때 묻지 않은 사람이 많다는 것도 알았습니다. 그러나 또한 인민에게 먹을 것을 제공해주지 못하는 체제는 성립할 수 없다는 것을 뼈저리게 느꼈습니다.

제14장

정년퇴임과 새로운 출발

정든 캠퍼스를 떠나다

윤진호 선생님께서는 1992년 2월 정년퇴임으로 오랫동안 정들었던 서울대를 떠나게 됩니다. 참으로 굴곡도 많고 사연도 많았던 교수 생활이었습니다만 정년퇴임하시면서 어떤 생각을 하였습니까?

변형윤 나는 1980년 8월에 타의에 의해 강제로 해직당하고 4년간 해직교수로 지냈던 경험이 있었기 때문에, 이미 퇴임 예행연습을 한 셈이어서 막상 정년퇴임 때는 별다른 큰 감흥은 없었습니다. 물론 1955년 9월 강사로 출발하여 만 37년 6개월 동안 지켜온 정든 캠퍼스를 떠나게 되면서 지난 일을 생각해보면 만감이 교차하였지만 나는 웃으면서 정년퇴임을 했습니다.

온갖 굴곡에도 불구하고 중도에서 좌절을 하지 않고 정년퇴임을 무사히 맞이하게 된 것을 다행으로 생각하면서 다른 한편으로 장래에 대한 새로운 희망도 가졌습니다.

윤진호 정년퇴임기념논문집도 받으셨지요?

변형윤 나는 이미 정년퇴임 5년 전에 화갑기념논문집을 성대하게 받은 적이 있기 때문에 정년퇴임기념논문집은 사양을 했습니다만, 제자들의 권유로 비봉출판사에서 《경제민주화의 길》이라는 제목의 정년퇴임기념논문집을 냈는데, 이 책에는 14명의 제자들이 주로 경제민주화와 경제정의에 관해 쓴 글을 모았습니다. 이와는 별도로 서울대 경제연구소에서 내는 《경제논집》에서도 나의 정년퇴임을 기념하는 정년퇴임 기념호를 발간했습니다. 1991년 12월에는 서울대 호암기념관에서 정년퇴임 기념식이 열려 많은 동료, 후배 교수들의 축하를 받았지요.

윤진호 정년퇴임 전에 학생들에게 마지막 강의도 하셨는데 어떤 내용이었습니까?

변형윤 1991년 12월 초 학부 경제변동론 수업이 마지막 강의였는데, 별다른 내용은 없었고 이제 정년을 맞아 학교를 그만둔다는 이야기, 앞으로 걸어갈 길을 심각하게 고민 중이라는 이야기 등을 했습니다. 이 마지막 강의에 대해서는 언론에서도 많은 관심을 가져서 여러 신문에 그 내용이 보도되기도 했습니다.

1992년 3월 13일에는 서울대 문화관에서 정년퇴임식을 가졌는데, 이 자리에는 350석을 꽉 채울 정도로 많은 교수와 학생이 참석했고 언론에서도 취재기자가 다수 참석했습니다. 나는 〈A. 마셜의 경제기사도에 관하여〉란 제목으로 고별강연을 했는데 여기서 나는 "부의 불평등은 현대의 경제조직이 갖는 중대한 결점이다. 부유한 사람들이 공공의 복지에 관심을 쏟지 않으면 가난한 사람들은 버림받을 수밖에 없으며 사회적 재난으로 이어질 가능성도 높다. 중세의 기사가 사심 없는 충성심을 가졌던 것처럼 오늘날의 기업도 공공적 정신을 지녀야 한다"는 마셜의 명언을 소개했습니다. 그러면서 나는 "마셜의 경제기사도는 고상하고 어려운 일을, 그것이 고상하고 어렵기 때문에 한다는 즐거움을 포함하고 있다"고 지적했습니다.

결국 학자가 해야 할 일이 무엇인가에 대한 마셜의 주장처럼, 나도 어렵지만 즐거운 길을 걸어왔다고 할 수 있지요. 나는 일찍부터 모교 강단에 설 수 있었고 해직되었다가 다시 복직되기도 했으며 어쨌든 명예롭게 정년퇴임을 할 수 있게 되어 스스로 복이 많은 사람이라고 생각한다고 말했습니다. 그러면서 이미 4년 동안 해직 생활을 했기 때문에 정년퇴임을 미리 준비한 셈이어서 별다른 불안은 없으며, 앞으로 바라는 것은 단 하나, 작지만 아주 알찬 연구소를 만들기 위해 노력하겠다고 말했습니다.

서울사회경제연구소의 창립

윤진호 정년퇴임 후 선생님은 연구 활동에 매진할 목적으로 종전의 학현연구실을 확대, 개편하여 서울사회경제연구소를 창립하게 되는데, 그 경과에 대해 말씀해 주십시오.

변형윤 일단 나는 정년퇴임 후에도 서울대 명예교수로 발령받아 경제발전론과 경제발전론특수연구 등을 강의하였습니다. 그러나 연구실이 없어져 강의가 없는 시간에는 교수휴게실이나 다른 후배 교수들의 연구실에서 쉬면서 '아, 내가 정말로 정년퇴임을 했구나' 하고 피부로 느끼게 되었습니다. 자연히 내 활동영역은 학교로부터 학현연구실로 중심을 옮겨가게 됩니다. 그러면서 학현연구실을 확대, 개편하여 서울사회경제연구소를 창설하게 됩니다. 학현연구실은 사실 내 개인연구실의 성격이 강했기 때문에 이것을 더욱 공개적이고 공식적인 연구소로 개편하고자 했던 것이지요. 이를 위해서는 단순한 연구소 이름의 변화뿐만 아니라 회원의 확대, 재정 문제의 해결, 연구소다운 공간의 확보, 사단법인화 등 여러 가지 노력이 필요했습니다.

윤진호 저도 서울사회경제연구소로의 개편 작업에 참여했기 때문에 대체로 그 내용은 알고 있습니다만 선생님께서 다시 한번 정리해 주시겠습니까?

변형윤 먼저 가장 중요한 것이 회원 확보 문제였는데 내가 정년퇴임하기 전까지만 해도 주로 내가 학위논문을 지도했던 제자나 조교 출신 중심으로 회원이 구성되어 있었습니다만, 이제 공개적이고 공식적인 연구소가 되었기 때문에 종전과 같은 방식을 그대로 유지할 수는 없었습니다. 그 전에는 주로 인맥 중심으로 연구실에 모였던 반면, 이제는 각자가 자신의 관심사와 맞아야만 참가하는 분위기여서 회원 확보에 어려움이 있었던 것이지요.

그리고 재정 문제의 경우 서울상대 졸업생들이 기수별로 기금을 모아주어서 많은 도움이 되었고 몇몇 뜻있는 제자들도 선뜻 도움을 주었습니다. 이를 바탕으로 재정경제부에 사단법인으로 등록할 수 있었습니다. 이 과정에서 서울사회경제연구소 초대 운영위원장인 강철규 교수(우석대 총장)와 학현연구실 마지막 운영위원장인 장세진 교수(인하대), 그리고 연구소 전임 연구원이었던 윤건수, 박동철, 김용복 박사 등이 헌신적으로 노력하였습니다. 공간 문제는 뜻밖에도 제자인 수산중공업 박주탁 회장의 도움으로 쉽게 해결할 수 있었습니다. 박 회장은 대학 재학 시절에 학생운동에 열심이어서 시위를 하고 경찰서 유치장에 들어갔을 때 내가 경찰서장에게 사정을 해서 석방시킨 일도 있는 등 나와는 특별한 인연이 있습니다. 그런데 박 회장이 이를 잊지 않고 청담동에 있는 수산중공업 빌딩에 연구소 공간을 마련해 주어 입주할 수 있었습니다. 그 밖에 서울상대 제자들인 이종태 회장, 홍용찬 회장, 이종기 회장, 그리고 김동

넝 회장 등의 도움도 잊을 수 없습니다. 우리 연구소의 현판 글씨는 이해익 사장(경영컨설팅업)이 써 준 것인데 우리 연구소의 문서와 책자 등에도 사용하고 있습니다.

윤진호 사단법인 서울사회경제연구소로 개편하면서 연구소 활동에도 많은 변화가 일어났는데, 어떤 변화가 있었습니까?

변형윤 우선 연구소로 출범하면서 연구활동이 체계화했습니다. 예를 들어 월례발표회가 정례화하고 그 성과를 책자로 발간한 워킹페이퍼 시리즈 발간이 시작되었습니다. 1993년 6월 제1호가 나오기 시작하여 한 번도 거르지 않고 매달 두 편씩 나오고 있는데, 이제 제300호를 돌파하였습니다. 또 정기간행물로 《경제연구》를 발간하기 시작했는데 이는 나중에 한국경제발전학회의 《경제발전연구》로 계승됩니다. 매년 열리는 심포지엄도 1994년 1월에 제1회를 개최하여 이제 19년째를 맞고 있습니다. 그 밖에 연구소 내의 분과활동도 활발하게 이루어지고 있는데 최근에는 기존의 세미나팀과는 별도로 주로 젊은 연구자들 중심의 특별세미나팀이 가동되고 있습니다.

윤진호 그동안 연구소 세미나에서는 주로 어떤 내용을 다루었습니까?

변형윤 우리 연구소 구성원들의 전공과 연구관심이 다양하기 때문에 매우 다양한 주제를 다루었습니다만 그래도 주요 주제가 되었던 것은 소득분배, 경제발전, 노동, 경제체제, 부동산 등 경제정의와 경제민주화 분야였습니다. 이는 우리 연구소의 지향점을 잘 보여주고 있다 하겠습니다.

윤진호 일부에서는 서울사회경제연구소의 회원들의 연구 성향이 각양각색이어서 내부결집력이 약하지 않은가, 연구의 초점이 분명하지 못하다는 등의 평가도 있는데, 이에 대해서는 어떻게 생각하십니까?

변형윤 우리 연구소의 회원들 사이에는 원심력과 구심력이 모두 작용하고 있는 것 같습니다. 회원들의 다양한 배경이나 이념적 경향의 다양성 등은 우리 연구소의 원심력으로 작용하고 있는 반면, 경제정의와 소득분배, 경제민주화 등의 목표는 우리 연구소의 구심력으로 작용하고 있습니다. 연구소 회원들 사이의 동질성이 작고 연구소로서의 결집력이 다소 약하지 않느냐 하는 안팎의 비판에 대해서는 크게 반박하고 싶지 않습니다. 우리 스스로 단일한 목표를 상정하지 않았기 때문에 당연한 귀결이며 느슨한 것이 큰 문제는 아니었다고 생각합니다. 오히려 학문 세계에서는 다양한 견해를 가진 사람들이 모여 서로 각자의 견해를 주장하고 토론하는 가운데 더 나은 결론이 나올 수도 있으므로 다양성이 오히려 우리 연구소의 장점이 될 수도 있을 것입니다. 그런 가운데 시간이 지나면서 우리 연구소의 연구방향이 자기 체질에 맞지 않는 사람들은 활동을 그만두게 됨으로써 자연스레 남아 있는 사람들 사이에 동질성이 증가하고 있습니다.

우리 연구소의 지향점은 전체적으로 볼 때 소득분배와 경제정의라는 큰 틀의 주제로 가다듬을 수 있다고 생각합니다. 성장 일변도의 경제정책을 비판하고 경제적 약자를 배려하는 방향의 연구를 해왔다는 외부의 평가가 우리의 연구 활동을 잘 요약하고 있다고 생각합니다. 우리 연구소가 오히려 더 걱정해야 할 것은 다양성보다는 폐쇄적이라는 외부의 비판입니다. 주로 서울상대 졸업생을 중심으로 모인 까닭에 외부에 대해 폐쇄적이라는 비판에 대해서는 진지하게 대응해야 하고 연구소를 개방하여 더 많은 사람들이 참여할 수 있도록 만들어야 할 것입니다. 다행히 최근 서울상대 졸업생이 아닌 다른 학교 출신들이 회원으로 가입하는 경우도 늘고 있습니다. 지금까지는 뚜렷한 자기 색깔을 일부러 나서서 부각시키지 않았지만 앞으로는 이보다 진전된 우리의 정체성을 찾아가야 한다고 생각하고 있습니다.

윤진호 연구소 회원들은 다양한 연령대에 분포되어 있습니다만 회원들의 연령에 따른 세대 간의 지향점의 차이도 문제가 될 수 있을 것 같습니다.

변형윤 사실 종암동에서 서울상대를 졸업한 세대와 관악으로 이전하여 졸업한 세대 사이에는 다소 이질성이 존재하는 것 같습니다. 한마디로 말해서 종암동 세대에 견주어 관악 세대가 더 진보적인 성향을 보이고 있습니다. 또한 종암동 세대는 대부분 대학에 자리를 잡고 있고 따라서 우리 사회의 주류 혹은 주류 비슷한 위치에 있는 반면, 관악 세대는 아직 대학에 자리 잡은 사람이 적고 연구소에 있거나 강사 생활을 하는 사람들이 많은 것 같습니다. 이들은 이념적으로는 진보적이면서도 현실의 여건이 이를 뒷받침해주지 못하는 까닭에 때로는 현실에 부딪쳐 어려움을 겪는 경우도 생기고 있습니다. 이것이 서울사회경제연구소의 신규 회원 충원을 어렵게 만드는 요인으로도 작용하고 있습니다. 그러나 현실에 몸담고 있더라도 결국 기본적으로 경제정의의 실현이나 경제민주화에 대한 생각은 가지고 있기 때문에 우리 연구소의 틀 안에서 함께 연구하려는 기본 동인은 가지고 있다고 보아야 하겠지요.

정주영 회장과 단독면담

윤진호 이제 화제를 좀 바꾸어서 1992년의 대통령 선거와 관련된 선생님의 행보에 대해 이야기를 나누어 보도록 하겠습니다. 선생님께서는 이미 1980년에 김대중 사건으로 곤경을 치렀고 1987년 대통령 선거에서도 자의든 타의든 김대중 후보를 지지하는 교수선언의 첫머리에 이름을 올림으로써 이른바 '친親김대중파' 교수로 알려지게 되는데 1992년의 대통령 선거에서도 비슷한 일이 벌어지게 됩니다. 이에 대해 말씀해 주십시오.

　　변형윤 1992년의 대통령 선거에서는 3당 합당에 따라 여당이 된 민자당의 김영삼 후보와 야당인 민주당의 김대중 후보, 그리고 통일국민당 간판을 걸고 나선 정주영 후보 사이의 대결이었습니다. 나는 이 과정에서 세 후보 진영으로부터 모두 참가 요청을 받았습니다. 우선 김대중 후보 쪽에서는 나를 지지교수 대표로 언론에 발표했습니다. 내가 김대중 후보 선거진영에 직접 관여했던 것은 아니지만 필요할 때 내 이름을 써도 좋다는 언질을 미리 주었기 때문에 나는 자동적으로 김대중 후보 지지파가 된 것이지요. 선거운동 초반에는 김영삼 후보 쪽으로부터도 지지를 해달라는 부탁을 받았지만 나는 처음부터 김영삼 후보 진영과는 맞지 않아서 이를 거절했습니다.

　　사실 1992년의 대통령 선거는 민주화 운동 과정에서 맞수였던 김대중 씨와 김영삼 씨가 여야 후보로 갈라져서 출마했기 때문에 유권자들 사이에서도 정체성에 대한 혼란이 많았습니다. 그런 가운데 철저하게 영·호남 사이의 지역대립 양상을 띠게 됩니다. 나는 이북 출신이기 때문에 지역감정에 휩쓸릴 이유가 없었지만, 그래도 상대적으로 오랫동안 집권해 왔던 영남 세력에 견주어 차별과 박해를 받아온 호남 세력 쪽에 자연스럽게 마음이 더 쏠렸던 것은 사실입니다. 거기에 김대중 씨와 김영삼 씨를 모두 만나보았지만 내 개인적으로는 경제에 대한 이해도나 능력 면에서 김영삼 씨보다 김대중 씨가 월등하게 낫다고 평가했습니다. 김대중 씨 측근 가운데 내가 개인적으로 알고 있는 사람이 많다는 점도 작용했습니다.

그런데 사실 그 훨씬 전에 정주영 후보 쪽으로부터 연락이 왔습니다. 정주영 후보의 아들인 정몽준 의원이 서울상대 경제학과를 졸업한 내 제자이기 때문에 나는 정주영 씨를 1970년대부터 알고 지냈고, 정주영 회장의 초청으로 울산의 현대자동차, 현대중공업 등을 방문하여 정 회장으로부터 환대를 받은 적도 있습니다. 1992년 2월 무렵에 정 후보 측의 연락을 받고 소공동 롯데호텔 36층 음식점에서 만나서 단 둘이서 식사를 했습니다. 이 자리에서 정주영 씨는 자신이 대통령 선거에 출마할 계획이라고 밝히면서 나보고 통일국민당 당수를 맡아 달라고 제안했습니다. 나는 이 제안에 대해서 학교에만 있었던 사람이고 앞으로도 그럴 것이므로 정치에는 관여하지 않겠다고 대답했습니다. 나중에 보니 결국 모 씨가 당수 자리를 맡게 되었다는 것을 알았습니다. 이 자리에서 정주영 씨는 자신이 대통령 선거에 출마하려고 하는 이유에 대해서도 설명했는데, 대통령 노태우 씨에 대한 모종의 실망에서였다고 하더군요.

그리고 그 뒤 3월에 총선이 있었는데 총선 전에 정몽준 의원이 당시 서초동에 있던 연구소 사무실로 찾아왔습니다. 용건은 다름 아니라 총선에 나갈 전국구 국회의원 후보를 맡아달라는 부탁이었습니다. 상위 순번이기 때문에 당선이 확실시되는 자리였지만 이것 역시 거절했습니다.

김영삼 대통령과 인연

윤진호 그해 12월의 대통령 선거에서 김영삼 후보가 당선되면서 선생님께서 지지하던 대통령 후보가 두 번 연속 낙선하게 되었는데, 어떤 심정이었습니까?

변형윤 물론 내가 지지하는 후보가 당선되었더라면 좋았겠지만 나 개인적으로는 아무런 정치적 야심이 없었기 때문에 그저 담담했습니다.

윤진호 당시 선생님께서 쓰신 글을 보면, 김영삼 정부의 정책을 혹독하게 비판하고 있고 특히 군사독재 정권 시절보다 더 심하게 김영삼 대통령의 경제정책을 비판하고 있는데, 그 이유는 무엇입니까?

변형윤 내가 지지하던 김대중 씨가 대통령이 되지 못했기 때문이 아니라 김영삼 대통령의 경제정책이 내 생각과는 맞지 않았기 때문입니다. 경제정책의 비전과 철학이 결여되어 있었고, 국가경쟁력 강화론, 세계화론 등이 모두 내 생각과는 맞지 않았습니다. 이와 달리 나와 우리 연구소가 그동안 강조해왔던 경제민주화론이 김대중 씨의 대중경제론과 우연히도 일치하는 측면이 많았습니다.

윤진호 사실 선생님께서는 김영삼 대통령이 재임하던 시절 5년 동안 청와대 초청에 일절 응하지 않았을 뿐만 아니라 심지어 청와대가 보인다는 이유로 인왕산 등산조차 하지 않을 정도로 김영삼 정부를 기피했는데, 그 이유는 무엇입니까?

변형윤 뭐 복잡한 이유보다는 우선 1987년의 대통령 선거에서 야당 후보들이 서로 양보하지 않아서 노태우 대통령이 당선되었던 것은 차치하고라도, 그 후 3당 합당으로 노태우 대통령과 손을 잡고 여당 후보로 나와 대통령이 된 것 자체가 있을 수 없는 전향이며 나로서는 도저히 용납할 수 없는 일이었습니다. 거기다가 김영삼 대통령이 경제를 거의 모르는 사람이란 점도 내가 김영삼 정부를 기피했던 이유 가운데 하나였습니다.

윤진호 선생님께서 김영삼 대통령과 개인적인 인연을 가진 것도 꽤 오래된 일이지요?

변형윤 내가 김영삼 씨를 처음 만났던 것은 1980년의 이른바 '서울의 봄' 때였습니다. 김영삼 씨의 측근인사들이 나에게 김영삼 씨를 만날 것을 권유했습니다. 그 가운데 고급관료 출신으로 사업을 하고 있던 S 씨는 내가 해직되었을 때 나를 도와준 사람이기도 했습니다. 그리하여 김영삼 씨를 만났습니다. 그런데 김대중 씨를 만났을 때와 김영삼 씨를 만났을 때는 여러 모로 차이가 있었습니다. 김대중 씨는 만나기 전에 이미 내 책을

읽고 와서 성의를 보였지만, 김영삼 씨는 내가 어떤 사람인지도
잘 몰랐고 사전준비도 거의 하지 않은 것 같았습니다. 경제 문
제에 대한 생각에서도 김대중 씨가 훨씬 나아 보였습니다.

윤진호 선생님께서는 김영삼 정부에 대해 단호하게 비판적
입장을 취하셨지만 선생님과 가까운 사람들 가운데는 김영삼
정부에 들어가서 일한 사람도 있지 않습니까?

변형윤 경실련 관계자 몇 사람이 김영삼 정부에 참여했지
요. 사실 당시 경실련에는 김영삼 씨 지지파가 많았습니다. 들
어간 사람들이야 각자 자기 소신이 있었겠지만 나로서는 납득
하기 힘들었습니다. 어제까지만 해도 경제정의를 실천하겠다고
시민운동을 벌이던 사람들이 하루아침에 변신해서 청와대 비서
관이 되고 보수우익이 되는 것을 보면서 큰 환멸을 느꼈고 '상
대할 사람들이 아니구나' 하고 생각했습니다.

한국경제발전학회의 창립

윤진호 서울사회경제연구소의 업적 가운데 하나는 한국의
경제발전 문제를 전문적으로 다룰 목적으로 한국경제발전학회
를 창립한 것입니다. 선생님은 그 초대 회장과 이사장을 맡아
학회 창립을 주도하셨는데, 이에 대해 말씀해 주십시오.

변형윤 실제로 내 전공이 경제발전론이고 또 연구소 회원 가운데도 경제발전론을 전공한 사람들이 많기 때문에 자연스럽게 경제발전론 전공자를 중심으로 학회를 창립하자는 논의가 이루어져 결국 1994년 한국경제발전학회를 창립하게 되었습니다. 기존의 경제관련 학회 가운데 한국경제학회 등 경제학의 전 분야를 포괄하는 학회 외에 경제발전 문제를 전문적으로 다루는 학회가 없었던 점도 학회 창립의 한 동기가 되었습니다. 그러나 한국경제발전학회에는 경제발전론 전공자들뿐만 아니라 한국경제의 현실에 관심을 가진 여러 분야의 많은 학자들이 참여하였습니다. 이 과정에서 우리 연구소가 학회 설립의 산파 노릇을 맡았고 나는 초대 학회장을 맡았습니다. 현재도 우리 연구소는 학회의 사무국 기능을 하면서 학회 활동을 지원하고 있습니다.

윤진호 화제를 좀 바꾸어서, 이 시기에 선생님께서 해외여행을 하시면서 경험한 것들을 좀 말씀해 주십시오. 선생님께서는 1995년 12월에 튀니지아의 수도 튀니스에서 열렸던 국제경제학회 세계총회에 참석하셨지요?

변형윤 그렇습니다. 나는 그리스의 아테네에서 열렸던 제9차 총회 때도 참가한 적이 있는데, 제11차 총회가 튀니지아에서 열린다고 해서 좋은 기회라고 생각하고 이 회의에 참가했습니다. 회의 참가 전에 먼저 미국 로스앤젤레스 지역에 거주하고

있는 서울상대 졸업생들의 초청으로 미국을 방문한 뒤 로스앤
젤레스로부터 뉴욕을 거쳐 이탈리아의 로마로 간 다음 다시 튀
니스로 가는 여정이었습니다. 나는 튀니지아도 지중해에 연해
있는 나라이기 때문에 온난한 기후일 것이라고 짐작하고 겨울
옷을 챙겨가지 못했는데 막상 현지에 가서 보니 날씨가 몹시
추워 고생했던 기억이 납니다.

　개회식에는 그 나라 대통령이 참석하여 축사를 했는데, 어
쩐지 군인 냄새가 나는 것 같은 느낌이 들었습니다. 나중에 알
고 보니 그는 프랑스 육군사관학교 유학생 출신으로서 육군참
모총장과 행정수반을 거쳐 무혈 쿠데타로 대통령이 된 사람이
었습니다. 그런데 그와 얽힌 재미있는 이야기가 있더군요. 그는
대통령 주치의와 짜고서 독립유공자인 당시의 노老대통령을
"너무 고령이어서 집권 능력을 상실한 자"로 진단을 내리게 하
여 강제로 권좌에서 몰아내고 대권을 잡았다고 합니다. 그가 바
로 무려 25년 동안이나 집권한 끝에 2011년 1월에 재스민 혁명
으로 대통령직에서 추방된 벤 알리입니다. 아무튼 회의를 마친
뒤 짬을 내어 옛 카르타고의 유적지를 방문하고 한니발 시대의
위대했던 문명을 볼 수 있었던 것은 즐거운 기억으로 남아 있
습니다.

　윤진호 그 후 선생님께서는 세계 유명대학들을 둘러보기 위
해 여러 나라를 방문하신 것으로 알고 있는데요?

　　변형윤 1996년 2월에 뜻밖에도 포항공대 쪽에서 연락이 왔는데 포항공대 등 포항제철 산하의 학교들을 운영하는 재단인 제철학원의 이사직을 맡아달라는 부탁이었습니다. 나로서는 학교와 관련된 일이기 때문에 별 부담 없이 승낙했습니다. 나는 제철학원의 이사로 있으면서 어떻게 하면 포항공대를 가장 모범적인 대학으로 운영하느냐 하는 문제에 큰 관심을 가지게 되었습니다. 그런데 약 6개월 후 포항공대를 전담하는 포항공대 재단이 설립되자 포항공대 이사로 자리를 옮겼습니다. 그리하여 포항공대의 발전에 더욱 관심을 가질 수밖에 없었습니다. 이사회는 2개월에 1회꼴로 열렸고 분과활동도 있었는데, 개선할 사항이 있으면 이사회에 건의하여 고치도록 했습니다.

　　그런데 이사회에서는 향후의 포항공대 발전을 위해 해외 유명대학들을 벤치마킹하기로 하여 미국의 하버드대, MIT, 카네기멜론대, 캘리포니아공대(칼텍), 일본의 게이오대, 홍콩 과기대, 독일의 홈볼트대, 아헨공대, 영국의 케임브리지대, 중국의 베이징대, 청화대, 절강대, 중경대 등 여러 대학과 대학재단들을 시찰하게 되었습니다. 먼저 하버드대를 운영하는 이사회 격인 하버드 코퍼레이션을 방문하여 재단과 대학 사이의 관계에 대해 살펴보았고 MIT 재단도 방문했습니다. MIT의 경우 대학 재원의 약 3분의 1을 등록금으로, 3분의 1을 정부, 기업체 등의 외부연구비 지원금으로, 그리고 나머지 3분의 1을 교수들의 간행물 판매수입으로 조달하고 있는 것을 확인했습니다. 따라서 등록금 의존율이 한국 대학재단에 비해 훨씬 낮았습니다.

MIT에는 포항제철에서 체어십(기부금으로 운영되는 교수직)을 개설했는데, 그 교수직을 갖고 있는 교수를 우리 일행이 점심을 먹는 자리에 초청했습니다. 그런데 이 교수가 한 말이 인상에 남습니다. "MIT가 해결하지 못하는 일은 인류가 해결하지 못한다"는 말이었습니다. 그만큼 자신들의 연구에 대해 자부심을 갖고 있다는 뜻이지요.

홍콩과기대의 경우 정부에서 거의 모든 재원을 부담하고 있는 점도 기억에 남습니다. 또 아헨공대에는 마이스터Meister 교수라는 독특한 제도가 있었는데 이는 연구보다는 실무 위주의 교육을 맡는 실무교수였습니다. 독일 훔볼트대를 방문했을 때는 본관 들어서서 마주치는 벽면에 마르크스의 글귀인 "철학자의 임무는 세계를 해석하는 데 있는 것이 아니라 세계를 변화시키는 데 있다"라는 구절이 쓰여 있는 것이 인상적이었습니다. 훔볼트대는 과거 통일 전에는 동독에서 가장 좋은 대학이었는데 통일 후에도 여전히 마르크스의 글귀를 지우지 않고 그대로 놔둔 점이 바로 선진사회의 성숙도를 말해주는 것이지요. 그리고 역시 가장 인상적인 것은 케임브리지대였습니다. 아무튼 세계의 유명대학들을 둘러보면서 많이 배워야 하겠다는 생각을 하게 되었습니다. 이 경험은 나중에 한국외대와 상지대의 이사장을 할 때 많은 도움이 되었습니다.

윤진호 선생님은 1996년에 서울시에서 설립한 서울시정개발연구원 이사장직도 맡게 되셨지요?

변형윤 이것도 우연한 기회에 이번송 시정개발연구원 원장의 권유로 맡게 되었습니다. 그런데 한 가지 재미있는 것은 시정개발연구원의 위치입니다. 과거 남산에 있던 중앙정보부 분실이 이전하면서 시정개발연구원이 1997년 초에 이 자리로 들어가게 되었는데 바로 이곳은 내가 1980년에 끌려가서 취조를 받고 해직되었던 곳입니다. 나는 시정개발연구원 이사장으로 첫 출근을 하던 날, 자동차에서 내려서 그 전에 내가 끌려갔던 길을 일부러 걸어갔습니다. 원장실은 과거 중앙정보부 부장실이었는데 청와대, 경복궁 등의 전경이 한눈에 들어오는 자리에 있었습니다. 내가 과거에 취조를 받았던 중앙정보부 분실 건물은 내부 개조를 해서 들어갈 수는 없었습니다. 아무튼 2001년까지 5년 동안 시정개발연구원 이사장을 하면서 회의를 하려고 이곳을 찾을 때마다 매번 묘한 느낌이었습니다. 이래서 사람의 인생은 알 수 없다는 말이 나오는 것이겠지요.

제15장

IMF 경제위기와 김대중 정부의 출범

뜻하지 않게 '도둑처럼' 찾아온 IMF 경제위기

윤진호 1997년 말 한국경제는 심각한 외환부족 상태에 빠지게 되고 이후 국제통화기금(IMF)에 구제금융을 신청합니다. IMF는 구제금융을 해 주는 대신 강력한 구조조정 정책을 요구하게 되고 이에 따라 한국경제는 유례없는 불황과 실업사태에 휘말리게 됩니다. 한국경제는 1960년대 경제개발계획이 시작된 이래 몇 차례 경제위기를 겪었습니다만 1997년의 경제위기는 과거 한 번도 경험한 적이 없을 정도로 심각한 위기였습니다. 대한민국의 경제학자라면 누구에게나 참으로 충격적인 사건이었고 다시는 되풀이되지 않기를 바라는 사건이기도 한데요. 1997년의 경제위기에 대해 선생님께서는 어떠한 견해를 갖고 계십니까?

변형윤 1997년 '도둑처럼' 찾아온 경제위기의 원인에 대해서는 외부(국제금융자본)의 음모 때문이라는 외인론, 내부(특히 재벌의 과잉채무)에 원인이 있다는 내인론, 정책실패에 원인이 있다는 설 등 여러 가지 이야기가 있습니다만 역시 빚에 의존해 온 외자의존형 과잉투자가 가장 큰 문제였다고 생각합니다. 즉 재벌의 행태에 근본 원인이 있다는 것입니다. 외인론에도 일리가 없는 것은 아니지만, 만약 우리가 과잉투자를 하지 않았더라면 외환 부족 상태에 빠지지는 않았겠지요. 1997년 11월에 외환보유고가 87억 달러였던 것이 11월 18일에는 39억 달러까지 떨어졌습니다. 외인론을 부정하는 것은 아니지만, 기본적으로 외국자본에 농락당하도록 빌미를 제공한 것은 재벌의 과잉부채, 과잉투자 때문이었다고 할 수 있습니다. 특히 대우그룹 김우중의 경우가 가장 전형적인 예라고 할 수 있습니다. 자기 돈 한 푼 없이 은행 돈으로 무리하게 사업을 확장하였지요. 이 과정에서 정부와 이른바 정경유착을 함으로써 정치를 타락시키기도 했지요. 이렇게 해서 제3위 재벌까지 되지 않았습니까? 그런 사람이 망하니까 자기 자신이나 자기 그룹뿐만 아니라 국민경제 전체에 엄청난 피해를 끼쳤던 것이지요. 이런 일은 다시는 일어나서는 안 된다고 생각합니다.

윤진호 1997년 경제위기의 근본 원인이 우리 내부에 있다면, 이에 대한 해결책 역시 과잉투자의 원흉인 재벌을 개혁하고 과잉투자를 하지 못하도록 해야 되지 않겠습니까?

변형윤 물론 그렇습니다. 그래도 일단 한 번 혼이 났으니까 과거보다는 나아질 것으로 봅니다. 그리고 경제위기 극복을 위한 기업의 정리 과정에서 IMF 총재가 사실상 한국경제에 대해 총독 노릇을 하면서 '워싱턴 컨센서스(합의)'라 불리는 일련의 정책을 실시함으로써 국제금융자본의 이해관계를 철저히 대변했다는 점에 대해서는 물론 비판을 받아 마땅할 것입니다.

김대중 후보의 대통령 당선

윤진호 1997년의 심각한 경제위기 가운데서 1997년 12월 18일 제15대 대통령 선거가 치러졌고 여기서 김대중 후보가 당선됩니다. 이때도 선생님께서는 김대중 후보를 지지하는 교수로 거론되었는데, 당시 선생님의 역할은 무엇이었습니까?

변형윤 이때도 역시 김대중 후보 쪽에 섰던 것은 사실입니다. 그쪽에서 지지교수 모임을 만들었는데 여기에 참가해 달라고 연락이 와서 승낙은 했습니다만 막상 모임에 나가지는 않았습니다. 그러나 대외적으로는 내 이름이 명단의 첫머리에 올랐기 때문에 밖에서 볼 때는 내가 가장 적극적으로 김대중 후보 지지교수 모임을 주도한 것처럼 비추어졌습니다만 실상은 나는 이름을 올린 것뿐이고 별다른 실질적인 구실은 하지 않았습니다. 그러나 이 일로 말미암아 나중에 여러 사람으로부터 또 욕을 많이 먹었습니다. 말하자면 '정치교수'가 된 셈이지요. 그러나 이때도 전과 마찬가지로 대선 과정에서 실질적인 역할은 하지 않겠지만 내 이름은 얼마든지 사용해도 좋다고 응낙해둔 터여서 크게 개의하지는 않았습니다.

윤진호 선거운동 과정에서 김대중 후보는 몇 번이나 만났습니까?

변형윤 아마 한 번이나 두 번 정도밖에 만나지 않았던 것 같습니다. 그것도 혼자 만난 것이 아니라 여러 사람이 함께 밥 먹는 자리에서였습니다. 한번은 1997년 9월 아니면 10월쯤이었는데 강남의 한 음식점에서 모임이 있었습니다. 참석자는 김대중 씨를 비롯해서 정치참모들, 현역 국회의원 몇 사람, 당시 김대중 씨를 도와주고 있던 한신대의 이우정 교수 등이었습니다. 이 자리에서는 그저 밥을 같이 먹었을 뿐이고 특별한 이야기는 오고 가지 않았습니다.

윤진호 1997년 12월의 대통령 선거에서 김대중 후보가 천신만고 끝에 마침내 당선되었습니다. 선생님으로서는 처음으로 지지후보가 당선된 셈인데 당시의 느낌은 어떠하였습니까?

변형윤 수십 년 동안 대통령 선거에서 투표를 했습니다만 지지후보가 당선된 것은 처음이었지요. 물론 한편으로는 무척 기뻤습니다만 다른 한편으로는 안쓰럽기도 했지요. 한국경제가 한 번도 경험한 적이 없는 IMF 경제위기의 충격을 극복해야 하는 짐을 김대중 대통령이 온몸으로 감당해야 한다는 것이 안쓰러웠던 것입니다. 그러면서 정말 잘해 주었으면 좋겠다는 생각을 했습니다.

윤진호 김대중 씨의 대통령 당선 후 선생님께서는 만난 적이 있습니까?

변형윤 일단 대통령에 당선되면 신분이 달라지기 때문에 일체의 연락이 두절됩니다. 청와대 경호실을 통하지 않고는 사적인 연락이 불가능해지는 것이지요. 대통령 당선 후 처음으로 김대중 씨를 본 것은 선거 후 약 1주일쯤 되어서 열렸던 당선 축하모임에서였습니다. 서교호텔에서 열린 축하모임에는 지지자였던 교수, 목사 등 약 150명 정도가 참석했는데 김대중 당선자와 일일이 축하인사를 나누기에는 너무 사람이 많아서 그저 먼발치에서 바라보기만 했습니다. 이 자리에서 김대중 씨는 많은 사람들이 자기를 지지해 주어서 당선될 수 있었던 데 대해 고맙다, 앞으로 잘하겠다는 간단한 인사말을 했습니다. 당시의 분위기는 매우 좋았습니다.

윤진호 선생님으로서는 생애 처음으로 한국 사회에서 주류가 된 셈이 아니겠습니까?

변형윤 그렇게는 생각하지 않았습니다. 비록 내가 지지하는 후보가 대통령에 당선되기는 했지만 내 입장은 여전히 비주류이고 비록 내가 지지했던 대통령이라고 하더라도 비판할 것은 비판하겠다는 내 뜻은 굽힐 수 없었기 때문입니다.

윤진호 김대중 씨 당선 후 새 정부의 요직 인사와 관련하여, 신문에서 여러 사람의 이름이 거론되었는데, 그 가운데 선생님도 여러 요직에 임명되는 것처럼 보도된 적이 있습니다. 여기에 대해 말씀해 주십시오.

변형윤 한국은행 총재를 비롯해서 여러 직위에 내 이름이 후보로 거론된 적이 있는 것은 사실입니다만, 실제로는 나하고는 아무 관련이 없는 일들이었습니다. 막상 나한테 와서 이야기를 한 사람도 없었습니다. 그저 내가 선거 과정에서 김대중 씨를 지지했고 또 새 정부에 우리 연구소 출신 인사들이 몇 명 들어가게 되니까 추측성 기사가 났던 것이라고 짐작합니다. 기본적으로 나는 자리를 위해서 김대중 씨를 도와준 것도 아니고 아무런 야심도 없었기 때문에 김대중 씨가 당선된 것만으로 충분했습니다. 사실 어떠한 자리를 맡아달라고 권유가 왔더라도 내가 거절할 것이라는 사실은 김대중 정부 사람들도 잘 알고 있었습니다.

'제2의 건국 범국민추진위원회'의 빛과 그림자

윤진호 그런데도 결국 선생님은 1998년 10월 '제2의 건국 범국민추진위원회'(제2건국위) 대표공동위원장 자리를 맡게 되지 않습니까? 어떻게 보면 선생님으로서는 처음으로 정부의 고위직을 맡게 된 셈인데 그동안 여러 요직을 거절했던 선생님께서 그 자리를 승낙한 것은 어떠한 이유에서였나요?

변형윤 '제2건국위'는 김대중 정부에서 국민의식 개혁을 위해 새로 만든 위원회로서 김대중 대통령이 1998년 8·15 경축사에서 처음으로 그 구상을 밝혔고 이후 청와대를 중심으로 구체적인 조직 구상이 추진되었던 것으로 알고 있습니다. 그러다가 9월 무렵에 당시 청와대 경제수석비서관으로 있던 김태동 교수가 집으로 나를 찾아왔습니다. 김 교수는 우리 연구소의 핵심 멤버이기도 해서 반갑게 맞이했더니 바로 제2건국위의 취지를 이야기하면서 나에게 대표공동위원장직을 맡아 달라고 부탁하는 대통령의 뜻을 전하는 것이었습니다. 당시 대표공동위원장 자리에 2~3명의 후보가 검토되고 있었는데 나도 그 가운데 한 사람이기 때문에 내 의사를 타진하고 가능하면 설득하기 위해 찾아온 것이라고 했습니다.

나는 처음에는 거절했습니다만 김 교수가 1시간이 지나도 가지 않고 계속 설득을 하는 것이 아니겠습니까? 가만히 생각하니 다른 일도 아니고 국민의식 개혁을 목표로 하는 위원회이

고 나도 평소에 우리 사회의 선진화를 위해서는 국민의식 개혁
이 꼭 필요하다고 생각하던 참이어서 거절할 명분도 마땅치가
않았습니다. 게다가 자꾸 내 이름이 이런저런 정부 요직의 후보
로 거론되는 것도 싫어서 빨리 그러한 상태에서 벗어나야 하겠
다는 생각도 있었습니다. 결정적으로 제2건국위는 대통령 자문
기관이므로 상임직도 아니고 해서 교수로서 사회봉사의 일환으
로 할 수 있는 성격의 자리라고 생각했습니다. 또 다른 후보보
다는 나를 위원장 자리에 임명하고 싶어 하는 김대중 대통령의
의사가 확고하다는 뜻도 전해 들었습니다. 결국 상황을 보아서
대통령이 계속 그 자리에 나를 임명하기를 고집하면 김 교수가
알아서 하라고 반승낙을 해버렸습니다. 2~3일 지나서 내가 제2
건국위 대표공동위원장으로 임명되었다는 발표가 났습니다.

윤진호 선생님께서는 대표공동위원장직을 맡으면서 어떠한
일을 하고 싶었습니까? 당시 선생님이 생각하는 제2건국위의
성격은 어떠한 것이었나요?

변형윤 대표공동위원장은 13명이나 되는 공동위원장을 대
표하는 자리이기 때문에 혼자서 마음대로 무엇을 결정할 수 있
는 자리는 아니었습니다. 비상근이기 때문에 아무런 경제적 보
상도 없었습니다. 더욱이 실제 운영은 행정자치부장관이 겸임
하고 있는 위원회 기획단장과 이어령 교수(이화여대)가 위원장
을 맡고 있는 상임위원회에서 담당하고 있었기 때문에 공동위

원장들은 대외적으로 의전 역할을 하는 데 그치는 경우가 많았습니다. 아무튼 나로서는 제2건국위를 철저하게 국민의식 개혁을 위한 기구로 생각했습니다. 앞에서도 말했다시피 나는 한국사회의 선진화와 한국경제의 개혁을 위해서는 국민 의식이 바뀌지 않으면 안 된다는 생각을 하고 있었고, 구태의연한 행동을 바로잡겠다는 생각도 했으며 이를 위해 진력하고 싶었습니다.

윤진호 선생님과 인터뷰 하려고 당시 관계 자료도 읽어보고 관련 인물도 만나보았습니다만, 제2건국위를 설립하게 된 배경에 대해 비슷한 설명을 하고 있는 것 같습니다. 이 위원회에 대한 아이디어가 나온 것은 1997년 경제위기 직후의 '금 모으기 운동' 때부터였다고 합니다. 김대중 씨가 대통령에 당선되고 나서 당선자 신분으로 이런저런 사람들과 만나는 과정에서, 시민운동을 하는 어떤 사람에게서 구한말 시대의 국채보상운동처럼 금 모으기 운동을 하자는 이야기를 듣고, 가볍게 제안한 것인데 의외로 많은 국민들이 참여하여 큰 성공을 거두게 되고 이것이 해외에 좋은 이미지를 줌으로써 외환위기를 극복하는 과정에서 크게 힘이 되었다는 것이지요. 여기서 아이디어를 얻어서 전 국민을 개혁지지 세력으로 만드는 수단으로 새로운 형태의 국민의식 개혁운동을 생각하게 되었다는 것입니다. 김대중 대통령의 마음속에서는 '제2의 건국 범국민추진운동'이 활발해져서 정부의 국정과제에 대한 아래로부터의 자발적인 협력 움직임이 일어나기를 기대했다는 것입니다.

변형윤 아무튼 애초의 뜻은 좋았고 시도해볼 만한 일이었다
고 생각합니다. 국민들의 의식개혁으로 김대중 정부의 개혁정
책을 뒷받침하는 것은 꼭 김대중 정부만을 위해서가 아니라 앞
으로 개혁정부를 위해서도 필요한 일이라고 생각했습니다. 일
부에서는 냉소적으로 바라보는 시선도 있었지만, 나는 고쳐야
할 것은 하나하나 고치겠다, 그렇게 해서 국민들의 의식과 행동
을 높여가는 것은 우리의 미래를 위해서도 꼭 필요한 일이라고
생각했습니다.

그러나 막상 위원회 운영에 들어가니까 애초의 내 생각과
는 다른 일들이 많이 벌어졌습니다. 우선 위원회가 순수한 민간
조직이 아니라 반관반민 형태로 운영되었습니다. 앞에서 말한
대로 행자부장관이 기획단장이 되어 위원회의 실제 운영을 지
휘했고 기획단 자체가 공무원들로 채워졌습니다. 사실상 관 주
도의 위원회 운영이 된 셈이지요. 여기서 관료들의 충성 경쟁이
벌어지게 됩니다.

거기다가 위원들 구성 역시 문제가 많았습니다. 국민의식
개혁이라는 목표보다는 자신의 정치적 출세에 관심이 더 많은
정치꾼들이 대거 위원으로 들어오게 되었는데, 실제로 박정희
대통령 시대부터 5, 6공 시대를 거쳐 김영삼 정부에 이르기까지
변함없이 권력 주위를 맴돌던 인사들이 위원 구성의 절반 정도
를 차지하고 있었습니다. 그 얼굴이 그 얼굴이었던 셈입니다.
이것은 지방으로 갈수록 더 심했습니다. 자연히 국민들은 이 위
원회의 성격이나 목표에 대해 냉소적으로 볼 수밖에 없었고 보

수언론에서는 제2건국위를 "영구집권을 위한 정치적 조직"이라고 연일 몰아붙였습니다.

윤진호 대표공동위원장으로 있으면서 대통령은 자주 만났나요?

변형윤 1년에 여섯 번 정도 대통령에 대한 위원회의 보고가 있을 때 대통령을 만났습니다. 그러나 실제 보고는 상임위원장이 했고 대통령은 이에 대해 격려를 하는 정도였기 때문에 정치적 색깔이 있는 이야기나 심도 깊은 이야기를 나눌 분위기는 아니었습니다.

윤진호 선생님께서는 박정희 대통령 시절에도 평가교수로서 청와대 회의에 참석했던 경험이 있는데 그때와 견줄 때 김대중 대통령은 어떤 점에서 달랐습니까?

변형윤 박정희 대통령에 견주면 김대중 대통령의 스타일은 매우 달랐습니다. 우선 박 대통령 때는 참석자들이 회의 내내 매우 긴장된 분위기에서 얼어붙은 상태였다면, 김대중 대통령 때는 아무 부담 없이 자유로운 분위기에서 회의가 진행되었습니다. 김 대통령은 보고 내용에 대해 깨알 같이 메모를 하고 보고가 끝난 다음에는 평가나 격려말씀을 했는데, 그 전에 한 번 했던 이야기는 절대 되풀이하지 않는 데 놀랐습니다. 지난번 회의 이야기부터 시작해서 깜빡 잊고 말을 못했던 이야기까지 모두 기억하고 있어서 깜짝 놀란 적이 많습니다. 꼼꼼하고 기억력이 좋은 것이 김대중 대통령의 특징이었지요.

윤진호 선생님께서는 제2건국위 대표공동위원장으로서의 경험에 대해 스스로 어떻게 평가하십니까?

변형윤 당시 심적인 고통이 많았습니다. 신문에는 연일 위원회를 정치적 조직이라고 비판하는 기사가 실렸는데, 이에 따르면 제2건국위는 의식개혁을 위한 조직이 아니라 정권장악 조직이며 영구집권을 위한 조직이라는 것입니다. 이처럼 워낙 거세게 언론에서 비판을 하니까 위원회의 활동도 자연히 위축될 수밖에 없었습니다. 당시의 여소야대 국회에서 위원회 예산을 계속 삭감하려고 해서 운영에 어려움이 많았습니다. 거기다가 위원회 발족의 원래의 뜻이 흐려지고 정치적 야심을 품은 사람들이 설치면서 분위기도 안 좋았습니다. 나로서는 뒷맛이 씁쓸한 경험이었고 역시 정치는 가까이 할 것이 못 된다는 느낌만 재확인했습니다.

윤진호 그래도 제2건국위 대표공동위원장으로 계시면서 한 일 가운데 보람을 느낄 만한 것은 없었습니까?

변형윤 나로서는 이 위원회에서 정치적 색깔을 없애려고 노력했고 의식개혁 쪽으로 집중하려고 애썼던 것이 가장 보람된 일입니다. 또 일반 국민들 가운데서도 억울한 일을 호소하는 사람들이 많았는데, 이를 해결해주기 위해 노력했던 일도 보람 있는 일입니다. 아무튼 나로서는 위원장 임기를 한 번만 하고 끝낸다고 애초부터 약속했던 일이기 때문에 임기만료 2개월 전에 사직서를 내었고 이것이 받아들여져서 사직하게 됩니다.

'학현학파'와 학자의 정부 참여

윤진호 화제를 바꾸어서 김대중 정부가 출범하면서 학현연구실 및 서울사회경제연구소 출신의 교수들이 대거 정부에 참여하게 되었고 이에 따라 언론의 주목을 받게 되었는데 이는 어떠한 과정을 통해 이루어진 일입니까?

변형윤 김대중 정부에 참여했던 학현연구실 출신 인사들로서는 강철규(규제개혁위원회 위원장), 김태동(대통령 경제수석비서관), 이진순(한국개발연구원 원장), 윤원배(금융감독위원회 부위원장) 교수 등이 있었는데 사실 숫자 자체는 많지 않았지만 언론의 주목을 많이 받았고 때로는 오해로 말미암은 보도도 많았습니다. 이들이 대부분 학현연구실 출신인 것은 맞지만 김대중 정부 참여는 모두 개인적인 자격으로 이루어진 것이지 우리 연구소와 어떤 체계적인 관련을 가지고 참여했던 것은 아닙니다. 이들은 대부분 대통령 선거 전에 김대중 씨를 정책 면에서 도와

주었던 사람들로서 나중에 중경회中經會 멤버들로 불리게 됩니다만, 사실 중경회라는 이름 자체가 대통령 선거가 있던 날 밤에 여의도에서 식사를 하면서 즉석에서 정한 이름이라고 하니까 그다지 결속력이 강했던 그룹 같지는 않습니다.

　윤진호 그렇지만 세상에서는 중경회와 학현연구실 사이에는 밀접한 관련이 있는 것으로 아는 사람들이 많은데 선생님 말씀을 들어보면 이러한 인식은 과장된 측면이 있는 것으로 보아야 하겠습니다.

　변형윤 내가 중경회의 존재를 알게 된 것은 선거 과정에서 한두 차례 참석해 달라는 부탁을 받고 이 모임에 참석한 일이 있었기 때문입니다. 그 뒤 몇 차례 멤버들이 나에게 찾아오기도 했지만 나로서는 그냥 격려의 말 정도를 해주고 그들의 주장을 경청했을 뿐이지 별다른 도움을 준 것은 없습니다. 아무튼 철저하게 개인 자격으로 김대중 정부에 참여한 것이기 때문에 우리 연구소가 어떤 구속력을 가진 것은 아니었습니다. 다만 이들 대부분이 과거 정권의 성장 일변도의 정책으로부터 성장과 분배가 양립하는 경제정책으로 전환을 지지하고 있었기 때문에, 넓은 의미에서는 우리 연구소가 지향하는 바와 성격을 같이 하고 있었던 것은 사실입니다. 따라서 나로서는 이러한 생각을 가진 사람들이 정부에 참여하여 좋은 성과를 거두기를 희망하고 있었습니다.

　　원래 우리 연구소는 회원 개인의 활동을 막을 의사도 없고 막을 수단도 없기 때문에 회원 각자의 정치적 지향에 따라 자신의 성향에 맞는 정부에 참여하는 일도 일어납니다. 다만 나로서는 5공, 6공 세력이나 이를 계승한 정부는 우리 연구소의 지향점과 거리가 있기 때문에 여기에 참여하는 사람에 대해서는 꺼리고 있는 것이 사실입니다.

　　윤진호 이렇게 학현연구실 출신 일부 교수들이 김대중 정부에 참여하면서 언론에는 이때부터 '학현학파'라는 이름이 오르내리기 시작하는데, 이는 박정희 정권 때부터 정부에 참여하여 주로 성장 우선주의 정책을 펴 왔던 서강대의 일부 경제학 교수와 그 제자들을 일컫는 '서강학파'에 대응하는 의미에서 붙인 이름으로 보입니다. 선생님께서는 이러한 언론의 작명에 대해 어떻게 생각하십니까?

　　변형윤 사실 학현학파라는 명칭은 우리 스스로는 결코 부른 적이 없고 어디까지나 언론에서 흥미 위주로 붙인 명칭입니다. 서강학파와 대립되는 의미에서 그런 이름을 붙인 것이지요. '학파'의 사전적 의미는 어떤 동질적인 철학이나 이론으로 분류될 수 있는 학자들의 유파로서 예컨대 신고전학파나 케인스학파 등이 그 전형적인 예라고 할 수 있습니다. 그러한 의미에서는 사실 우리 연구소 소속 회원 그룹을 '학파'라고 부르기는 어렵다고 생각합니다. 그저 생각과 지향점이 비슷한 학자들의 '그룹’ 정도로 보는 것이 적당할 것 같습니다. 그러나 그러한 가운데 차츰 이론을 개발하고 지향점을 분명히 해감으로써 미래의 어느 시기에 학파로 불려도 괜찮을 정도로 성장할 가능성도 있다고 생각합니다. 사실 ‘헤겔학파’의 경우에도 좁게는 헤겔이 주도하던 잡지에서 활동하던 학자들을 일컫는 이름이었지만 넓게는 헤겔의 이론을 지지하고 그에 의거해서 활동하는 학자들을 일컫는 말이기도 했습니다. 그 후자의 의미에서 우리는 학파라는 명칭을 좀 넓은 의미로 사용해도 무방하다고 생각합니다. 다만 희망하기는 좀 더 엄밀한 의미의 학파, 그야말로 철학과 이론을 공유하고 예컨대 학술지와 같은 활동영역을 공유하는 학파가 되었으면 합니다.

그리고 언론에서 정부에 참여한 학자들만을 가리켜 ‘○○학파’라는 명칭을 사용하는 데 대해서는 나로서는 반대의견입니다. 묵묵히 연구현장에 남아 연구를 계속하는 학자들이 학파의 핵심이 되어야 한다고 생각합니다.

윤진호 선생님께서는 다만 학현연구실 및 서울사회경제연구소 출신 학자들뿐만 아니라 일반적으로 학자들의 정부 참여에 대해 어떠한 생각을 가지고 계십니까?

변형윤 나는 학자들이 정부에 직접 참여하는 것에 대해 기본적으로 부정적인 생각을 가지고 있습니다. 물론 나름대로 포부를 가지고 참여한 것일 테지만 결과적으로 정치에 이용당하거나 혹은 '자리'에 대한 욕심으로 애초의 순수한 마음을 버리고 마는 경우가 많았기 때문입니다. 그런 점에서 오직 연구만을 통해 세상에 대해 발언했던 앨프리드 마셜을 본받고 싶습니다. 학자가 현실에 참여하고 현실에 영향을 미치는 길은 직접 정부에 참여하는 것 말고도 많이 있습니다. 예컨대 정부활동에 대해 감시, 비판하고 국회에 나가서 증언하거나 신문기고를 하거나 하는 것 등도 모두 간접적 형태의 참여라고 할 수 있습니다. 나로서는 이러한 형태의 참여가 학자의 본분에 더 맞는 것이 아닌가 하고 생각하고 있습니다.

윤진호 그렇다면 제자들이 정부에 직접 참여하는 것에 대해서도 선생님께서는 부정적인 생각을 가지고 계십니까?

변형윤 나로서는 말과 글로 참여하는 것이 옳다고 생각하지만 또 정부에 직접 참여한 사람들은 나름대로 현실적 이유가 있었을 것으로 보기 때문에 그 부분에 대해서는 평가를 유보하고 싶습니다.

윤진호 이야기가 다소 앞서 나가지만, 나중에 역시 연구소 핵심회원의 한 사람인 이정우 교수(노무현 대통령 정책실장)가 참여정부에 들어갔을 때는 선생님께서 격려를 해주신 것으로 알고 있는데 젊은 시절에 가졌던 선생님의 단호한 생각, 즉 교수로서 정년퇴임하는 것이 가장 바람직한 길이라는 생각이 나이가 드시면서 다소 유연하게 바뀐 것입니까?

변형윤 그렇게도 말할 수 있을지 모르겠지만 나로서는 자신의 출세욕 때문이 아니라 개혁정책을 실행하고자 정부에 참여한 학자는 이른바 '정치교수' 혹은 '어용교수'와는 구별해야 한다고 생각하고 있습니다.

윤진호 선생님께서는 김대중 대통령을 지지했고 김대중 정부 출범에 어느 정도 기여도 하였습니다만, 김대중 정부는 그 후반기로 갈수록 각종 비리사건이 터지고 국민들의 지지도도 하락하여 큰 어려움을 겪게 됩니다. 이것을 보면서 어떤 생각을 하셨는지 궁금합니다.

변형윤 물론 마음속으로 몹시 안타깝게 생각했습니다. 그러면서 정치하는 사람은 어쩔 수 없다, 김대중 대통령도 어쩔 수 없는 정치인이구나 하고 생각했습니다. 사실 김대중 정권 후반기에 가장 크게 문제가 되었던 것은 아들들 문제인데 이것은 외국과도 다른 한국적 특수성이 있다고 생각합니다. 본인이 안 하려고 해도 주위에서 끊임없이 유혹을 하기 때문에 결국 여기에 넘어가는 경우가 많다고 생각합니다. 따라서 이것을 개인의 비리 문제로 보기보다는 이처럼 권력자에게 접근해서 자신의 이득을 취하려는 분위기 자체를 바꾸는 데 더 많은 관심을 가져야 할 것입니다.

제16장

대학민주화와 통일을 위한 노력

대학민주화를 위한 노력

윤진호 화제를 좀 바꾸겠습니다. 선생님은 1998년 8월에 한국외대 이사장직을 맡음으로써 새로운 책임을 맡게 되는데, 이것은 어떠한 계기에서 수락하게 되었습니까?

변형윤 한국외대는 외국어 교육과 연구에 특화된 사립대학으로서 튼튼한 평판을 자랑하는 대학입니다만, 불행하게도 재단이 비리를 저지른 것이 드러나서 재단 스스로 물러나게 됩니다. 한국외대의 창립자이자 초대 이사장인 김흥배 박사가 돌아가시면서 고령의 부인이 이사장직을 맡게 되었는데, 조카를 전무로 임명하면서 이 사람이 여러 가지 전횡을 일삼다가 결국 해임되는 사태가 있었고 각종 비리가 밝혀지게 되었습니다. 여

394

기다가 재단 측에서 총장 선거에 개입하여 특정 인물을 총장으로 밀면서 후보 사이에 갈등도 발생하였습니다. 그 후 재단 측이 비리인사를 다시 학교로 불러들이면서 교수, 직원, 학생 등 전 구성원과 대립하게 되고 이사장 퇴진운동이 벌어지는가 하면 학생들의 수업거부도 있었습니다. 결국 교육부에서 감사를 한 결과 문제가 있다는 것이 밝혀지면서 이사들이 물러나고 관선이사 체제로 가게 된 것이지요.

어느 날 이해찬 교육부장관으로부터 전화가 왔습니다. 다름 아니라 바로 한국외대 이사장직을 맡아 달라는 부탁이었습니다. 이 장관은 나에게 한국외대는 재정이 튼튼하기 때문에 돈 관계로 신경을 쓸 일이 없으니 염려하지 말고 이사장직을 맡아 달라고 부탁했습니다. 나는 한국외대와는 아무런 인연도 없는 사람인데 아마도 한국외대의 '민주화를 위한 교수협의회'(민교협) 쪽에서 나를 이사장직에 추천한 것으로 알고 있습니다.

윤진호 선생님으로서는 그 전에 결코 외부의 상임직 일자리를 맡은 적이 없고, 또 일반적으로 사립대 재단 이사장직은 만만치 않은 자리로 소문이 나 있기도 한데, 이사장직을 수락하면서 별다른 고민은 하지 않으셨나요?

변형윤 그 전에도 이해찬 장관으로부터 한국학술진흥재단 이사장직을 권유받고 거절한 적이 있어서 또다시 권유를 거절하기가 곤란하였습니다. 거기다가 한국외대 교수들 가운데 학원민주화 운동을 하고 있는 교수들이 내가 이사장직을 맡기를 바란다는 사실을 잘 알고 있어서 이들을 외면하기가 어려웠습니다. 당시 한국외대 교수들은 구 이사장파와 학원민주화파로 분열하여 대립하고 있었는데 학원민주화파에서는 교육계에서 이름이 알려진 인사를 찾던 가운데 나를 이사장 후보로 지목했던 것입니다. 학원민주화를 내세우고 나름대로 활동도 했고 또 그로 말미암아 고초도 치렀던 나로서는 그 연장선 위에서 이사장직을 수락한 셈입니다. 즉 교수들이 재단의 간섭 없이 자유롭게 교육하고 연구할 수 있는 여건을 만드는 일에 도움이 될 수 있다는 생각에서 맡았던 것입니다.

윤진호 실제로 한국외대 이사장직에 취임하고 나서 학교의 실정을 살펴보니 어떠했습니까?

변형윤 나는 평생 국립대학인 서울대에서 재직했기 때문에 사립대의 실정을 잘 몰랐는데, 실제로 사립대 이사장이 되어서 그 실태를 살펴보니 서울대의 경우와는 너무나도 달랐습니다. 서울대의 경우 교수회의 결정이 그대로 실행되며 학교 경영진의 비리라는 것은 생각할 수도 없는 일인데, 한국외대의 경우에는 달랐습니다. 국립대와는 달리 몇몇 실력자들이 학교운영에 대한 전권을 행사하고 있었고 이사회는 유명무실화한 상태였습니다. 교수들 사이에도 파벌이 심했고 외부세력과 연계되어 있는 교수도 있었습니다. 동창회의 학교에 대한 간섭도 심했습니

다. 한마디로 학교 구성원들이 자정 능력을 갖추기가 어려운 상
태였습니다. 이러한 상황에서 이사장직을 수행하는 데 여러 가
지 어려움이 있었습니다.

　　윤진호 학교의 정상화를 위해서 이사장으로서 어떠한 일을
하였습니까?

　　변형윤 우선 무엇보다도 이사장 개인부터 솔선수범해야 하
겠다고 느꼈습니다. 이사장은 상근직이기 때문에 총장에 준하
는 급여를 주도록 되어 있었는데 나는 이를 거절하고 교통비와
회의비 등 실비만 지급받았습니다. 또 이사장 전용차량도 한국
외대에 출퇴근할 때만 사용하고 나머지 시간에는 직원들의 업
무에 이용하도록 했습니다. 가능하면 나부터 솔선수범해서 모
든 면에서 경비를 절약하도록 지시했습니다. 나아가서 사무처
에 대해서도 예산을 통제하고 직원들의 업무에 소홀함이 없도
록 감독했습니다. 나는 재단이 대학에 돈을 지원해 주어야지 대
학으로부터 돈을 받아서는 안 된다는 신념을 가지고 있었고 이
를 위해 노력한 결과 돈을 남겨서 후임자에게 넘겨주었습니다.
　　한편 교수들에 대해서도 최대한 교육과 연구의 자율성을
보장하고 좀 더 훌륭한 성과가 나오도록 애썼습니다. 특히 교수
선발의 공정성을 기하고 보직교수들을 공정하고 능력 있는 사
람으로 임명하였으며 교수들의 자치기구인 교수협의회에 힘을
실어주었습니다. 이렇게 되니 학생들과 관계도 좋아져 이사장

을 진심으로 신뢰하게 되었습니다.

또 외부적으로도 정부와 원만한 관계에 있다는 것이 큰 힘이 되었습니다. 사실 사립대학에서 분규가 발생하면 학교가 어려워집니다. 학교 안팎에서 여러 가지 반대와 비방이 있고 무엇보다도 이사장을 몰아내려는 움직임도 있었습니다. 그럴 때마다 내가 나서서 외압을 막을 수 있었고 교육부와의 업무 협조나 연구비 혹은 예산 문제 등의 해결에도 정부의 도움을 많이 받았습니다. 무엇보다도 내가 욕심이 없다는 것을 학교 구성원들이 잘 알고 있었기 때문에 나에 대한 신뢰가 있었고 학생들의 전폭적인 지지를 받았다는 것이 가장 큰 힘이 되었습니다.

윤진호 학교의 정상화 과정에서 어려움은 없었습니까?

변형윤 무엇보다도 구재단 측에서 끊임없이 학교에 복귀하려고 움직이는 것이 가장 어려운 일이었습니다. 매년 국회의 국정감사 때마다 구재단 측에서 여러 가지 문제를 만들어서 제출을 했고 이것을 대변하는 국회의원들도 있어서 내가 국회에 출석해서 이런 문제에 대해 해명을 하느라 수모를 겪기까지 했습니다. 특히 2000년에 첫 번째 이사장 임기가 끝나고 다시 2년간 임기가 연장될 때에는 구재단 측에서 노골적으로 나를 이사장 직에서 밀어내려고 로비를 하였습니다. 당시에는 이해찬 장관이 물러나고 K 모 씨가 교육부장관으로 있었는데 구재단 측에서 이사진을 교체하려고 로비를 하였다는 소문을 들었습니다.

이대로 가만있다가는 안 되겠다는 생각이 들었습니다. 내 개인적인 욕심 때문이 아니라 이대로 구재단이 복귀하면 그동안 추진해 왔던 학원정상화와 학원의 민주화가 물거품으로 돌아갈 것이 뻔했기 때문입니다. 그래서 '제2건국위' 회의가 있던 날 대통령에게 직접 호소를 하였습니다. 결국 나중에 법률이 개정되어 임시이사가 2년씩 2회까지 할 수 있도록 되었고 그에 따라 내가 이사장직을 2년 더 할 수 있도록 되었습니다.

윤진호 결국 선생님께서는 한국외대 이사장직을 3년 반 정도 수행하였는데 여기에 대해 스스로 평가를 내린다면 어떻게 평가를 내리시겠습니까?

변형윤 사실 두 번째 임기 때는 어떻게 하면 임시이사 체제를 끝내고 원만하게 정正이사 체제로 전환할 수 있는가 하는 문제로 많은 고심을 하였는데 이것이 참 어려운 문제였습니다. 임시이사 체제를 정리는 해야 하겠는데 이 기회를 이용하여 구재단 측에서 다시 들어오려고 하니까 결국 정상화는 안 되고 임시이사 체제를 계속할 수밖에 없는 상황이었습니다. 2002년에 임기가 끝나면서 J 모 씨를 이사장으로 추천했는데 본인이 고사해서 결국 고려대 총장을 역임한 홍 모 씨가 후임 이사장이 되었습니다. 한국외대 재단은 내가 이사장직에서 물러난 지 2년 후 정이사 체제로 전환하게 됩니다. 재단 분규와 함께 임시이사 체제로 돌입한 지 6년 만에 정이사 체제로 된 것이지요.

내 이사장 재임 중에 정상화된 것은 아니지만 6년 만에 재단 정상화를 이룬 것은 분규 사립대의 역사상 가장 빨리 정상화된 케이스인 것으로 생각합니다.

나로서는 3년 반의 기간 동안 이사장직을 맡으면서 사립대학의 실상을 알게 되었고 또한 대학의 민주적 개혁과 투명 경영을 통하여 한국외대의 발전과 재단 정상화에 조금이라도 역할을 할 수 있었던 것이 보람이라면 보람이겠습니다.

상지대 이사장 시절

윤진호 선생님께서는 한국외대 이사장직을 그만두고 얼마 되지 않아서 다시 상지대 이사장에 취임하시게 되지요? 이것은 또 어떠한 연유로 이루어진 일입니까?

변형윤 이것 역시 나로서는 전혀 생각지도 못했던 일이었습니다. 2003년 12월 크리스마스 무렵에 연구소로 전화가 한 통 왔는데 다름 아니라 상지대 강만길 총장의 전화였습니다. 상지대 이사회에서 내가 이사로 선임되었으니 승낙해 달라는 이야기였습니다. 그러면서 내가 거절하면 모든 것이 어그러지니 꼭 수락해 달라고 부탁했습니다. 잠시 생각하다가 그러마고 승낙했는데 막상 이사회에 참석했더니 그냥 이사가 아니라 이사장이 되어 달라는 것이었습니다. 알고 보니 이미 2개월 전에 임시 이사회에서 나를 이사장으로 추대하기로 결정해 놓고 나에게 아무런 연락도 하지 않았던 것이었습니다. 이렇게 해서 상지대의 이사장, 그것도 한국외대처럼 임시이사회가 아니라 정正이사회의 이사장이 되었습니다.

윤진호 상지대의 내부 분규가 어떻게 발생하고 어떻게 전개되었으며 또 어떤 과정을 거쳐 선생님을 이사장으로 모시게 되었는지에 대해서는 당시 상지대 총장이었던 강만길 교수가 최근 발간한 자서전에서 상세하게 쓰고 있어 여기서 되풀이할 필요는 없다고 생각합니다만, 선생님께서는 그러한 배경에 대해서 사전에 얼마만큼 알고 계셨나요?

변형윤 나로서는 그때까지 상지대 분규의 배경을 잘 몰랐습니다. 나중에 알고 보니 상지대의 구재단이야말로 부패사학의 전형이었고 학교 구성원들의 오랫동안의 노력 끝에 정상화 과정을 밟고 있는 중이었습니다. 상지대는 1962년 고 원흥묵 선생에 의해 설립된 재단법인 청암학원을 모태로 하여 1963년 개교한 원주대학에서 시작한 대학입니다. 설립 초기에 재정난으로 경영부실 상태에 이르게 되자 문교부에서 관선이사로 파견한 김문기 씨가 관선이사장이 되고 지금의 상지대로 설립인가를 받았습니다. 그런데 그동안 상지학원을 운영해 온 김문기 이사장이 땅 투기, 부정 입학, 족벌 경영 등 각종 비리와 전횡을 저질렀다는 사실이 김영삼 정부 출범 후인 1992~93년에 걸쳐 각종 언론보도를 통해 밝혀지게 되었습니다. 결국 검찰 수사 결과 이러한 보도들이 대부분 사실로 확인되어 김문기 씨는 대법원에서 1년 6개월의 실형을 선고받고 복역하였습니다. 이 과정에서 기득권을 지키려는 구재단 측과 학교를 정상화하려는 교수, 학생, 직원 등 구성원들 사이에 수시로 충돌이 벌어졌고 상지대는 거의 매년 학원분규의 몸살을 앓아야 했습니다.

김문기 씨 구속 이후 상지대는 분규대학으로서 교육부에서 임시이사회를 구성하여 운영하게 되었습니다. 이 과정에서 김찬국, 한완상, 강만길, 김성훈 씨 등 한국의 대표적인 석학과 지성인들이 이사장, 이사, 총장 등으로 선임되어 상지대 정상화를 위해 노력했습니다. 임시이사 체제 아래서 11년을 노력한 끝에 2002년 10월 서울행정법원에서 마침내 임시이사 체제에서 벗어나도 좋다는 판결을 내렸고 상지대는 2004년 1월 1일부터 우리 대학교육 역사에서 처음으로 임시이사 체제에서 정이사 체제로 전환하게 되었는데 그 첫 번째 이사장으로 내가 임명되었던 것이지요.

윤진호 이사장으로 임명되어 막상 상지대에 부임해 보니 상황이 어떠하였습니까?

변형윤 말이 아니었습니다. 구재단 이사장은 비리로 구속되어 실형을 복역한 뒤 출감하였지만 계속 학교에 복귀를 노리고 있었고 이에 대해 교수들을 비롯한 대부분의 학교 구성원들은 반대운동을 벌이고 있었습니다. 반면 2년제 대학에서는 교수의 과반수가 구재단 지지파였습니다. 학생들은 물론 정이사 체제를 적극 지지하고 있었습니다.

윤진호 선생님께서 이사장으로 부임해서 제일 먼저 착수한 일은 무엇이었습니까?

변형윤 무엇보다도 우선 학교를 안정시키는 일이 급선무였습니다. 특히 4년제 대학보다는 2년제 대학을 안정시키는 일이 우선이었습니다. 마침 학장 임기가 다 되었기 때문에 학장을 바꾸기로 하고 학교 안팎에서 널리 참신한 사람을 초청하고자 공모를 하였습니다. 그 결과 학교 안팎에서 여러 사람이 응모하였는데 나는 일절 관여하지 않고 이사회에서 심사한 끝에 약간의 잡음은 있었지만 결국 한 사람을 학장에 임명하였습니다. 그 후 학교는 급속하게 안정을 찾기 시작했습니다.

윤진호 재정에는 문제가 없었습니까?

변형윤 이미 임시이사회 체제 아래에서 오랫동안 운영되어 왔기 때문에 그동안 재정과 관련한 부정이나 비리는 생각도 할 수 없을 만큼 건전해져서 그 결과 상당한 잉여자금을 축적하는 등 재정은 안정되어 있었습니다. 따라서 내가 이사장으로 있을 때 건물도 몇 동이나 지었고 등록금도 2~3년 동안 동결할 수 있었습니다. 나중에 등록금을 인상할 때도 학생들은 아무런 불평이 없었을 정도입니다.

윤진호 이사장으로서 다른 업적을 든다면 어떤 것이 있습니까?

변형윤 상지대에 간호학과를 유치하고자 내 개인적으로도 여러 가지 노력을 기울인 끝에 결국 성공한 일 등이 가장 보람 있는 일로 남아 있습니다. 간호학과는 현재도 상지대에서 가장 인기 있는 학과의 하나입니다.

윤진호 결국 대법원 판결로 선생님은 이사장 임기를 다 채우지 못하고 물러나게 되시죠?

변형윤 학교가 정상적으로 잘 운영되고 있었는데 아쉽게도 법원 판결에 따라 이사장직에서 물러나야만 했습니다. 구재단 측에서 제기한 소송으로 재판이 진행되고 있었는데, 1심에서는 우리가 승리하였지만 고법과 대법원에서 결국 패소하였습니다. 대법원에서는 학교를 개인재산으로 보고 재단에 재산을 출연한 구재단 측과의 조정, 합의 없이 임시이사 체제를 정이사 체제로 전환한 결정은 무효라는 판결을 내렸습니다. 바로 대법원 판결이 내려진 2007년 5월 17일부로 이사장 업무가 정지됨에 따라서 나는 3년 5개월 만에 상지대 이사장직에서 물러나야만 했습니다.

윤진호 그 후 사학분쟁조정위원회(사분위)의 결정에 따라 비리로 물러났던 김문기 전 이사장 측에서 추천한 인사가 대거 정이사로 임명되는 등 사실상 구재단 측이 상지대 운영에 복귀하게 되었는데 이에 대해 어떻게 생각하십니까?

변형윤 매우 안타까운 일입니다. 2010년 8월 사분위에서 새로 선임한 정이사 8명 가운데 4명을 구재단 측이 추천한 인사로 선임했는데 그 가운데는 김문기 씨의 아들도 포함되어 있었습니다. 나머지 4명 가운데 학생, 교수 등 학교 구성원 측에는 2명만 추천하도록 하고 2명은 교육과학기술부가 추천한 인사로 구성함으로써 사실상 구재단 측 추천인물이 이사회의 다수를 차지하게 된 셈이지요. 이처럼 비리로 물러났던 구재단 측 인사들을 복귀시킴으로써 다시 상지대를 학원분규의 장으로 만든 사분위의 결정에 대해 학생, 교수, 직원 등 학교 구성원은 물론이고 시민단체 등에서도 강하게 반발했습니다만 앞으로 이를 둘러싼 갈등이 더 심화되지 않을까 걱정입니다. 결국 이명박 정부가 출범한 이후 구성된 제2기 사분위 위원들이 보수적인 인물들로 채워졌고 이들이 사학분규를 지나치게 이념적인 입장에서 바라보고 있는 것이 아닌가 하는 의구심이 듭니다.

윤진호 한국외대와 상지대 등 모두 7년 동안에 걸친 사립대학 이사장으로서 경험을 평가한다면 어떻게 정리하시겠습니까?

변형윤 한국 사회는 그동안 민주화의 과정을 걸어왔고 그 과정에서 비리와 분규의 상징이었던 일부 사립대학에서도 민주화가 많이 진전된 것은 사실입니다. 그러나 동시에 아직도 여러 가지 면에서 학원민주화에 한계가 있다는 것도 절감했습니다. 사립대학의 비리재단이나 이를 옹호하는 정치권과 관료 등 보수파의 벽이 아직도 너무나 두텁습니다. 사립대학 재단의 비리경영, 재단 지지파와 개혁파로 나뉜 교수들 사이의 분규, 교육과학기술부의 비리재단 옹호 등 개혁해야 할 것이 너무나 많습니다.

윤진호 사립대학 재단이사장직은 평생 학문과 사회정의를 위한 길을 걸어오신 선생님에게는 어떻게 보면 외도라고도 할 수 있는데, 과연 이러한 경험이 선생님에게는 어떠한 의미를 가지는 것입니까?

변형윤 나로서는 몰랐던 세상을 알게 된 셈이지만 이것이 꼭 득이 된 것만은 아니라고 생각합니다. 잘했다는 생각도 없고 잘못했다는 생각도 안 드는 것이 나의 솔직한 심정입니다. 특히 요즘 들어 사립대학이 점점 직업교육기관으로 바뀌어 가고 있는 것이 가장 아쉬운 일입니다. 대학은 역시 진리탐구와 학문의 도야를 가장 중요한 목표로 두어야 할 터인데 지금은 취직이 최우선 목표로 된 것 같아 씁쓸하기만 합니다. 또 사립대학이란 것은 좋은 뜻을 가진 분들이 재산을 출연하여 만든 대학이 아

니겠습니까? 그렇다면 그 재단은 공공의 목적을 위한 것이고
그 운영 역시 공공성을 가져야 함에도 불구하고 사립대학을 재
산을 출연한 사람의 사유재산으로 간주하고 상법商法의 대상으
로 보는 법원의 태도도 도저히 이해할 수가 없습니다. 정부도
이러한 사립대 재단을 비호하고 있지 않습니까? 그 결과 비리
를 저지른 구재단의 손에 다시 대학 운영권을 돌려주고 있습니
다. 이는 비리재단과 교육과학기술부의 합작에 의한 결과라 하
지 않을 수 없습니다.

통일을 위한 노력과 연탄나눔운동

윤진호 선생님 개인적으로는 이북에 고향을 둔 실향민이자
양친을 비롯한 가족을 북에 남겨 놓고 내려온 이산가족으로서,
또 공적으로는 통일부 고문, 한겨레통일문화재단 이사장 등의
활동을 통해 통일 문제와는 떼려야 뗄 수 없는 관계를 가지고
있는데 통일에 대한 선생님의 생각이 어떤지 듣고 싶습니다.

변형윤 통일은 언제 될지도 모르는 일로서 충분한 시간을
가지고 일을 진행하는 것이 필요합니다. 통일에 앞서 우선 현재
의 휴전 상태를 평화 체제로 바꾸는 것이 중요합니다. 그런 다
음 시간을 벌면서 여유를 가지고 접촉할 필요가 있습니다. 후
퇴, 전진은 있겠지만 한 걸음씩 꾸준히 나아가는 것이 필요합니
다. 그런데 이명박 정부 들어와서 통일 문제에 관해 시계를 거

꾸로 돌리는 일이 벌어지고 있습니다. 남북 사이에 긴장이 높아지고 그동안 김대중 정부, 참여정부 아래에서 진전을 보았던 남북관계가 하루아침에 물거품이 되고 있습니다. 물론 이처럼 남북관계가 경색된 데는 북측의 책임도 크지만 이명박 정부의 대북관 역시 문제가 있다고 생각합니다. 마치 50년대의 북진통일론을 보는 것 같습니다.

윤진호 물론 통일은 우리 모두의 지상과제이고 바라는 바이긴 하지만 요즘 젊은 층 사이에서는 통일무용론, 혹은 통일에 대한 부정적인 시각도 강한 것 같습니다. 요즘 남쪽에서도 청년 실업자가 많은데 굳이 우리가 통일을 위해 막대한 재정 부담을 해야 하느냐, 이대로 살면 안 되느냐 하는 생각인 것 같습니다. 이러한 젊은이들에게 선생님은 무엇이라고 말씀하시겠습니까?

변형윤 통일 문제와 우리 내부의 실업 문제나 양극화 문제는 선후를 가릴 수 없는 과제라고 봅니다. 통일비용이라는 말을 많이 듣습니다만 통일은 비용으로 따질 수 없는 우리 민족 모두의 지상과제이며 우리가 미래에 전쟁을 막고, 평화로운 삶을 영위하기 위한 필수조건이라고 생각합니다. 우리 기성세대가 이러한 관점에서 꾸준히 젊은 층을 설득하고 통일에 동참하도록 하는 것이 무엇보다도 중요합니다.

윤진호 통일운동과 관련하여 선생님께서 적극적으로 참여

하고 있는 것이 바로 '연탄나눔운동'인데 이 운동은 어떠한 계
기로 시작하게 되었습니까?

　　변형윤 이 운동을 하는 조직의 정식명칭은 '사단법인 따뜻
한 한반도 사랑의 연탄나눔운동'입니다만 대한석탄공사 감사로
있던 이동섭 씨(현 연탄나눔운동 상임이사)가 시작한 것으로 알고
있습니다. 우리 모두는 과거 어렵던 시절에 연탄을 피우고 따뜻
해진 온돌방에 가족들이 옹기종기 모여 앉아 도란도란 이야기
를 나누면서 추운 겨울을 견디었던 추억이 있지 않습니까? 이
제 석유와 가스에 눌려 에너지원으로서의 중요성은 하락했지만
연탄은 서민들에게는 여전히 추운 겨울을 나기 위한 필수적인
존재이지요. 바로 이러한 연탄에 대한 따뜻한 기억을 되살리고
서민들에게 연탄을 계속 제공할 수 있도록 우리 모두가 동참하
자는 것이 연탄나눔운동의 정신이라 하겠습니다.
　　처음에는 가난한 서민들에게 연탄을 나누어 주는 운동으로
시작했습니다만 2004년 6월 정식으로 사단법인으로 되면서 나
에게 이사장직을 맡아달라는 부탁이 들어왔습니다. 이동섭 씨
는 과거에 내 서울상대 제자였던 민주당 김근태 전 의원의 보
좌관을 지낸 인연으로 나에게 이사장직을 부탁했던 것이지요.
들어보니 참으로 뜻 있는 운동으로서 서민들에게도 도움이 되
고 석탄공사에도 도움이 될뿐더러 많은 사람들에게 나눔의 정
신을 실천할 수 있는 좋은 기회라고 생각해서 주저 없이 이사
장직을 수락했지요. 막상 이 운동을 시작하고 보니 의외로 많은

국민들이 과거 가난하던 시절의 연탄의 고마움을 생각하고 적극적으로 호응해 주시는 것을 보고 흐뭇했습니다.

윤진호 연탄나눔운동이 처음에는 국내의 서민들을 대상으로 연탄을 나누어 주자는 취지로 출발하였습니다만 어떠한 계기로 북한 주민에 대한 연탄나눔운동도 하게 되었습니까?

변형윤 연탄은 지난 시절 아련한 추억 속에서만 존재할 것 같지만 사실은 추운 겨울을 연탄과 더불어 생활하고 있는 빈민들에게는 아직도 절대적인 생필품입니다. 특히 북녘은 겨울철 연료원으로 석탄에 의존해 왔지만 그나마 부족하고 땔나무도 거의 없어서 추운 겨울을 나는 데 많은 어려움을 겪고 있습니다. 그래서 연탄나눔운동의 출범과 거의 동시에 남북한을 가릴 것 없이 북한 동포에게도 연탄을 나누어 주자는 아이디어가 나왔습니다. 그 후 정부의 승인을 받아 금강산과 개성에서 북측과 접촉을 했는데 북측의 반응이 매우 좋았습니다.
물론 일부에서는 남쪽에도 연탄이 필요한 사람들이 많은데 왜 굳이 북한에까지 연탄을 보내느냐는 반대 의견도 있었습니다만 연탄나눔운동은 순수한 민간 차원의 북한 동포 지원운동으로서 그야말로 서민들에게 꼭 필요한 연탄이라는 품목을 보내는 것이기 때문에 다른 품목에 견주어 상대적으로 논란이 적었다고 할 수 있지요. 연탄나눔운동 측에서도 일부 의견을 감안해서 절대 북쪽에 먼저 연탄을 보내지 않고 일단 남쪽의 필요한 사람들에게 연탄을 나누어 준 다음 1주일이나 10일 뒤에 북쪽에 나누어 주는 방식으로 운영하고 있습니다. 또 '돕는다'는 표현도 오해의 소지가 있기 때문에 서로 '나눈다'는 표현을 사용하고 있습니다.

윤진호 지금까지 연탄나눔운동의 성과는 어떻습니까?

변형윤 2004년부터 2010년까지 7년 동안 남쪽 서민들에게 약 1,500만 장, 북쪽 서민들에게 약 1,000만 장 등 총 2,500만 장의 연탄을 나누어 주었습니다. 이 운동은 거의 전적으로 회원들의 성금에 의존하고 있는데 연탄 한 장이 지금은 값이 올랐지만 시작할 당시에는 300원이었으니까 1구좌에 3백 원, 10구좌에 3천 원, 100구좌에 3만 원 식으로 소액 위주의 성금이 많습니다. 물론 대기업체에서도 동참하고 있지만 연탄나눔운동은 초등학생의 고사리손에서부터 지하 막장에서 목숨을 걸고 석탄을 캐고 있는 탄광노동자, 그리고 사회공헌에 적극적인 기업에 이르기까지 이웃과 따뜻한 정을 나누고자 하는 많은 분들과 함께하고 있습니다. 이제 26개의 지부와 함께 전국 각지에서 모금운동은 물론 나눔행사까지 열면서 열의와 성의를 갖고 순수시민단체로서 제 구실을 하고 있습니다.
특히 북측의 개성 및 고성 지역에서는 신뢰와 협력으로 남측을 대표하는 단체로 성장하기에 이르렀습니다. 연탄나눔운동은 단순히 돈을 내는 것뿐만 아니라 많은 시민과 기업, 단체에서 직접 연탄을 서민 가정에까지 배달해주는 봉사활동에도 참여하고 있는데 이를 통해 봉사와 나눔의 정신을 우리 사회에서 드높일 수 있는 계기가 되었다는 점에서도 중요한 의의가 있다고 생각합니다. 이러한 활동을 높이 평가받아 연탄나눔운동 및 그 참여인사들은 지금까지 대통령, 국무총리 및 통일부장관 표창, 민화협에서 주는 민족화해상 등 많은 상을 수상하기도 했습니다. 가장 최근에는 MBC로부터 '2011 MBC 사회봉사대상' 수상자로 선정되기도 했습니다.

윤진호 지금 연구소에는 선생님과 방송인 김미화 씨가 얼굴에 연탄재를 잔뜩 묻힌 채 연탄나눔운동에 참여하고 있는 사진이 걸려 있는데 김미화 씨와는 어떻게 알게 되었습니까?

변형윤 연탄나눔운동 활동을 하면서 난곡에 가서 나눔 활동을 하다가 방송인 김미화 씨가 나에게 인사를 해서 알게 되었습니다. 김미화 씨는 연탄나눔운동을 비롯해서 여러 가지 사회봉사 활동을 열심히 하고 있는 것으로 알고 있습니다. 김미화 씨와 함께 찍은 사진을 엽서로 만들어 연탄나눔운동 홍보용으로 배포하기도 했습니다.

북한 방문기

윤진호 연탄나눔운동을 위해 선생님께서는 북한도 여러 차

레 방문한 것으로 알고 있는데 여기에 대해 말씀해 주십시오.

변형윤 지금까지 내가 북한을 방문한 것은 주로 두 가지 목적에서인데요, 첫 번째는 연탄나눔운동 관계로 개성과 금강산을 방문한 것이고 두 번째는 한겨레신문사에서 만든 한겨레통일문화재단 이사장 자격으로 방문한 것입니다.

먼저 2004년 6월 12일부터 16일까지 평양과 백두산을 방문했는데 이것은 전 한겨레신문사 사장인 권근술 씨의 권유에 의해서였습니다. 당시 권근술 씨는 '사단법인 남북 어린이 어깨동무운동'의 이사장으로 있었습니다. 그런데 이 단체에서 서울대 소아병원과 협력하여 평양에 어린이병원을 짓고 그 준공식을 하게 되어 평양을 방문하면서 나에게도 같이 가자는 것이었습니다. 나는 1993년에 중국 만주를 통해 장백산(백두산)에 올라간 적이 있었는데 남의 땅을 통해 민족의 영산 백두산에 올랐다는 사실이 안타까웠고 언젠가는 북한 땅을 통해 백두산에 올라가야겠다는 희망을 가지고 있었습니다. 그러던 차에 권근술 이사장의 권유를 받고 귀가 솔깃해졌습니다. 중국을 거치지 않고 직접 전세기로 평양에 갈 뿐만 아니라 병원 준공식 행사를 마치고 백두산을 방문할 계획도 있다는 것이었습니다. 그리하여 보통학교 때 수학여행으로 평양을 가 본 뒤 70년 만에 처음으로 평양을 방문하게 되었습니다.

김포에서 직항으로 평양 순안비행장까지 고작 55분 만에 도착했습니다. 우리는 양각도 호텔에 투숙했는데 아침에 일찍 일어나서 호텔 주위를 산책하러 나갔습니다. 평양의 모습은 어릴 때 내가 보았던 모습보다 많이 바뀌어 있었습니다. 옛날에는 한옥이 대부분이었는데 지금은 수많은 건물들이 서 있었고 평양 시민들은 바쁘게 출근길을 서두르고 있었습니다. 그러나 직접 시민들과 대화를 나눌 수는 없어서 아쉬웠습니다. 평양의 첫 모습은 신문방송에서 보고 듣던 것보다는 훨씬 괜찮았습니다. 시민들의 복장도 괜찮고 차도 다니고 그냥 평범한 일상 풍경을 보는 것 같았습니다. 일단 공식행사로 병원 준공식에 참석하였는데 병원 자체는 규모도 크고 시설도 매우 훌륭했습니다. 준공식 이전이지만 이미 환자들이 입원해 있었습니다. 공식행사가 끝나고 보통문, 대동강, 부벽루 등 평양의 명소를 구경했습니다. 김일성 생가도 방문했는데 절을 하라는 요구는 하지 않아서 다행이었습니다. 그리고 단군릉, 동명왕릉도 방문했는데 안내원이 100달러만 주면 단군의 진짜 유해를 보여준다고 해서 100달러를 내고 이른바 단군의 뼈라는 것을 구경하기도 했습니다.

윤진호 선생님께서 희망하였던 백두산 방문은 어땠습니까?

변형윤 마지막 날 아침 7시에 공항에 나가서 고려항공 편으로 백두산 아래 삼지연에 도착하였습니다. 거기에서 대기하고 있던 버스를 타고 산을 올라가다가 큰 호수가 보여서 어디냐고 물어보았더니 거기가 바로 천지天池라고 해서 깜짝 놀랐습니다. 즉 북한 땅에서 올라가면 백두산 산정까지 바로 버스로 갈 수 있었던 것입니다. 그 뒤 백두산 최고봉인 장군봉까지 올라갈 수 있었습니다. 우리가 도착한 곳에서 한 10여 분 정도 걸어 올라가니 정상이었습니다. 여기서 반대쪽 중국 땅을 배경으로 사진을 찍었습니다. 북한 쪽에서 보는 백두산은 중국에서 보는 것과는 달랐습니다. 특히 우리 땅을 통해 백두산에 올라갔다는 사실이 뿌듯했습니다.

내려오는 길에 중간에 차를 세우고 도시락으로 점심을 먹었는데 간이휴게소에서 들쭉술을 팔고 있었습니다. 가격은 평양의 절반 정도였습니다. 그런데 역시 백두산이어서 날씨가 달랐는지 조금 있으니까 갑자기 하늘에서 우르릉 쿵쾅 거리기 시작하더니 버스에 타자마자 비가 쏟아지기 시작했습니다. 매우 다행이었습니다. 이후 삼지연 근처에 있는 김일성 항일유적지를 방문한 다음 평양으로 돌아왔습니다. 평양에서는 밤거리를 보고 싶었지만 호텔로 돌아온 시간이 늦어 구경을 할 수 없었습니다. 다만 평양역에서 지하철을 타 보았는데 북한 사람들은 우리를 의식하지 않았습니다. 모스크바 지하철과 마찬가지로 평양 지하철도 땅속 깊숙이 내려가는데 아마도 전쟁 대비용으로 지하철을 깊이 판 것이 아닌가 하는 생각이 들었습니다.

윤진호 그 다음 해에도 평양을 또 방문하셨지요?

변형윤 2005년 6월 14일부터 17일까지 평양에서 열린 남북공동선언 5주년 기념행사에 남측 대표단의 일원으로 참가했습니다. 이 행사는 2001년 평양에서 이루어진 남북한 정상회담에 뒤이어 발표된 6·15 공동선언을 기념하기 위한 행사로서 남북한의 민간인과 해외동포 대표까지 모인 대규모 행사였습니다. 남측에서는 정동영 통일부장관이 이끄는 정부 대표단과 백낙청 남측 준비위원회 상임대표를 비롯한 종교계, 학계, 노동조합, 농민단체 등 민간인까지 모두 약 300명이 함께 전세기를 타고 평양으로 갔습니다. 평양에서 우리는 고려호텔에 머물렀는데 바로 평양역 건너편에 있는 호텔이었습니다. 14일 오후 평양 김일성 경기장에서 개막식이 열렸는데 비가 오는데도 10만여 명의 군중이 모였습니다. 광장 가득히 모인 인파로 열기가 대단했고 정신이 없을 정도였습니다. 그 다음 날 평양 시내를 구경했는데 부벽루, 대동문 등을 둘러보았습니다. 만찬행사에서는 가득 차린 음식을 주는 대로 먹었더니 배가 불러 움직일 수 없을 정도였습니다.

윤진호 세 번째로 평양을 방문한 것은 언제입니까?

변형윤 바로 그 넉 달 뒤인 2005년 10월 16일부터 18일까지 다시 북한을 방문하게 되었는데 역시 어깨동무 행사에 참가하는 권근술 이사장과 함께였습니다. 이번에는 묘향산에 간다는 말에 귀가 솔깃해서 따라나섰습니다. 이번 행사의 목적은 연필공장 준공식 때문이었는데 자재난 등으로 문을 닫았던 연필공장을 남측 지원에 따라 다시 열면서 그 기념행사를 열었던 것입니다. 평양에서 행사가 끝난 뒤 버스로 두서너 시간 걸려서 묘향산에 도착했습니다. 입구의 기념관에는 김일성 주석이 외국에서 받은 선물들을 진열해 두어서 구경했습니다. 그리고 묘향산에 올랐는데 꼭대기까지는 못 가고 약 6부 능선까지 올라가서 만폭동 능선을 볼 수 있었습니다. 어릴 때도 묘향산에는 못 가보았기 때문에 이번이 처음이었습니다. 묘향산의 보현사도 구경했습니다. 보현사는 서산대사가 주지로 있었던 곳으로 유명합니다. 묘향산은 높이가 1,910m로서 우리나라 4대 명산의 하나로 손꼽히는 명산입니다. 그 뒤 평양으로 돌아와서 양각도 호텔에 머물렀는데 아침에 일어나서 산책을 나갔더니 강에서 낚시하는 사람을 구경할 수 있었습니다.

윤진호 선생님께서는 평양 외에도 금강산과 개성공단 등도 여러 차례 방문하셨지요? 거기에 대해서도 말씀해 주십시오.

변형윤 금강산 관광은 아시다시피 김대중 정부의 대북 햇볕 정책의 상징이라 할 수 있는 대표적인 사업입니다. 1989년 고 정주영 현대그룹 명예회장이 소떼를 몰고 방북하여 금강산 개발 의정서를 체결한 뒤 무려 9년 만인 1998년에 남북 당국자 간에 금강산 사업에 관한 합의서가 체결되었고 같은 해 11월 18일 현대 금강호가 첫 출항을 함으로써 역사적인 금강산 관광이 시작되었습니다. 이후 서해 교전과 민간인 억류사건 등으로 말미암아 금강산 관광이 위축되었고 2001년 6월에는 금강산 관광

사업의 사업 주체가 현대상선으로부터 현대아산으로 바뀌었습니다.

나는 금강산 관광이 시작되었던 1998년 12월에 현대그룹 측으로부터 금강산을 방문해 달라는 초청을 받았습니다만 그때는 이 초청을 받아들이지 않았습니다. 초청을 거절한 특별한 이유는 없었지만, 굳이 이야기하자면 당시 나는 한국외대 이사장으로 임명된 직후였기 때문에 여러 가지 업무가 바빠서 시간의 여유도 없었을뿐더러 금강산 방문이 별로 내키지 않았습니다. 내 고향 황주로 가는 길목인 개성 쪽이면 몰라도 아무 연고도 없는 금강산에 먼저 가고 싶다는 마음이 그다지 없었습니다. 일제시대에 고향인 황주에서 금강산에 가려면 평양과 원산을 거쳐 가야 했는데 말하자면 서울에 오는 것보다 훨씬 먼 거리였습니다.

그러다가 금강산 관광의 사업 주체가 현대상선으로부터 현대아산으로 바뀐 직후인 2001년 9월에 나는 금강산을 처음으로 방문했습니다. 당시 서울시정개발연구원 이사장으로 재직할 때인데 이사회를 이왕이면 금강산에서 하는 것이 어떻겠느냐는 의견이 나와서 결국 이사장 자격으로 금강산을 방문한 것이지요. 이때는 이사들 대부분은 같이 못 가고 사무국장과 감사 등 몇 사람만 동행했습니다. 설봉호라는 배를 타고 금강산에 갔는데, 이때가 내가 1946년 8월에 북한 땅을 탈출한 뒤 55년 만에 처음으로 북한 땅을 다시 밟는 것이었습니다. 사실 내 마음속에는 갈등이 많았습니다. 나로서는 1946년 북한을 떠나온 뒤 처음으로 북한 땅을 밟는데 내 고향 땅이 아니기 때문이었습니다.

금강산에서는 2박 3일 동안 장전항에 정박한 배 위에서 머물렀습니다. 그러면서 구룡폭포 코스와 만물상 코스 가운데 만물상 코스를 택하여 관광을 했습니다. 9월이었기 때문에 아직 단풍이 본격적으로 들지는 않았지만 풍경은 몹시 아름다웠습니다. 나는 중학교 4학년 시절 원래 금강산에 수학여행을 가기로 되어 있었는데 전쟁 때문에 못 가게 되어 아쉬움이 컸습니다. 따라서 말로만 들었던 만물상을 직접 내 발로 밟고 내 눈으로 보면서 감회가 컸습니다. 산에서 내려와서 온정리 온천에서 기분 좋게 온천욕도 했습니다. 그 밖에 해금강도 구경했습니다. 저녁에는 다채로운 공연도 보았습니다. 그 후에도 몇 차례 더 금강산을 방문했지만 대동소이한 이야기이기 때문에 되풀이할 필요는 없을 것 같습니다.

윤진호 개성은 몇 차례나 방문했습니까?

변형윤 개성도 다섯 차례 정도 방문한 것 같습니다. 첫 방문은 2005년 5월 26일이었는데 당시 개성공단에 새로이 입주한 S 기업에서 자기 회사 신제품 홍보 차 패션쇼를 하는데 나를 초청한 것이었습니다. 이때 영화배우 김태희를 비롯한 다양한 연예계 사람들도 같이 갔는데 서울대 출신인 김태희가 나에게 인사를 하기도 했습니다. 그리고 2006년 4월 10일에는 개성공단 나무심기 행사에 참석했고 2007년 4월 6일에도 연탄나눔운동의 나무심기 행사에 참가했습니다. 개성공단 방문 때에는 개성공단뿐만 아니라 선죽교와 고려박물관 등도 구경했습니다. 그러나 만월대 등은 구경하지 못했습니다. 그리고 몇 해 있다가 2010년 2월 25일에 다시 개성공단을 방문했는데 이것도 연탄나눔운동 때문이었습니다. 이렇게 해서 모두 열 차례 북한을 방문했는데 방문지역은 평양을 비롯해서 백두산, 묘향산, 금강산, 개성 등입니다.

윤진호 개성공단은 특히 남측의 자본과 북측의 노동력이 결합하여 합작사업을 하는 실험적인 장소인데 북측의 근로자들이 일하는 것도 직접 볼 수 있어 이색적인 곳이라 할 수 있습니다. 저도 개성공단을 방문했을 때 남측 기업이 지은 공장에서 수많은 북측 여성 근로자들이 일하는 것을 보고 감명을 받은 적이 있습니다만, 선생님께서는 개성공단을 방문해서 북측 근로자들이 일하는 것을 보면서 어떤 생각을 하셨습니까?

변형윤 방문할 때마다 입주기업이 증가하고 있고 점점 자리가 잡혀가는 것을 느낄 수 있었습니다. 그리고 젊은 여공들이 열심히 일하는 모습을 보면서 감회가 남달랐습니다. 사업주들로부터도 북측 근로자들이 솜씨가 좋고 열심히 일한다는 이야기를 들었습니다. 그리고 개성으로부터 약 370리만 가면 우리 고향인 황주이기 때문에 고향에 가고 싶은 생각이 더 간절했습니다.

윤진호 연탄나눔운동에 대한 북측의 반응은 어떠하였습니까?

변형윤 매우 좋았습니다. 남북관계가 경색될 때조차도 연탄나눔운동에 대해서만은 북측에서 매우 호의적으로 대해주었습니다. 우리가 방문할 때마다 항상 북측으로부터 융숭한 대접을 받았습니다. 특히 금강산 방문 때 연탄나눔운동의 혜택을 받은 주민들이 고맙다고 직접 숙소를 방문해 주었습니다. 나는 연탄나눔운동이 무슨 은혜를 베푸는 것이 아니라 우리 민족끼리의 나눔운동이라는 것, 남측에서 나눔운동을 하는 것처럼 북측에서도 똑같은 자세로 나눔운동을 하고 있다는 것 등을 이야기했습니다. 그러면서 너무 부담스럽게 생각하지 말아달라고 부탁했습니다. 2010년 개성공단 방문 때에는 연탄나눔운동이 1천만 장을 달성하게 되었습니다. 이를 기념하여 북측 총책임자가 직접 나와서 우리 방문단을 영접하고 점심을 대접하기도 했습니다. 연탄나눔운동이 끝난 뒤 동네 사람들이 나와서 연탄재로 더러워진 손을 씻으라고 따뜻하게 데운 물을 주었습니다. 이런 일이 마음에 남아 있습니다.

윤진호 그동안 여러 가지 우여곡절을 거치면서도 꾸준히 지속되어 왔던 남북관계가 이명박 정부 들어서 악화일로에 있습니다. 남북 사이의 거의 모든 접촉이 끊어지고 한반도에는 전쟁 직전과 같은 긴장관계가 조성되고 있습니다. 통일을 바라고 남북 사이의 화해를 바라왔던 선생님으로서는 최근의 남북관계 경색에 대해 어떻게 생각하십니까?

변형윤 내가 한겨레통일문화재단 이사장으로 일하던 시절 도라산역과 제3땅굴을 방문한 적이 있습니다. 도라산역에는 서울까지는 56km, 평양까지는 205km라고 쓰여 있었습니다. 그런데 우리 고향에서 평양까지 약 40km쯤 되니까 결국 도라산에서 우리 고향까지는 165km쯤 되는 셈이지요. 165km라면 서울에서 대전까지의 거리밖에 안 되고 KTX를 타면 한 시간도 안 걸리는 거리잖아요? 이런 생각을 하면서 고향 생각이 더욱 간절해졌습니다. 나는 북한에 여러 차례 갔지만 결국 고향에는 못 가고 말았습니다. 남북관계가 조금만 더 호전되면 고향에 갈 기회가 있으려나 하고 기다렸는데 최근의 상황을 보면 어려울 것 같습니다. 평양과 개성 사이에 고속도로가 신설되면서 우리 고향으로부터 먼 곳을 지나기 때문에 방문이 어렵다고 합니다. 그렇다고 해서 일부러 찾아가기도 어려운 일이 아니겠습니까?

윤진호 선생님께서는 남북 이산가족 찾기에는 신청하셨습니까?

변형윤 약 5년 전쯤 내가 직접 신청할 수가 없어서 작은 동생을 시켜서 적십자사에 신청을 했는데 그 후 통지가 왔습니다만 양친과 누이동생은 행방불명이라는 것이었습니다. 적어도

북에 가족이 살아 있다면 내 소식을 들었을 텐데 아무런 소식
이 없어서 이상하다고 생각했습니다. 그러나 막상 행방불명이
라는 소식을 들으니 참담했습니다. 양친은 돌아가셨어도 누이
동생과 조카들은 살아 있을 텐데 소식을 알 수가 없어서 안타
깝습니다. 나는 늘 '천애고아'라고 느낍니다. 평상시에는 웃고
있지만 양친의 생사도 모르는 신세입니다.

제17장
인생의 황혼에 서서

노무현 대통령과의 인연

윤진호 2003년 2월 김대중 정부에 이어 개혁정부인 참여정
부가 출범했는데, 대통령 선거 과정에서 선생님은 어떻게 관여
하셨나요?

변형윤 참여정부가 출범할 때 나는 구체적인 참여는 하지
않았습니다. 다만 진보적인 원로인사들 모임에 나가서 노무현
후보를 지지한 적은 있습니다. 노무현 대통령 취임 뒤에는 청와
대에서 열린 원로인사 초청모임에 참석해서 건배사를 부탁받고
건배사를 한 적이 있는 정도입니다.

윤진호 노무현 대통령과 개인적인 인연은 있으신가요?

변형윤 대통령 후보가 되기 전인데《한겨레신문》창간기념
행사에서 노무현 씨를 처음 만났습니다. 이 자리에서 노무현 씨
는 "과거에 월드컵 유치를 반대했었는데 선생님 글을 읽어보고
찬성 쪽으로 돌아섰다"는 말을 나에게 한 적이 있습니다. 물론
김원기 의원 등 노무현 대통령 주변인사들 가운데는 잘 아는
사람들이 여럿 있습니다.

윤진호 참여정부 출범 때도 강철규(전 공정거래위원장), 이정
우(전 청와대 정책실장) 교수 등 서울사회경제연구소 출신 인사
들이 요직에 기용되었는데 여기에 대해서는 어떻게 생각하십니
까?

변형윤 이정우 교수는 청와대 정책실장으로 기용되기 전에
나를 찾아와서 청와대로 갈 것 같다고 상의를 했습니다. 나는
과거 김대중 정부 시절 김태동(전 청와대 경제수석비서관) 교수와
마찬가지로 개혁정책을 실현하기 위한 정부 참여로 보고, "가서
열심히 하라"고 격려를 해 주었습니다. 우리 연구소의 회원들이
참여정부에 참여하는 것에 대해 나는 아무런 반대도 하지 않았
습니다.

윤진호 대선 과정에서 정몽준 후보도 유력후보의 하나였는
데 정몽준 후보와의 관계는 어떠했습니까?

변형윤 정몽준 후보는 서울상대를 졸업한 제자이고 나와는 가까운 사이입니다만 어려워서 그런지 나한테 특별히 부탁한 것은 없습니다. 다만 정 후보의 신상에 관한 글을 써 달라는 선거본부 쪽의 부탁이 있어 짤막하게 써준 적이 있습니다. 그리고 노무현 후보 쪽에서도 나와 정몽준 후보의 관계를 잘 아니까 별로 접촉을 해 오지 않았습니다.

윤진호 참여정부 출범 후 정부 쪽에서 어떤 자리를 맡아달라는 제의는 없었습니까?

변형윤 내 나이도 있고 해서 그러한 제의를 받은 적은 없습니다. 다만 나는 평범한 한 시민으로서 노무현 대통령에게 친근감을 느끼고 있었을 뿐이고 자리에 대한 욕심이라는 것은 전혀 없었습니다.

서울사회경제연구소의 활동

윤진호 이야기를 조금 바꾸어서 서울사회경제연구소 관련 질문을 해 보고 싶습니다. 몇 년 전 연구소를 이전하셨지요?

변형윤 그렇습니다. 우리 연구소는 사단법인 인가를 받은 뒤 청담동, 서초동 등에서 남의 건물을 빌려 셋방살이를 전전하고 있었습니다. 그러다가 서초동에서 한 5년 동안 지냈는데 건물이 노후해서 새로이 집을 짓는다고 하니 다시 이사를 할 수밖에 없었습니다. 양재역 부근으로 이사를 하고 보니 그곳 역시 재개발로 말미암아 임대료가 올라가서 더 견디기가 힘들더군요. 그래서 이번 기회에 연구소 소유 사무실을 마련하기로 결심하고 여기저기 물색한 끝에 광화문 근처의 오피스텔을 구입하게 되었습니다. 학현연구실 시절부터 계산하면 거의 30년 만에 처음으로 자기 집을 마련한 셈이지요. 북악산과 인왕산이 한눈에 바라다 보이고 교통도 편리해서 모두들 잘 마련했다고 해서 만족하고 있습니다. 이 과정에서 연구소 회원들뿐만 아니라 서울상대 졸업생들의 도움을 많이 받았습니다.

물론 연구소 사무실을 비롯한 모든 재산은 내 개인 재산이 아니라 사단법인 소유이고, 다시 말해서 우리 연구소 회원들의 공동소유라고 할 수 있습니다. 앞으로 회원들이 우리 연구소 공간을 잘 지키고 활용할 수 있으면 나로서는 큰 보람으로 여길 것입니다. 나도 이사장으로서 연구소의 방 하나를 쓰고 있는데 이제 슬슬 방을 비우고 연부역강한 후배들에게 물려주어야 하지 않을까 하는 생각도 하고 있습니다. 그 일환으로 이미 연구소 소장 자리는 후배 교수에게 넘겼습니다.

윤진호 평소 연구소 운영은 어떻게 하고 있습니까?

변형윤 우리 연구소는 순수한 민간연구소로서 정부나 기업, 사회단체 혹은 그 어떤 정치 세력의 영향도 받지 않고 오로지 회원들의 힘으로 운영되고 있습니다. 그렇기 때문에 우리 연구소는 독립성과 학문적 순수성을 유지할 수 있는 것입니다. 물론 우리 연구소의 지향은 뚜렷합니다. 우리 연구소의 정관에도 밝혔듯이 정의롭고 민주적인 사회경제구조의 확립방안을 연구하고 통일한국의 미래상을 그리는 것이 우리 연구소가 추진해 온 변함없는 정신이며 앞으로도 이를 꾸준히 지켜갈 것입니다.

이러한 목표를 달성하기 위해 우리 연구소는 다양한 활동을 하고 있습니다. 우선 회원들이 참가하여 월 1회 월례세미나를 개최하고 있는데, 여기서는 다양한 주제들이 발표되고 열띤 토론을 벌이곤 합니다. 주제 자체는 다양하지만 역시 경제정의, 소득분배, 경제발전, 금융개혁 등이 가장 핵심적인 주제들로 다루어지고 있습니다. 이와는 별도로 주로 젊은 연구자들이 참여하는 세미나도 월 1회 개최되고 있는데 여기서는 학술적 주제보다는 더 현실적이고 정책적인 주제들이 다루어지고 있습니다. 그 밖에 1년에 1회 정기 심포지엄이 개최되는데 이는 회원들뿐만 아니라 일반인들에게도 공개되는 행사로서 주로 그때그때 우리 사회에서 가장 핵심적인 화두가 되는 주제들을 골라 발표, 토론을 하고 있습니다. 또 우리 연구소의 연구성과를 모아서 널리 알리기 위해 발간물도 열심히 발간하고 있습니다. 1년에 두 권씩 연구총서를 발간하고 있는데 벌써 25권이 넘어가고 있습니다. 또 매달 두 편씩의 논문을 담은 워킹페이퍼도 발간하고 있습니다.

우리 연구소는 활동을 떠들썩하게 홍보하기보다는 조용하

지만 내실 있게 연구 활동을 계속해 가고 있습니다. 이를 통해 한국 사회, 한국 경제에 관한 개혁의 목소리를 내는 학술단체, 연구단체로 그 구실을 계속해 갈 것입니다. 서두르지 않고 차근차근하게, 착실하게 뿌리를 내려서 외부의 바람에도 흔들리지 않는 연구소로 만드는 것이 목표입니다. 정부나 기업의 연구 프로젝트를 쫓지 않고 꾸준히 학술연구를 계속해 갈 것입니다.

윤진호 선생님에게 연구소는 어떤 의미를 가집니까?

변형윤 정말 나 개인적으로 연구소는 생활의 대부분을 차지하는 소중한 존재입니다. 나는 2008년과 2009년에 두 차례 대수술을 받은 적이 있습니다. 그때 만약 연구소에 출근하지 않고 집에만 있었더라면 과연 건강을 회복할 수 있었을지 의문입니다. 몸이 좀 안 좋아도 연구소에 출근하면 기분전환도 되고 젊은 후배교수들과 세상 돌아가는 이야기도 하고 식사도 하면서 큰 도움을 받게 됩니다.

윤진호 연구소의 활동 가운데는 매년 여름에 실시하는 해외 역사탐방도 있습니다만 여기에 대해서도 말씀해 주십시오.

변형윤 처음에는 우리 연구소의 회원들과 함께 여름방학을 이용해서 국내 여러 곳을 다녔는데 그때 방문했던 곳으로는 호남 일주여행을 비롯해서 강진의 다산초당, 해남의 땅끝마을, 완도 보길도의 윤선도 유적지, 대둔산을 비롯한 국내 명산 등반 등이 기억에 남습니다. 아마 국내의 유명한 산들은 거의 올랐을 정도로 회원들과 등산도 자주 갔습니다.

그러다가 서기 2천 년에 처음으로 연구소 회원들과 함께 해외등산을 갔는데 우리가 간 곳은 중국 산동성의 태산泰山이었습니다. "태산이 높다 하되 하늘 아래 뫼이로다"라는 유명한 시조에도 나오듯이 태산은 우리에게도 친숙하게 알려져 있는 산입니다만 중국에서는 이른바 오악五嶽의 으뜸으로 치는 중요한 산입니다. 높이는 해발 1,545m 정도입니다만 끝없는 평원 가운데 우뚝 솟아 있기 때문에 해발 25m부터 등산이 시작되어 몹시 높게 느껴집니다. 뿐만 아니라 중국의 역대 황제가 한 번쯤은 태산에 올라서 하늘에 제사 지내는 곳으로도 유명합니다. 태산 등산길은 모두 돌계단으로 되어 있는데 모두 7,200여 개라고 합니다. 그런데 태산에는 케이블카가 설치되어 있어 관광객 대부분은 이 케이블카를 타고 정상에 간다고 합니다. 그러나 나는 처음부터 태산을 걸어서 올라가지 않으면 의미가 없다고 생각했기 때문에 케이블카를 타지 않고 걸어서 올라가기를 고집했습니다. 그러자 현지 가이드가 완강하게 반대했습니다. 시간이 너무 많이 걸리고 고령인 내가 걸어서 올라가기에는 너무 힘들다는 것이었습니다. 결국 케이블카가 떠나는 곳인 중천문中天門까지는 버스를 이용해서 올라가서 거기서부터 정상까지는 걸어서 올라가기로 했습니다. 약 6,200여 개의 계단을 올라가야 하는데 약 2시간이 걸리기 때문에 만만한 거리는 아닙니다. 결국 내가 젊은 교수들을 제치고 제일 먼저 정상에 도착했는데 모두들 깜짝 놀라더군요. 아마 평소에 등산으로 단련된 몸이라 실력 발휘가 되었던 것 같습니다. 가이드도 걸어서 태산 정상에 올라간 것은 처음이라고 감탄을 했습니다.

태산은 진시황부터 시작해서 모두 72명의 황제가 다녀갔다고 합니다. 황제가 태산에 올라 하늘에 고하는 봉선제封禪祭를 지내야 비로소 황제로서 권위를 인정받기 때문에 중국의 역대 황제들은 태산에 한 번은 꼭 올라가 보고 싶어 했다고 합니다. 태산 정상에 올라가면서 놀란 일이 있습니다. 정말 피골이 상접한 모습의 중국 인부들이 정상으로 올라가는 중간의 보수 공사장까지 무거운 돌을 장대 바구니에 지고 올라와서는 감독관이 저울로 무게를 달아서 그 무게에 따라 얼마 안 되는 돈을 지불하더군요. 산 아래서부터 공사장까지는 맨몸으로도 꽤 많은 시간이 걸리는데 정말 그 인부들의 초인적인 노동을 보고 말문이 막혔습니다. 왜 기계를 사용해서 돌을 운반하지 않느냐고 물어보니 고용정책의 일환으로 직접 사람의 노동력을 사용한다는 대답이었습니다.

그 다음 해인 2001년에는 중국의 황산黃山에 올랐습니다. 황산은 오악의 하나는 아니지만 오악보다 더 아름다운 산으로 잘 알려져 있습니다. 기묘하고 아름다운 구름바다와 깎아지른 듯한 절벽, 그 절벽 끝에 매달린 소나무 등은 그대로 동양화의 풍경을 옮겨 놓은 듯합니다. 자연도 아름답지만 황산은 또 중국인들의 시조로 일컬어지는 황제黃帝가 승천한 곳으로 알려져 있는 등 수많은 전설이 얽혀 있는 산이기도 합니다. 말하자면 우리나라의 백두산이나 강화도 마니산처럼 중국 사람들에게는 자신들의 뿌리에 해당하는 곳이고 일생에 꼭 한 번은 올라보고 싶은 산이기도 합니다. 그렇기 때문에 등소평 등 역대 중국 지도자들은 황산에 올라 하룻밤을 지내고 시 한 수를 읊는 것이 전통으로 되어 왔습니다. 우리도 황산 정상 부근에 있는 호텔에서 1박을 한 뒤 황산 정상에서 해 뜨는 모습을 구경했는데 결코 잊을 수 없는 절경이었습니다.

다음 해인 2002년에는 러시아의 바이칼 호수를 구경했습니다. 바이칼 호수는 보통 이르쿠츠크를 통해서 가게 되는데 우리는 그 길을 택하지 않고 몽골의 울란바토르에서 출발하여 버스로 13시간이나 달려서 그 호수에 도착했습니다. 배를 타고 호수 한가운데로 가서 깊은 곳 심수深水를 떠서 마시고 병에 담아서 한국까지 가져왔습니다. 그야말로 수천 년 된 천연의 물맛을 본 것이지요. 일부 회원들은 옷을 모두 벗고 자연 그대로의 모습으로 돌아가 호수에서 수영을 하기도 했습니다.

그 뒤에도 인도 첸나이의 현대자동차 인도 공장, 말레이시아의 삼성전자 공장, 베트남의 한세실업 공장, 중국 광주의 LG 공장 등 동남아 여러 곳의 한국 기업 현지공장들을 방문하여 세계로 뻗어가는 한국 기업들의 활약상과 현지의 실정들을 견학하기도 했습니다. 2007년에는 중국 대련과 동북 3성을 방문하여 안중근 의사가 순절했던 여순 감옥과 관동군 사령부, 러일전쟁 전적지 등을 방문하고 순국열사들의 정신을 되새기는 기회도 가졌습니다. 2008년에는 내가 사정이 있어 참가하지 못하고 다른 회원들이 중국 사천성의 중경重慶과 성도成都를 방문하여 중경의 임시정부 유적지들을 둘러보았고 유비와 제갈량이 묻힌 무덤과 두보초당杜甫草堂 등도 방문하였습니다. 사천성 방문 후 1개월 뒤에 사천성 대지진이 발생하여 많은 인명이 희생되었던 것은 참으로 안타까운 일입니다. 2010년에는 미얀마를 방문했는데, 비록 정치적으로는 군부독재가 계속되고 있고 유엔UN의 제재까지 받고 있어 세계 최빈곤 국가의 하나입니다만, 정신적으로는 불교의 원류답게 국민들이 물질에 그다지 연연해하지 않고 스님들을 공경하며 일생에 꼭 한 번은 머리를 깎고 수도원에 들어가 스스로 스님 생활을 경험하는 등 유유자적하게 지내고 있어 우리도 마음이 평안해지는 느낌을 받았습니다.

이명박 정부의 경제정책에 대한 평가

윤진호 2007년 민주정부 10년이 끝나고 시계를 되돌리는 것처럼 이명박 정부가 집권하게 되어 그 뒤 많은 논란을 일으켰던 대운하 사업, 4대강 사업 추진이나 부자 감세 등 여러 가지 보수적 정책을 추진해 왔습니다. 이명박 정부의 경제정책에 대한 선생님의 평가는 어떠한지 들려주십시오.

변형윤 이명박 정부의 경제정책의 범위가 너무 넓으니까 몇 가지만 내 생각을 이야기하도록 하지요. 무엇보다도 이명박 정부는 성장정책을 들고 나왔는데 그것을 한마디로 표현한 것이 '747 공약'(7% 성장·4만 달러 1인당 국민소득·세계 7대 경제강국 진입)이라고 할 수 있습니다. 결국 747 공약은 허구로 드러났습니다만 무엇보다도 이 공약 속에 보이는 것은 박정희 정권 당시를 방불케 하는 성장 일변도 정책, 그것도 고도성장 일변도 정책입니다. 연간 7% 성장이라는 것은 개발도상국에서나 볼 수 있는 고성장으로서 우리가 1960~70년대에 경험한 것처럼 이를 달성하려면 인플레이션, 저임금, 장시간 노동, 분배 악화 등 온갖 부작용을 수반할 것이 뻔한 정책 아닙니까? 선진국은 대부분 고도성장이 아니라 안정성장, 즉 인구증가율보다 약간 더 높은 성장률을 정책목표로 추구합니다. 그렇게 해야 국민경제가 안정되고 국민들의 생활도 안정될 수 있기 때문이지요. 왜 국민소득 2만 달러 시대에 박정희 시대의 잔재인 무리한 고도성장 정책을 추구하려는지 도저히 이해가 안 됩니다.

반면 이명박 정부의 초기 경제정책 가운데 분배나 복지에 대한 관심은 거의 찾아보기 힘듭니다. 성장과 분배는 국민경제의 양대 목표이고 서로 보완관계에 있는데 분배를 무시한 성장이 어떻게 있을 수 있겠습니까? 성장의 성과는 국민들에게 고루고루 분배되어야 합니다. 이를 무시하고 '성장만 추구하면 다 된다'는 식의 사고방식이 결국 오늘날의 심각한 사회양극화와 이에 따른 사회갈등을 불러일으켰다고 봅니다. 그뿐만 아니라 청년실업 문제, 빈곤의 증대, 가계부채의 증대 등에 대해 정부는 무대책으로 일관해 왔습니다.

이명박 정부는 사회양극화를 완화시키기는커녕 오히려 더욱 심화시키는 정책을 실시해 왔습니다. 바로 부자감세 정책이 그것이고 4대강 사업이 그것이며, 강압적 노동정책이 그것입니다. 부유층들에게만 혜택의 대부분이 돌아가는 부자감세 정책은 이명박 정부의 이념적 성향을 보여주는 대표적인 정책입니다. 이명박 정부는 누가 무엇이라고 하든 우리 사회에서 있는 사람, 기득권층을 옹호하는 부자 정부입니다. 인사청문회 과정에서 드러났듯이, 이명박 정부는 이른바 '강부자' '고소영' 내각으로 구성된 친부자, 친대기업적 정부입니다. 4대강 사업도 왜 그렇게 서두르는지 모르겠습니다. 환경영향평가조차 제대로 하지 않은 채 졸속으로 추진되고 있는 4대강 사업에 막대한 예산이 투입되어 버림으로로써 양극화 완화나 사회안전망 강화 등에 쓸 예산이 압박을 받을 수밖에 없게 되었습니다.

그런가 하면 노동정책은 강압적이고 반反노동자적인 정책으로 일관해 왔습니다. 민주화 이후 이명박 정부처럼 노동자들을 무시하고 노동조합에 대해 적대적인 태도를 드러냈던 정부는 없었습니다. 노동정책에서조차 오로지 시장만능주의를 내세우고 노동자들의 권리를 무시해 온 것이 이른바 이명박식 노동정책의 실상이었습니다.

내치에 관한 것뿐만 아니라 외교통상 정책에서도 이명박 정부의 보수성은 매우 적나라하게 드러나고 있습니다. 외교정책은 미국에 지나치게 기운 경미정책傾美政策으로서 마치 이승만 정부의 외교정책을 연상하게 만듭니다. 통일정책 역시 이승만 정부 시대의 흡수통일 정책을 연상하게 합니다. 말은 그럴듯하게 하지만 그 핵심은 철저하게 북한 정권을 고립시키고 나아가서 붕괴시키는 데 있습니다. 물론 통일은 우리의 지상과제이지만 또한 시간이 걸리는 문제이기 때문에 인내심을 가지고 꾸준히 추진되어야 할 과제입니다. 우선 평화협정을 체결하여 전쟁의 위험으로부터 벗어나는 것이 급선무입니다. 이를 바탕으로 하여 20년, 30년이 걸리더라도 통일의 길을 꾸준히 다져갈 필요가 있습니다.

한미 FTA 역시 너무 성급하게 추진되었습니다. 한미 FTA에 대한 찬반논리를 넘어서서 우선 예상되는 농민들의 피해에 마음이 아픕니다. 내용 면에서도 굴복협상이라는 비판을 들을 소지가 충분히 있습니다. 이런 문제들을 차근차근 해결해 가면서 추진해도 좋을 정책인데 이렇게 서두를 이유가 무엇입니까?

이명박 정부는 후반기에 접어들면서 국민들의 비판적 여론이 높아짐에 따라 최근 정책기조를 바꾸어서 '중도실용'이다 '공정사회 실현'이다 '공생발전'이다 '동반성장'이다 등의 정책 패러다임을 마구 쏟아내고 있습니다. 그런데 과연 무엇이 실용이고 무엇이 공정사회이며 무엇이 공생발전이고 동반성장인지 모르겠습니다. 처음 시작은 친대기업이었다가 슬그머니 중도서민 중시로 정책기조를 바꾸더니 최근에 와서는 공정사회 실현으로 또 바뀌었는데, 과연 이명박 정부의 정체성은 무엇입니까? 공정사회란 '공평'과 '정의'가 실현되는 사회란 뜻인데 과연 어디에 '공평'이 있고 어디에 '정의'가 있습니까? 모두 실현

의지가 전혀 없는 공허한 말잔치에 지나지 않습니다. 최근 "대
한민국 건국 60주년"이란 표현도 등장했는데 몹시 불쾌했습니
다. 대한민국은 1945년 혹은 1948년 정부수립부터 시작된 것이
아닙니다. 우리 헌법에도 상해 임시정부부터 시작된 것으로 명
시하고 있지 않습니까?

집사람에 대한 추억

윤진호 이제 선생님 개인사에 관한 질문을 몇 가지 드리겠
습니다. 먼저 사모님께서 지난 2008년에 별세하셨는데 사모님
에 대해 어떤 추억을 갖고 있는지 말씀해 주십시오.

변형윤 집사람만 생각하면 몹시 미안하고 제대로 챙겨주지
못한 것 같아 아쉬움이 남습니다. 내가 30대의 나이에 서울상대
교무과장이 되었을 때부터 바깥일로 몹시 바쁘게 지내게 되었
고 집에 손님이 많이 찾아와 손님접대도 많이 하는 등 생활이
바뀌게 되었습니다. 이것이 집사람에게는 일종의 충격이 되었
는지 이때부터 시름시름 앓기 시작했습니다. 병이 조금 차도를
보이다가 다시 심해지고 하면서 거의 늘 몸이 아픈 상태였고
수술도 여러 차례 받았습니다. 병원에 그렇게 자주 다니면서도
암에 걸린 줄도 마지막까지 몰랐다가 겨우 3개월 남겨 놓고 췌
장암 진단을 받았습니다. 이때는 이미 수술도 불가능한 상태였
습니다. 길어야 반년 정도 살 수 있다는 의사의 선고를 받고 입

원했는데 그래도 최선을 다하자는 생각에서 안 해본 일이 없을 정도로 노력했습니다만, 결국 입원한 지 한 달 만에 세상을 떠났습니다. 종합진단을 1년만 일찍 받았어도 암을 빨리 발견할 수 있었을 것이 아닌가 하는 회한이 남습니다.

사실 나는 밖에 나가서는 한국경제가 어떻고 세계경제가 어떻고 하면서 떠들고 다니지만 막상 집안 살림살이에 대해서는 "빵점짜리 낙제생"이라고 이따금 집사람이 말하곤 했습니다. 그만큼 내가 가정경제에 무심했던 것이지요. 그런데도 집사람은 일생에 걸쳐 남편만을 믿고 성실하게 살았습니다. 나에게 밖에 나가서 돈 벌어 오라는 소리는 단 한 차례도 한 적이 없습니다. 특히 사회적으로 이름난 자리에 내가 가는 것을 나보다도 집사람이 더 싫어했고 나에게 늘 자리를 거절하라고 말했습니다. 어떤 사람들은 남편에게 출세하라고 닦달한다지만 집사람은 이를 달갑지 않게 여겼는데 이것이 나에게는 천군만마와 같은 도움이 되었습니다.

어떤 중요한 자리에 임명하고 싶다는 연락을 받고 내가 판단하기 어려울 때 한두 차례 집사람에게 의향을 물어본 적이 있는데, 일언지하에 "안 하는 게 좋겠다"고 잘라 말해서 그 자리를 사양한 적도 있습니다.

윤진호 선생님께서는 외국에 나가도 절대 댁에 전화를 안 할 정도로 전통적인 생활방식을 고집하신 것으로 제자들 사이에는 잘 알려져 있는데, 사모님께서는 섭섭했던 적이 많았을 것 같습니다.

　　변형윤 내가 원래 유교 교육을 받고 자랐기 때문에 가치관이 좀 전통적이라고 할까 보수적이라고 할까 하는 점이 있어서 다른 사람이 보면 답답하다고 생각할 것입니다. 지금 와서 생각해 보면 내가 가정에서도 워낙 전통적인 생활방식을 고집했기 때문에 집사람이 섭섭했던 적도 많았을 것입니다. 그러나 차츰 나이가 들면서 이것도 익숙해져서 별다른 불평 없이 집안일을 집사람 혼자서 도맡아 처리하곤 했습니다. 설이나 추석 등 명절이 오면 우리 집에는 졸업한 제자들이 많이 몰려오는데 그 많은 손님을 집사람 혼자서 거의 접대하다시피 했습니다. 나는 그저 꼬박꼬박 월급봉투 가져다주는 것 외에는 집안 살림에 대해 일절 관여를 하지 않았기 때문에 그 적은 국립대학 교수 월급으로 어떻게 살았는지도 모릅니다. 특히 교수직에서 해직되었던 4년간 내가 전혀 신경 쓰지 않아도 되도록 집사람이 집안 살림을 잘 꾸려준 데 대해서는 지금도 감사의 마음을 갖고 있습니다.

　　내가 아직도 집사람에게 미안하게 생각하는 일이 한 가지 있습니다. 집사람이 몸도 안 좋고 단독주택을 관리하기도 힘들고 해서 아파트 생활을 하겠다고 오래 전부터 희망했는데도, 내 고집으로 단독주택 생활을 유지했던 것이 집사람 건강을 악화시키는 데 일조하지 않았나 해서 마음이 안타깝습니다. 나중에 집사람이 척추수술을 받고 깁스를 하여 도저히 거동을 할 수 없는 지경이 되었기 때문에 어쩔 수 없이 아파트로 이사했는데 일찌감치 아파트로 갔었더라면 좋았을 걸 하는 후회가 들었습니다.

가족의 힘

윤진호 가족관계는 어떻게 되십니까?

변형윤 아들 하나 딸 둘이 있는데 아들은 서울공대를 졸업하고 미국 유학을 마친 뒤 현재 대학교수로 봉직하고 있고 큰딸도 서울대 가정대를 나와 역시 대학교수로 재직하고 있습니다. 작은 딸은 이화여대를 나왔는데 남편이 교수라서 말하자면 우리 집안은 거의 대학에서 밥벌이를 하고 있는 학자 집안이라고 봐도 좋을 것입니다. 게다가 이화여대 출신인 자부의 부친도 교수입니다. 자녀교육을 엄하게 하는 것은 우리 집안의 전통이고 나도 부친에게서 엄한 가정교육을 받았습니다. 나 자신도 자식들을 엄하게 키운 편이지만 다행히 아들, 딸들이 내 뜻에 따라주었고 모두 가정적으로든 사회적으로든 모범적인 사람으로 큰 것 같아 나로서는 마음이 흐뭇합니다.

아들의 경우에는 내가 권해서 공대 쪽으로 가게 했습니다. 나는 원래 이과 계통 공부를 하려다가 색약으로 말미암아 포기했던 사람입니다. "내가 못 갔으니까 너라도 이과 쪽으로 가라"고 권했는데 다행히도 아들이 순순히 따라주었습니다. 사실 사회과학을 공부한 사람은 실제 생활하고는 거리가 머니까 아들이라도 더 실용적인 학문을 했으면 하는 바람도 있었습니다. 내가 해직되었을 때 아들이 미국 유학을 포기하려고 하는 것을 설득해서 보내기도 했습니다. 손자가 둘 있는데 모두 이과 계통 공부를 하고 있습니다. 그래서 한 명쯤은 나를 따라 경제학을 했으면 하는 아쉬움도 없잖아 있습니다. 그리고 외손자가 셋, 외손녀가 하나 있습니다. 가끔 찾아오는 손자, 손녀들의 다 큰 모습을 보는 것이 요즈음 가장 큰 낙이 되고 있습니다.

윤진호 선생님께서는 최근에 건강 때문에 수술을 받으셨던 것으로 알고 있는데 이럴 때일수록 가족이 큰 힘이 되겠습니다.

변형윤 그렇습니다. 가족들이 모두 한자리에 모이기는 어렵지만 어쩌다 모두 모이면 흐뭇합니다. 2008년에 집사람과 작은 동생이 잇달아 세상을 떠났는데 이 일로 말미암아 내가 조금 충격을 받았나 봅니다. 그러던 차에 8월에 서울대병원 건강센터에 신청했던 종합건강진단검사를 11월 하순에 받았는데 그 결과 폐 속에 비교적 큰 종양(혹)이 생겼음을 알게 되었고 담당 의사의 지시로 서울대병원에 입원해서 수술을 받았습니다. 퇴원은 12월의 크리스마스 당일이 아닌가 생각합니다. 퇴원하여 집에 와 보니 집사람이 없어서 몹시 쓸쓸했습니다. 건강도 안 좋은데 혼자서 앞으로 어떻게 살아가나 하고 걱정을 하고 있던 차에 다행히 아들, 딸네 가족이 자주 오고 해서 생활이 좋아졌습니다. 그러다가 다시 2009년 2월에 눈 수술을 하고, 6월에 재수술을 받게 되었습니다. 지금은 그럭저럭 많이 좋아져서 연구소에도 출근하고 있습니다. 지금은 잠이 좀 불규칙한 것 외에는 건강에 큰 문제는 없습니다.

윤진호 선생님께서는 사모님이 돌아가신 뒤에 혼자서 지내고 계신데 생활은 어떻게 하고 계신지요?

변형윤 집사람이 없으니 불편한 것은 사실이지만 어쩔 수 없는 일이라 생각하고 혼자만의 생활에 적응하려고 노력하고 있습니다. 자녀들은 같이 살자고 성화이지만 나는 가능한 한 혼자서 생활하겠다고 이를 거절했습니다. 그것이 나도 편하고 자녀들도 편한 길이라고 생각합니다. 생활은 매우 규칙적으로 하고 있습니다. 잠이 좀 불규칙해서 새벽에 깨면 TV나 신문을 보면서 시간을 보냅니다. 다른 약속이 없으면 일주일에 5일은 꼬박꼬박 연구소에 출근해서 오후까지 지내다가 퇴근합니다. 주말에는 좋아하던 등산은 이제 못 가고 가까운 한강 둔치를 산책하거나 혹은 서울대공원을 산책하기도 합니다. 어쩌다가 한 번씩 제자들이나 과거의 등산팀들이 연락해 오면 등산을 하기도 합니다. 또 내가 학술원 회원이기 때문에 두 달에 한 번 꼴로 학술원에 가서 동료들도 만나고 토론도 하곤 합니다.

남기고 싶은 말들

윤진호 선생님께서 지금까지 일생을 살아오시면서 가졌던 목표라고 할까요 지표라고 할까요, 인생의 등대가 되어주었던 것은 과연 무엇입니까?

변형윤 이미 앞에서 말한 바와 같이 나는 야나이바라 교수처럼 "유능한 교수, 유능한 연구자, 모범적인 선생, 곧 스승"이라는 평을 들을 수 있었으면 하는 생각으로 교수 생활을 해 왔습니다. 과연 그런 평을 받을 수 있을는지 나로서는 잘 모르겠습니다. 그러나 앞으로도 소리 내지 않고 끝까지 그런 평을 받을 수 있도록 노력하려 합니다. 최종적인 평가는 나중에 나오게 되겠지요.

윤진호 선생님께서 자신의 일생을 돌아보면서 어떠한 평가를 하십니까? 가장 자랑스러웠던 일, 가장 후회스러운 일은 과연 무엇입니까?

변형윤 내 일생에 가장 아쉬움이 남는 일은 무엇보다도 이산가족이 되어 양친의 생사조차 알 수 없게 된 것입니다. 20대에 양친과 헤어져 90을 바라보는 나이가 될 때까지 1950년 11월 이후 소식 한 번 못 듣고 생사조차 모른다는 것은 얼마나 가슴 아픈 일입니까? 나는 이 나이가 되도록 나 자신이 천애고아와 같은 처지라는 생각을 버릴 수가 없습니다. TV에서 이산가족 상봉 장면이 나올 때는 나는 정말 한 장면도 놓치지 않을 정도로 열심히 보았습니다. 그러면서 나도 이산가족 상봉 때 참석했더라면 얼마나 좋을까 하는 생각도 해보았습니다.

그러나 다른 한편으로는 나는 참 행복한 사람이라는 생각도 합니다. 10여 명이나 되는 아들, 딸, 사위, 며느리, 손자, 손녀 등 다복한 가족을 이루었고 모두 이 사회의 인재로서 가정적으로나 사회적으로나 손색없는 삶을 살아가고 있는 것을 볼 때 참 행복하다고 느낍니다. 또 지난 수십 년 동안 수많은 다재다능한 제자들을 가르쳐 우리 사회의 인재로 육성하였고 이제는 제자들이 정말 마음으로부터 우러나오는 정성으로 나를 모시고 적극적으로 도와주고 있습니다. 이런 대접을 받을 수 있는 사람이 우리 사회에 얼마나 있겠습니까?

우리 서울대 사회과학대학의 많은 동료 교수들이 정계, 관계의 고위직을 쫓아 학교를 떠났지만, 나는 어쨌든 학교에 끝까지 남아 정년퇴임을 무사히 잘 한 것도 큰 복이라고 생각합니다. 뿐만 아니라 화갑, 정년퇴임, 고희 등 무슨 일이 있을 때마다 제자들이 자발적으로 글을 모으고, 돈을 모아 기념논문집을 내주었고 이제 내 저작전집과 회고록까지 출판을 해준다고 하니 이보다 더 영광스러운 일이 어디 있겠습니까? 거기다가 정부로부터는 일생 교수직에 충실했다는 이유로 훈장도 받았고, 한국경제학회·한국계량경제학회·한국사회경제학회·한국경제발전학회 등의 학회장을 지냈고, 우리 학계 최고의 권위를 가진

446

대한민국 학술원 회원으로도 있으니 나는 정말 교수로서, 학자로서 받을 것은 다 받은 행복한 사람입니다.

내가 해온 일 가운데 특히 보람을 느끼고 자랑스럽게 생각하는 것은 남북관계의 개선과 통일을 위해 조그마한 힘이라도 보탤 수 있었다는 점입니다. 그동안 평양, 금강산, 개성, 백두산, 묘향산 등 북한 여러 곳을 방문했고 남북어린이어깨동무 행사와 연탄나눔운동을 통해 북한의 어린이들과 서민층에 조그마한 도움이 될 수 있었던 것은 정말 보람 있는 일이라고 생각합니다. 한 가지 아쉬운 점이 있다면 그렇게 북한을 여러 차례 방문하면서도 정작 내 고향 땅에는 가보지 못했다는 점입니다. 그래도 나는 앞으로 남북관계가 개선되면 언젠가는 고향 땅에도 갈 수 있을 것이라는 희망을 가지고 있습니다.

윤진호 마지막으로 경제학을 공부하는 후학들에게 남기고 싶은 말씀이 있으면 해 주십시오.

변형윤 경제학이라는 학문을 하는 사람들은 늘 앨프리드 마셜이 했던 말을 잊지 말아야 할 것입니다. 마셜은 그의 주저인 《경제학원리》의 첫 페이지에서 "경제학은 부富의 축적에 관한 연구인 동시에 인간에 관한 연구의 일부"라는 명언을 남겼습니다. 다시 말해서 경제학은 인간 중심의 학문이라는 것을 잊어서는 안 된다는 것이지요. 현대경제학은 시장경제를 절대만능으로 여기고 이를 중심으로 모든 것을 설명합니다. 물론 시장경제가 계획경제에 견주어 우월한 점이 있다는 것은 인정합니다. 그러나 시장경제가 만능은 아닙니다. 시장은 스스로의 결함을 지니고 있기 때문에 다양한 문제를 일으킨다는 것을 인정하고 정부가 이에 개입해서 문제를 해결하는 것이 필요한 것이지요. 문제는 시장이냐 정부냐의 2분법이 아니라 어떠한 방법이 인간의 행복을 위해 더 필요한가 하는 인간 중심의 시각을 가지는 것입니다. 이를 위해서 경제학자들은 책 속의 추상적인 이론이나 모델에 머물지 말고 구체적인 현실세계를 이해하기 위해 끊임없이 노력해야 하며 현실 속에서 실제 인간들이 어떻게 살아가고 있는가 하는 데 더욱 많은 관심을 기울여야 합니다.

윤진호 선생님께서 남기신 말씀은 경제학뿐만 아니라 사회과학을 공부하는 이 땅의 모든 후학들이 가슴에 새겨야 할 경구가 아닌가 하고 생각합니다. 선생님, 오랜 시간 물음에 답해 주셔서 감사드립니다.

학현 변형윤 약력

1927년 1월 6일 황해도 황주읍 예동리에서 출생.

학 력
경기중(5년제) 졸업(1944). 서울상대 졸업(1951). 경제학 박사(서울대, 1968).

현 직
서울대 명예교수(1992~). 대한민국 학술원 회원(1993~). 서울사회경제연구소
이사장(1993~). 한국경제발전학회 이사장(2007~).

전 직
서울상대 강사·교수(1955~75); 학장(1970~75).
경제개발5개년계획 평가교수(1966~80).
UN 경제개발연수원 강사(1968).
서울대 사회과학대학 교수(1975~80, 1984~92); 해직(1980), 복직(1984).
서울대 교수협의회장(1980, 1987~89).
한국계량경제학회장(1986). 한국경제학회장(1989).
경제정의실천시민연합 공동대표(1989). 한겨레신문사 이사(1991). 포항공대 이사
(1996~2005). 한겨레통일문화재단 이사장(1996). 서울시정개발연구원 이사장
(1996). 통일부 통일고문(1998). 한국외대 이사장(1998~2001). 제2건국위 대표
공동위원장·고문(1998~2003). 상지대 이사장(2004~07).

상 훈
다산경제학상(1985), 서울특별시 문화상(2001), 국민훈장 무궁화장(2000).

주요 저서
《경제수학》(1957), 《통계학》(1958), 《한국경제론》(편저, 1977), 《한국경제의 진
단과 반성》(1980), 《반주류의 경제학》(편역, 1981), 《분배의 경제학》(1983), 《현
대경제학연구》(1985), 《한국경제연구》(1986), 《경제를 되새기며》(2000).

출간 안내

학현 변형윤 전집(전9권)

학현 변형윤 선생은 1950년대 경제수학, 통계학, 수리경제학 그리고 계량경제학을, 1960년대에는 경제발전론과 경제변동론의 최신 동향을 한국경제학계에 새로이 소개하였다. 이러한 선도적 연구 활동을 바탕으로 선생은 평생을 경제학 연구에 힘 쏟아 '한국경제학' 또는 '학현경제학'의 체계를 제시하기에 이른다. 이 전집은 학현 선생이 "한국경제의 현실과 밀착된 한국적 경제학의 정립"이라 일컬은 자신의 연구 활동의 집대성이자 삶의 총화라고 할 수 있다.

전집 차례

지식산업사 홈페이지 http://www.jisik.co.kr 본사 전화 031-955-4226~7 팩스 031-955-4228
전자우편 jsp@jisik.co.kr 서울사무소 전화 02-734-1978, 02-734-1958 팩스 02-720-7900